AF411079

LA ALBACEA DE LAS EPÍSTOLAS DE CAÍN

Álvaro Martín Navarro

LA ALBACEA DE LAS EPÍSTOLAS DE CAÍN

Razonamientos dialécticos: Segunda parte

Primera edición: noviembre de 2023
ISBN: 978-84-10059-50-4
Copyright © 2023 Álvaro Martín Navarro
Editado por Editorial Letra Minúscula
www.letraminuscula.com
contacto@letraminuscula.com

Abel et Caïn

Race d'Abel, dors, bois et mange;
Dieu te sourit complaisamment.
Race de Caïn, dans la fange
Rampe et meurs misérablement.

Race d'Abel, ton sacrifice
Flatte le nez du Séraphin!
Race de Caïn, ton supplice
Aura-t-il jamais une fin?

Race d'Abel, vois tes semailles
Et ton bétail venir à bien;
Race de Caïn, tes entrailles
Hurlent la faim comme un vieux chien.

Race d'Abel, chauffe ton ventre
A ton foyer patriarcal;
Race de Caïn, dans ton antre
Tremble de froid, pauvre chacal!

Race d'Abel, aime et pullule!
Ton or fait aussi des petits.
Race de Caïn, cœur qui brûle,
Prends garde à ces grands appétits.

Race d'Abel, tu croîs et broutes
Comme les punaises des bois!
Race de Caïn, sur les routes
Traîne ta famille aux abois.

Ah! Race d'Abel; ta charogne
Engraissera le sol fumant!
Race de Caïn, ta besogne
N'est pas faite suffisamment;

Race d'Abel; voici ta honte:
Le fer est vaincu par l'épieu!
Race de Caïn, au ciel monte,
Et sur la terre jette Dieu!

Charles Baudelaire

Índice

RAZA DE CAÍN, POR BARRO Y LODO TE ARRASTRARÁS HASTA LA MUERTE

Su primer recuerdo son las manos de su padre asfixiándolo, tirándolo contra el suelo, recordándole su existencia con palabras malditas. No precisaba saber cuántos años tenía, pero en su memoria grabó aquella imagen cuando se miró en un espejo roto que colgaba, resignado, en la pared de un baño sin friso. Entre lágrimas detalló aquellos dedos gruesos marcados en su cuello que quedaron por un largo tiempo como si una pregunta legendaria sobre la paternidad aún no se hubiera resuelto. El porqué de aquella acción punitiva había sido la destrucción de unas delgadas plantas de papaya, que en la imaginación infantil supuso aquel niño castigado que eran enemigos infernales, así que con un pequeño machete cortó varias ramas y tallos endebles para luego con sus pies dejar bocetos de árboles. Ese fue el día en que su padre lo ahogó por primera vez y también fue el momento, el pálpito, de lo que sería su búsqueda a lo largo de toda su vida: el poder.

Su madre lo protegía de su padre gritándole que era un crío, ella le obligó a jurar que no rompería más las plantas de papaya cuando fuera, con su padre, a aquella pequeña hacienda en la vereda Galilea donde cultivaban yuca, maíz y papaya que luego llevaban al puerto. El niño prometió no dañar más plantas en aquellos juegos de guerra, imitando a los guerrilleros que veía pasar, en algunas ocasiones lúdicas cuando se escondía en la cima de un árbol de mango cerca del río, al otro lado del meandro que dividía los departamentos surorientales del país, caminando con sus armas y machetes por la orilla rumbo a la selva.

La guerrilla nunca había matado a nadie de su pueblo, pero oyó en su casa algunas anécdotas que contaron los amigos de su padre por aquella época, cuando la guerrilla nacía como una reacción a las esperanzas perdidas. Todas esas historias estaban llenas de sangre. De niño, uno de esos amigos de su padre que siempre reía, pero nunca sonreía, por lo que le parecía que continuamente desconfiaba de los demás, le contó la historia de un partido de fútbol entre dos pueblos cercanos, más allá del Caquetá, donde el río pierde su nombre.

El juego que no solo había acabado sin goles, sino también con el futuro de los dos pueblos. Se rumoreaba que todo sucedió cuando el arquero, al salir a atrapar un balón que iba por el aire, recibió un golpe en la nariz rompiéndosela. Todos gritaron falta, pero el árbitro dejó seguir el partido hasta que, del medio de una grada improvisada con barriles de diésel, el comandante Urraca y varios de sus soldados pararon el encuentro con una ráfaga de tiros. Todos sabían que los guerrilleros estaban allí viendo la contienda, todos sabían que tenían las armas entre sus piernas, todos sabían lo que podía ocurrir, pero nadie predijo el final del encuentro, nadie acertó que el destino de los jugadores estaba grabado en las balas de aquellos fusiles de asalto, nadie percibió lo imbécil que se vuelve un árbitro cuando tiene un silbato en sus manos. Lo único que se mantenía limpio en ese ejército de imberbes eran sus fusiles y machetes. Aquel comandante siempre se vestía de negro sin importar el sol, la humedad o el calor que lo abrazara, mantenía su paranoia hacia la multiplicidad de sus enemigos que aparecían en los lugares menos previstos, como podía ser en un partido de fútbol. Luego de suspender el encuentro, todos los jugadores y el árbitro fueron puestos en fila, menos el guardameta agredido, que se tapaba la nariz con unos guantes naranjas que se teñían de rojo. Todos fueron fusilados por esa infracción no cobrada.

Veintidós cuerpos quedaron en el centro del campo. Uno de los guardaespaldas del comandante Urraca tomó su machete como si fuera una espada samurái y comenzó a separar las cabezas de los cuerpos inanimados, al final obligó a algunos jóvenes del pueblo y a unos guerrilleros delgados que patearan aquellas cabezas, como si fueran balones de fútbol en un entrenamiento de ligas juveniles y él se comportaba como instructor, pero en vez de usar un silbato, usaba un machete para indicar lo bien o mal elaborado del ejercicio. Los jóvenes debían chutar aquellas cabezas para ingresarlas en las arquerías, de un lado hacia el otro y luego de forma inversa, al final los cuerpos quedaron en el centro del campo mientras que en las metas opuestas reposaban las cabezas de aquellos que habían soñado alguna vez con vestir la camiseta de la selección nacional e ir a un mundial de fútbol, sueño que jamás llegaría por estar lejos de las necesidades de un país como era controlar su déficit público o aumentar el PBI.

El niño oyó aquella historia y sus variantes por muchos años sobre aquel "partido", aquel "encuentro de degollados", dejando siempre al final la anécdota de que el guardameta agraviado era un medio hermano del comandante Urraca y que se entrenaba para ser arquero profesional, a veces entre los equipos de las guerrillas, a veces con el Putumayo Fútbol Club, un equipo de fútbol que le daba ilusiones, por eso no apareció entre los muertos. Días después de aquel suceso, el ejército descubrió esos cuerpos decapitados y las cabezas acumuladas entre las redes. Hubo un clamor desde los periódicos, las radios y las televisoras regionales y nacionales, pero por aquellos tiempos encontrar el destino frente a una kaláshnikov era una opción segura para los periodistas, escritores, dirigentes comunales y navegantes de los ríos. Dudar sobre si las acciones de las guerrillas, o las operaciones especiales del ejército, fueran justas soluciones políticas para territorios paupérrimos, sería obtener un boleto gratis para entrar al otro mundo lleno de dioses maléficos, ideas fraguadas en odios y demonios de guerras que subían la adrenalina a los comandantes psicópatas de turno. Así, las personas que dudaban de las verdades de los grupos o pedían justicia gubernamental empezaron a abandonar los clamores y a desentenderse políticamente de sus pueblos por donde la guerrilla pasaba o se preveía su llegada, dejando al final una estampa en aquellos poblados de agricultores de yuca famélicos, mineros intoxicados, calles llenas de mujeres viejas, niños héticos y perros cadavéricos.

Durante muchos años la guerrilla había mostrado cómo una falta mínima era suficiente para exhibir su poder, aquel que se centra en aniquilar lo inferior, en el desprecio, en aplastar la nada; como hacemos con los insectos, un poder que nos invita a pensar que lo pequeño no cuenta, cuyas magnitudes y fuerzas nos resultan banales, porque el acto de eliminar lo pequeño siempre nos hace impunes; aquel que aplasta un mosquito, a la cucaracha o a una mosca nunca vive con culpas, esa impunidad del poder sobre lo mínimo es la que santifica la guerrilla y soslaya los gobiernos.

Con los años los comentarios de aquel partido de fútbol conseguían notas finales: el que recibió la infracción, a quien apodaban Urraquita, se había suicidado en la cárcel cuando no pudo hallar dignidad entre sus camaradas, nunca lo llamaron para ser el tercer portero del Junior de Barranquilla; años después, cuando los acuerdos de paz resaltaban los titulares de los periódicos, su hermanastro Urraca fue investido como diputado del congreso nacional luego de una serie de firmas con caligrafías fantásticas y, desde entonces, nadie lo llamó comandante Urraca, sino respetable señor diputado por el departamento de Vaupés, excelentísimo señor Bienvenido Atúnez; en tanto aquel que decapitó las cabezas se convirtió en un enviado especial para entrenar fuerzas subversivas en lugares donde los machetes abundan y los libros eran reconocidos como adornos en algunas casas de aquellos pueblos donde el *coach* "Machetazo" buscaba a los más jóvenes para que patearan cabezas a arcos imaginarios.

El niño cuyo padre lo asfixiaba de vez en cuando se llama Gersón y creció con el miedo de ser asesinado, había sentido varias veces cómo el aire desaparecía de sus pulmones y su cuello se endurecía y justo cuando no podía más, su padre lo tiraba a la tierra, donde, a veces, recibía algunas patadas para recordarle que aún le podía hacer más daño.

El miedo se extendía hacia la guerrilla, que lo descubrieran sobre los árboles y le dispararan desde la otra orilla para caer en el río y no aparecer nunca más. El río también hacía navegar temores por su cuerpo, pero a la vez fascinación, porque era el lugar donde se jugaban historias de piratas o de conquistas con sus amigos, aunque a veces, en el medio del cauce, se veía un cuerpo flotando, desnudo, sin rumbo, como si se hubiera caído de una embarcación, de aquellas que van hacia el Hades, como le dijo alguna vez un pescador de bagres, cuando juntos vieron un cadáver dejándose llevar por la corriente del río. Desde entonces quiso saber qué era el Hades, pero solo aquel pescador lo conocía y un día desapareció del pueblo luego de que una gran tormenta llevó los límites del río a los dormitorios de los pescadores, a las cocinas de las mujeres, a los árboles de los niños.

Así transcurrió la infancia de Gersón, entre miedos, huyendo de su padre, de la guerrilla y de la naturaleza, especialmente cuando le decían cobarde por no tratar de cruzar a nado el río, de orilla a orilla, como lo hicieron algunos de sus amigos. Casi nunca recordaba a aquellos que habían cruzado el río, pero toda su vida estuvo presente el rostro de un amigo, aquel compañero de juego, uno de los piratas más atrevidos, uno de los gemelos Astrudillo: Ignacio Juan, hermano de Juan Ignacio, que, en plena carrera, desapareció dentro del color barro de las aguas que impide ver aquel poder de la corriente, el raudal de cual todos hablan y nadie quiere conocer, una fuerza de la naturaleza que hincha todo el espíritu, o eso pensó cuando vio el cuerpo de Ignacio Juan hinchado como si acabara de terminarse toda una olla de sancocho de gallina. Al acercarse más al cadáver de su amigo, observó su rostro y apreció cómo sus ojos estaban bien abiertos, acuosos, como si en aquellas profundidades turbias del lecho del río se acumularan misterios cuyos conocimientos implican el horror. También Gersón pensó en huir, en escaparse, pero a cada paso que debía dar supo que implicaba una forma de abandono. Nunca nadie le habló o le comentó esa opción de abandonar a su madre, al pueblo, a los amigos, al río, además, una vez abandonado todo: ¿qué hay? Dicen que el alma de Ignacio Juan abandonó su cuerpo, pero ¿dónde está? *Abandonar* se transformó en un verbo misterioso, límite, porque si abandonas algo o a alguien, debes comprender que no necesariamente algo lo sustituirá.

A veces tenía que ayudar a su padre en la cosecha de maíz y yuca o recoger las papayas para embarcarlas, a veces ayudaba a su madre en el tostado de los granos de café que compraba en el mercado o dándole al pilón para sacar las cáscaras de maíz, hacía estas labores junto con sus hermanas, que siempre estaban en silencio frente a él, como si guardaran algún secreto.

Un día, a sus diez años descubrió parte de aquel poder cuando una tarde agarró un gatito y usando solo su pulgar lo asfixió, el gatito no pudo oponerse a su opresión, a su agarre, a la fuerza que ejercía sobre aquel cuellito apenas con pelusas curtidas de blanco y negro. Vio cómo el gatito luchó hasta que se resignó porque toda su resistencia futura no parecía tener salida y se rindió, asido, doblegado, controlado. El poder había nacido de sus extremidades, desde sus dedos, y desde aquel momento sus manos adquirieron otra dimensión, otras consideraciones que no podían resumirse en sacar la yuca o limpiar los campos con un azadón. Comprendió aquella frase que oía a otros campesinos cuando decían que sus voluntades estaban en las manos de otras personas, o de Dios, o del destino; como aquella historia del partido de los degollados, donde el árbitro tenía un silbato en la mano, tenía el control del juego entre sus dedos y lo perdió por no saber usar el poder. Reflexionó que quizás sus manos tuvieran poder en un futuro cercano y aquel gatito muerto lo demostraba. "El poder está en mis manos", se rezaba a sí mismo y esa frase se convirtió en un asomo de sabiduría que aceptó de por vida y que empleó en su imaginación como blasón de honor. Gersón supo también desde entonces que aquellos callos en sus palmas y aquellas uñas con tierra que pintaban de ocre su superficie mostraban en el fondo su pobreza de poder, le impedían relacionarse con un poder pulcro, como veía en aquellos que lo humillaban por ser el simple hijo de Fuchal Jaramillo.

Funes Jaramillo, o Fuchal, como le decían aquellos que deseaban no tenerle miedo, como por ejemplo su mujer, había tenido que luchar por las tierras que ostentaba, tierras obtenidas con saña y maña, pero especialmente con mucha sangre; sería justo decir que más que sangre, impiedad. Funes mató a su hermanastro por la espalda, o eso se decía, por eso lo conocían en el pueblo como "el Cobarde", porque murmuraban que nunca daba el frente en las luchas y siempre atacaba por detrás. Desde hacía tiempo se había convertido en un simple recadero y testaferro del alcalde Emeterio Cruz, un político de palabras inexactas, pero capaz de enviar a cualquiera a la cárcel para que sus huesos nunca fueran encontrados. Si alguien insistía en tener justicia, terminaba con sus restos corporales abombados, navegando a lo largo del Caquetá.

Cuentan en ese pueblo fluvial donde mataron a Edmundo Jaramillo, conocido como Mundito y medio hermano de Funes Jaramillo, su asesino, que las cosas ocurrieron porque los hermanos llevaban la "marca de Caín". En ese pueblo fluvial que bordea las fronteras de los departamentos, el fratricidio era un acto que ocurría entre lunas llenas para resaltar que dos fuerzas opuestas, nacidas del mismo vientre, no podían ser inmortales, por lo que nadie se sorprendía por allí cuando un hermano asesinaba a otro por un tema político, de dinero o causado por ajuste de cuentas con las guerrillas o por alguna mujer; pero sí era extraño saber que un hermano matara a otro hermano por la espalda, porque ni siquiera el verdadero Caín hizo aquel oprobioso gesto contra Abel; como una vez, en uno de sus primeros sermones, el párroco del pueblo dijo:

—... *Y habló Caín a su hermano Abel; y aconteció que estando ellos en el campo, Caín se levantó contra su hermano y le mató.* La Palabra de Dios... Te alabamos, Señor. Según dice en las Sagradas Escrituras —precisó el padre Crisaldo en una misa dada después de enterarse del asesinato de Mundito—, Caín le habló a Abel, de frente como dos hombres, luego se levantó, se lanzó, se arrojó hacia Abel, desde el frente, desde el lugar donde hablaba y luego ocurrió la tragedia prevista por Dios al decir en Génesis 4,7: *Si bien hicieres, ¿no serás enaltecido? Y si no hicieres bien, el pecado está a la puerta; con todo esto, a ti será su deseo, y tú te enseñorearás de él.*

Obvio, Caín no hizo nada bien. Así había sido la interpretación del presbítero Crisaldo Mosquera sobre aquel hecho fratricida, recién llegado al pueblo y con mucha energía condenatoria. El tiempo le enseñaría a ser circunspecto como toda duración enseña.

Al final de aquellas misas que buscaban edificar una moral invertebrada, los creyentes terminaban aquellas fastidiosas homilías con un regular tono de amén. Luego de un tiempo predicando desde el púlpito varias de sus ideas, el padre Crisaldo se dio cuenta de que nunca encontraría un argumento espiritual del porqué los hermanos se matan, si era por las jactancias de vivir en un mundo banal o por los escuetos métodos de rebeldías infructuosas frente a las leyes de Dios o, quizás algo más simple, por traumas infantiles en aquella Colombia llena de familias desechas en injusticias y condenadas al hambre que, como pilares, soportan el dintel de la violencia gratuita desde el cual se construye un muro cuya única función ontológica es separar. En algún momento el padre Crisaldo dejó de divagar sobre el fratricidio como un problema teológico o social y se comenzó a preguntar por aquel Dios bíblico que nunca explicó por qué las frutas, los granos y los vegetales no son buenas ofrendas para los dioses semitas, mientras que un buen trozo de carne grasienta era lo apetecido. Definitivamente Dios no era vegano, en su soledad el padre Crisaldo reía de sus propios chistes, aunque a veces reflexionaba si la muerte de Abel no era una metáfora que Dios nos había enviado advirtiéndonos que no dejáramos la vida de cazadores y recolectores por realizar los cimientos de civilizaciones agrícolas, que debíamos evitar quizás ser seres sedentarios y laborando de sol a sol, también de cierta forma, el relato de la Torre de Babel y otros ejemplos similares donde se destruyen ciudades… ¿con el fin de volvernos cazadores y recolectores?, pero era probable que la manzana del árbol del conocimiento fuera precisamente eso, saber cuándo, dónde y cómo cultivar lo que fue nuestra perdición, ya que no hemos podido olvidar ese saber, por lo que, desde que Eva mordió la manzana y descubrió la semilla y su ciclo de reproducción, se les multiplicaron los dolores de parto como castigo, además de un "extra" que literalmente dice que debe dejarse dominar por los hombres como recordaba con precisión el sacerdote haber leído en Génesis 3,16. Después meditaba sobre por qué se deben obtener de una tierra maldita el pan, obvio producto agrícola, con el sudor de nuestras frentes, para que al final todos nos volvamos polvo; ergo, quizás debemos volcarnos nuevamente a ser cazadores y recolectores y olvidar la agricultura de las zonas tórridas. Luego al sacerdote le daba pereza seguir pensando, por lo que se ponía a leer novelas de Pérez Galdós que nunca se agotaban, acompañado con unas copitas de anís, sin explicar nunca por qué prefería esa combinación de meditación teológica, historias interminables y alcohol dulce.

La historia que a todo el mundo le gustaba oír era que los hermanos Jaramillo eran hijos de la misma madre, pero de padres que azarosamente también fueron hermanos. Estos hermanos labraban unas tierras que habían heredado de un cimarrón que se hacía apellidar Jaramillo y al que muchos conocían como El Negro. Nunca se supo si tuvo algún nombre cristiano. Llegó desde los bordes de la selva escapando de la esclavitud, según dijo alguna vez, se escurrió entre las olas de los ríos de uno de esos barcos que surcaban la selva fluvial sin límites; luego robó una mujer indígena que caminaba distraída por la selva y en algún momento encontró tierra negra en la vereda Galilea, buena para el cultivo, a dos horas de caminata hasta la carretera que va a Curillo. Se puso a sembrar papaya porque tenía una bolsa con semillas que alguien alguna vez le regaló, aquella tierra era casi una isla y en la época de lluvia la mitad de aquella porción de tierra se anegaba, por lo que los ganaderos no hacían pastizales por esa zona. El Negro consiguió producir papaya de buena calidad en la parte más alta de aquella isla entre árboles de la selva. Durante varios años llevó su producción al puerto para venderla y así comprar láminas de zinc y de asbesto, alambre grueso y algo de cemento con los que construyó su hogar, luego en la parte más anegada de aquella isla invisible desde el horizonte, construyó una porquera, por lo que un día de mayo llegó con dos lechones vivos para comenzar la producción y verlos jugar en grandes chiqueros. Tuvo todos los hijos que quiso, pero más de la mitad murieron por diversas enfermedades que en otros países, a los que ni siquiera conocía, ya no existían. Al final sobrevivieron dos hermanos y tres hermanas, estas se fueron con hombres apenas comenzaron a menstruar. Una tarde, El Negro apareció muerto al lado de un arroyo que limitaba unas tierras, nadie preguntó nada porque no hubo robo de lechones, ni balas, ni machetazos, por lo que todos aceptaron que Dios quería que El Negro se fuera para el más allá. Sin embargo, hilos de sangre salían de sus oídos.

Las tierras continuaron produciéndose y los cerdos engordando, así que el hermano mayor trajo a una mujer a la casa de asbesto y zinc luego de que su madre, que apenas hablaba español, una tarde desapareciera, según algunos, llevada por unos indios que en canoa cruzaron hacia aquella especie de isla para rescatarla, aunque nunca se supo de quién. La nueva mujer tampoco hablaba mucho español, pero sabía hacer bagre ahumado y casabe, suficiente para dejarla tranquila y no golpearla una que otra tarde. El hermano mayor tuvo un hijo, Edmundo, al que su madre comenzó a llamar Mundito, con aquel diminutivo que siempre agraciaba sus travesuras. El padre de Mundito dejó aquellas tierras para buscar algo distinto que en su cotidianidad nunca se presentaba, por eso, un día tomó un barco que surcaba las corrientes del Caquetá, yendo hacia los lugares donde se decía que se encontraban trozos de oro tirados por las orillas de la selva. El menor de los hermanos cuidó a su cuñada y en ese transitar nació Funes, a quien comenzaron a llamar Fuchal sin razón aparente. Luego dejó a la mujer para buscar fortuna, tomó un barco que iba a contracorriente, hacia la otra dirección que su hermano había tomado, para llegar a un país que empezaba a regalar dinero porque ofrecía una felicidad envuelta en petróleo a todo aquel que lo intentara sacar.

La mujer cuidó de sus hijos, ambos hermanos, ambos primos, con la misma devoción a los mitos e ignorancia de la vida en la que también sumía a sus crías. Nunca llegaron noticias de los hermanos que buscaban un destino lejos de la herencia de El Negro Jaramillo, pero con el tiempo llegaron otros hombres, otros hermanos, y labraron una tierra que tenía como límite riachuelos que crecían en los inviernos tropicales y cerdos que perfumaban los límites de la casa con un aroma que identificaba a todos lo que vivían en aquella isla rural.

Los hermanos Fuchal y Mundito eliminaron con diversas metodologías a sus otros hermanastros menores que pedían herencia de esas tierras cuya mitad se inundaba año tras año y que no alcanzaba para todos. Tierras llenas de plantas de yuca y papaya y con una porqueriza de donde salían cada vez más lechones cuya carne le daba sentido al arroz con yuca frita y trozos de aguacate: la guarnición tradicional por esa zona llena de toponimias bíblicas. De aquellos medio hermanos, el más pequeño murió ahogado tratando de nadar de una orilla del Caquetá hasta la otra, aunque la policía nunca entendió cómo aquel cadáver apareció debajo de un árbol, a unos cuantos metros alejado del río, de cualquier riachuelo o quebrada. Otro de aquellos medio hermanos fue encontrado en un surco, mostraba solo su cuerpo y unos metros más allá, su cabeza. Dijeron que fue un accidente al caer de un árbol, todos creyeron que era posible, porque no era el primer muerto al que se le desprendía la cabeza al caer de un árbol por aquella zona. El último de los hermanastros de Fuchal y Mundito recibió un tiro en la frente, sin que nadie hubiera oído o visto aquel asesinato que ocurrió frente a un bar en el medio de la calle 4, la más transitada del pueblo, aquella que va al Puerto Central. Al no haber testigos ni dolientes, solo había un cadáver y fantasmas que pronto se enterraban en una fosa común. Luego desaparecieron los amantes de su madre en viajes improvisados por el río. Su madre falleció en un acceso de tos con escupitajos de sangre que se pegaban en la pared de zinc al lado de su cama, mientras que los perros famélicos que merodeaban por esos terrenos en busca de huesos decidieron trascender las fronteras líquidas de los Jaramillo y perderse por la selva. Al final los hermanos

Mundito y Fuchal tenían las tierras y los cerdos y su felicidad envuelta en libertad: la vida parecía empezar.

Los hermanos Jaramillo tomaron otras tierras que estaban más allá de los riachuelos, casi llegando a la vereda Jericó, y de allí alguien les comentó que era un lugar perfecto para sembrar plantas de coca. Una tarde apareció Mundito con aquellas pequeñas semillas y se las mostró a Fuchal, este no dijo nada, por lo que Mundito con unos hombres, de los cuales ninguno llegaba al metro y medio, comenzó a sembrar algunas hectáreas con esas bayas. Alguien le había advertido a Fuchal que aquella hoja estaba prohibida en otros países, aunque no sabía por qué. Fuchal continuó sembrando yuca, maíz y papayas y cuidando las porquerizas en la vereda Galilea, a la vez que capaba y vendía lechones. En algunos años, cuando las crecidas de los riachuelos o las tormentas de mayo no paraban, observaba cómo el barrial transformaba todo, sintiendo a su vez cómo sus esfuerzos, meditaciones y esperanzas se volvían líquidas, ocres, pegajosas y cómo su sudor desaparecía en una tierra que se sumergía en miserias. Mientras, año tras año, Mundito tenía más ganancias, más hombres pequeños trabajando para él y más alcohol y mujeres a su alrededor.

Lo siguiente sucedió una noche cerca de Navidad en la casa de *madame* Victoria, la única hecha de bloques de cemento frisado y de tres pisos que había a todo lo largo de la carretera hasta Albania, lugar donde jóvenes mujeres atendían a los hombres que luego de semanas luchando contra la naturaleza: sembrando sobre ella o extrayendo minerales bajo ella, buscaban al final de aquellas largas jornadas de sudor hundirse en el instinto sexual más básico, más natural, más obvio y terminar bendecidos por un orgasmo corto, escuálido y agotador por los que algunos, al salir de la casa de Victoria, lloraban. Esa Navidad los hermanos buscaban hundirse en pieles grasientas y con pliegues, ambos hermanos bebían mientras desarrollaban fantasías sexuales esperando la subasta, porque, a veces, Victoria vendía al mejor postor una virgen que traían de la selva mineros agonizados por sueños iridiscentes y malaria o quizás extraída de alguna vereda cercana por mentes maestras cuyo lema de vida es que el fin justifica cualquier medio o, en raras ocasiones, llegaban de Brasil envueltas en sábanas dentro de cargueros fluviales que nunca consiguen el horizonte. La subasta comenzaba con ofertar en pesos los kilos que pesara la joven. La noche de la cobardía comenzó cuando Victoria quiso vender la virginidad de una cambuja que trajeron dos garimpeiros. Aquella niña de once años pesaba treinta y ocho kilos, por lo que inició la subasta por treinta y ocho pesos. Fuchal tenía ese dinero luego de vender toda una cosecha de yuca y dos lechones en esa mañana de Navidad, no le importaba si luego no tendría dinero, quería saborear el amor puro y virginal que solo era concedido por la gracia de Dios o por la acumulación de capital y, en el medio del salón, proclamó que compraría el himen de aquella nueva posesión de Victoria por cuarenta pesos. Luego se oyó una voz detrás, la de su medio hermano Mundito, gritando que daba el doble de su peso en pesos o el triple si lo deseaba y al final sacó cien pesos y los colocó en la mesa. Victoria aplaudió y se oyó un rugido a lo largo de la casa. Fuchal vio todo de color rojo, como las lámparas que mostraban un friso inacabado en algunas esquinas del salón. Mundito apartó a su hermano para agarrar el premio de la subasta cuando por la espalda sintió que algo lo abría y que toda su piel vibraba. Fuchal lo había apuñalado dos veces, ambas a la altura de los riñones. Fuchal sintió cómo la carne se resistió un tanto, pero luego los tajos se abrieron sin esfuerzos, mostrando trozos blancos y rojos adheridos a la piel de aquel que no pudo girar para ver quién lo mató. Mundito cayó y su rostro chocó violentamente con el piso de cemento verde que decoraba la casa de Victoria. Se vislumbraban sobre aquel piso también trozos de vísceras que nadie reconoció, terrones de barro y algunos billetes que enmarcaban aquella obra de arte de la crueldad que nace de la desesperación. Hubo silencios mientras algunos veían hasta dónde habían llegado gotas de sangre, parte de ella cayó sobre los cien pesos puestos sobre la mesa por Mundito y una serie de puntos rojos decoraban la sábana blanca que cubría el cuerpo de la cambuja. Victoria tomó el dinero sin mirar a Fuchal y agarró a la nínfula como si de un trofeo se tratara y salió del salón, detrás de ella iban sus otras chicas entre gritos y arañando a los hombres que las obstaculizaban. Al final todos salieron del salón, como si se hubiera acabado una obra de teatro y comentaran los espectadores "¿qué tal fue?", aunque alguien medio ebrio rompió algunos ceniceros de cristal y lámparas de colores cálidos que decoraban el lugar. Durante unos minutos, Fuchal vio el cuerpo de Mundito sin movimiento, como si meditara acerca de su futuro, mientras su medio hermano ya no podía vislumbrar nada, o quizás sí, ¿el rostro de Dios? Llegó la policía y encontraron a Fuchal solo y ebrio con el cuerpo de su hermano a sus pies, como si perder la conciencia fuera la solución más sabia en los momentos en que nos descubrimos que podemos padecer. Más adelante todos iban a hablar sobre aquel espectáculo en el salón del prostíbulo, precisando en qué sitio se encontraban cuando ocurrió la subasta.

Meses después dejaron libre a Funes Jaramillo, se comentaba que no ocurrió un asesinato porque hubo una defensa de su honor. En ese tiempo, Fuchal o "el Cobarde" como algunos maliciosos empezaron a referirse a él, perdió sus cerdos, en tanto el jefe de la policía junto con algunos síndicos municipales y el regidor Emeterio Cruz recibieron ese año abundantes guarniciones de perniles y chuletas. Algunos comentaron que desde la muerte de Mundito y con el correr de los años comenzaron a recibir sobres con dinero y paquetes con un polvo blanco que se popularizaba a lo largo del río, un polvo que no servía para cocinar ni para curar heridas y del que las ancianas, en los pequeños recodos de las riberas donde las dejaban vivir, no entendían sus usos, sus costos ni sus muertos.

En el levantamiento de los catastros, por obra y gracia del espíritu del alcalde Emeterio Cruz, todos aquellos rincones de tierras cultivadas de coca en la vereda Jericó pasaron a ser de Funes Jaramillo. En esos días este dejó la casa de zinc que había levantado su abuelo y construyó una casa al final de la carrera 3 en el pueblo de Curillo, al lado del Caquetá. La casa era de bloques con techo de asbesto, en la entrada había dos árboles de mango que introducían al visitante a un patio de cemento donde a veces secaban, tostaban y molían café para luego venderlo en el mercado. Al principio nadie entendió por qué se mudó Funes Jaramillo, qué necesidad tenía. Algunos decían que, así, el alcalde Emeterio Cruz y el jefe de policía lo vigilaban para evitar sobresaltos y que los sobres de dinero, los paquetes con aquel polvo blanco y la carne de cerdo llegaran a tiempo. Los esfuerzos de Funes por complacer las órdenes de los que ostentan la ley a veces lo agotaban, por lo que salía a beber con un policía que le vigilaba la casa cuando se iba a veces hasta el Puerto de Buenaventura en su camioneta, con paquetes de coca y, de regreso, traía café crudo que le compraba a Aldo, un italiano que vivía con su mulata tinta y una docena de hijos con diversas tonalidades de colores. Aquel extranjero que compraba y vendía café colombiano en el puerto y que siempre lo recibía con una sonrisa y un vaso de grapa vendía los frutos del cafeto de mejor calidad a una transnacional que lo llevaba hacia Panamá junto con unos paquetes de coca escondidos en algún contenedor hacia tierras de las que casi nadie imaginaba su existencia en aquellos puertos marítimos o fluviales.

A veces, cuando Funes regresaba de esos largos viajes, se iba a tomar unas cervezas o un anís con Jairo Barazarte a la casa de bienvenidas de Victoria. Aquel hombre era el policía que lo cuidaba, además de servir a las órdenes de todos los jefes del pueblo, mostrando así una habilidad de sumisión que lo consolidó con los años: la obediencia rápida siempre tiene frutos ante el poder. Con el tiempo, Jairo se convertiría en el hombre más poderoso de aquel pueblo fronterizo entre los departamentos de la selva. Fue Jairo quien también vigilaba la casa de Victoria cuando, durante una madrugada de confesiones, oyó las penurias de Funes mientras ambos bebían anís y contemplaban algunos cuerpos desnudos de color terracota y rostros saturados con brillos artificiales en los ojos y bocas; las lamentaciones de Funes apuntaban a que nunca había estado con una virgen. Jairo rio para adentro por tal desesperada confesión, por lo que decidió asegurar una bienaventuranza para Funes.

Jairo tenía una prima llamada Lucha. Ella había perdido sus dientes frontales después de que su madre la moliera a palos por no hacer lo que le obligaba y, desde sus doce años, solo consumía sopas y caldos mientras sus desayunos se limitaban a un trozo de pan mojado con leche. Comer una fruta como un mango era algo para hacer a escondidas, ayudándose de un cuchillo, que siempre perdía por huir cuando oía a personas acercándose. Lo que más le abochornaba era mostrar su sonrisa al oír una gracia, porque, si se reía, enseñaba lo oscuro que hay en todas las cabezas sin las vallas de los dientes, por lo que se prohibió reír desde entonces.

Jairo había oído que su tía maldecía a Lucha porque era mañosa y no le hacía caso, que se la pasaba todo el día entre los árboles jugando con los otros niños del pueblo y que le había advertido que ya era una señorita. Lucha no sabía lo que era ser una señorita porque nadie se lo explicaba, solo le advertían, por lo que seguía jugando con los chicos que la ayudaban a subir a los árboles empujándola por las caderas para agarrar los mangos, los tamarindos o los mamones, y a veces en ese esfuerzo le acariciaban las nalgas o al ayudarla a bajarse se acercaban lo más que podían a su entrepierna. Mientras Lucha reía y se sentía como parte de una pandilla saboteadora del silencio que reinaba por las calles de su pueblo, su madre la miraba desde lejos, estaba segura de que su hija estaba predestinada a ser puta, porque ya la había visto varias veces siendo manoseada por sus amigos en sus juegos, al subir a los árboles, y le advertía que la molería a palos si no dejaba de estar brincando por ahí, que se quedara en la casa ayudando a lavar y planchar las ropas que se acumulaban. Fue una tarde cuando tres amigos se peleaban por agarrarla, frotándose con su cuerpo, para subirla a un árbol, que su madre apareció con aquel palo parecido a un bate de béisbol y que escondía detrás de la puerta de la casa para ahuyentar a los ladronzuelos de ropa o a algún perro que entrara distraído a la casa. Lucha no vio venir a su madre ni el primer golpe que fue directo a la boca. No lo sabía con precisión, pero desde ese día Lucha se volvió señorita y luego poco a poco dejó de sonreír. El padre de Lucha, al ver los problemas entre su esposa e hija, mandó a Lucha a la casa de su hermano, el padre de Jairo. Desde que llegó, Lucha se encargó de la cocina de la casa ayudando a su tía, que solo podía ver por el ojo izquierdo, ya que el derecho lo tenía azulado, sin brillo, mostrando la parte muerta que todos llevamos por dentro. Cuando preguntó por aquel ojo a su tía, esta le contestó que se le había desprendido la retina, aunque no se sabía por qué, quizás por algún golpe que recibió cuando se convirtió en señorita. Lucha pasaba su lengua por la encía, frotándose con un deseo abismal para que aparecieran otros dientes frontales, pero con el tiempo supo que era un deseo vano.

Con los años, aquella tía con dos colores de ojos y Lucha se hicieron cómplices para cubrir sus travesuras. Su tío, que tenía una bodega en la calle 6 del pueblo, estaba todo el día vigilando la entrada de la casa, lanzando papas podridas a los perros que se acercaban y fumando cigarrillos para perder, en sus volutas, el objetivo de ataques de algunos mosquitos. Así que, para salir de la casa, Lucha vigilaba por una pequeña ventana con cortinas cuando llegaba un cliente y su tío se levantaba de su silla para atenderlo dentro del local, de esa forma, su tía salía a escondidas mientras Lucha vigilaba, luego esperaba una o dos horas, veía de nuevo a su tío en la bodega y si todo estaba en orden, si estaba ocupado, daba la señal con la cortina, como si se moviera con viento inexistente, para que su tía regresara al hogar; otros días era a la inversa, su tía vigilaba y ella se iba a pasear y a soñar por los senderos que llevan a la selva, llegando a unas pozas cerca del río donde se bañaba a solas, reía y detallaba su cuerpo y cómo algunos huesos sobresalían de su piel. Ella iba a bañarse en sus salidas, pero no podía precisar qué hacía su tía en aquellas horas y nunca se atrevió a preguntárselo porque entendió que esa complicidad ignorante era vital para mantener una intimidad y no volverse locas. Cuando cumplió dieciséis años, su primo Jairo le habló de Funes, de aquel hombre que tenía tierras, plantas de papaya, una porqueriza y una casa al final de la carrera 3, aquella con los dos árboles de mango en la entrada y un puesto de venta de café en el mercado del puerto, que no era mal parecido y apenas tenía treinta años. Lucha creyó recordar que su tía le había contado que había matado por la espalda a su medio hermano en la casa de Victoria por una mujer, que los facinerosos del pueblo lo llamaban "el Cobarde", además se le acusaba de otros crímenes como la muerte de algún policía que era hermano de alguien o de algún indígena sin familias, cuerpos que aparecieron desmembrados en un terreno abandonado cerca de la vereda Jericó, pero, al no tener balas ni cortes de machetazos, la gente supuso que habían sido cerdos salvajes los que desmembraron a esas personas luego de haber tenido un ataque fulminante al corazón. Los ataques cardíacos eran la primera causa de muerte entre los hombres cuyas edades estaban comprendidas entre los veinte y los treinta años en aquella región, por lo que el alcalde exhortaba a veces a comer menos cerdo frito.

Lucha había oído que aquel buen hombre que le proponía su primo, que recientemente había sido nombrado jefe de la policía, era "el Cobarde" Funes Jaramillo, a quien también acusaban de ser un pobre recadero del alcalde Emeterio Cruz. Aquella adolescente quiso saber más sobre ese personaje, por lo que trató de escuchar otras historias de él cuando deambulaba por ahí, lejos de la casa de su tío, buscando amigas que nunca encontró porque no se atrevía a hablar frente a otra mujer que tuviera los dientes blancos, rectos, perfectos, como si el mismo Dios fuera su odontólogo; quería oír otras historias que no fuera aquella de sangre, prostíbulo y alcohol que rodeaba a Funes, como para confirmar que su primo decía algo de verdad. Luego Jairo cambió la táctica de presentárselo como un buen hombre y comenzó a insistir en que nadie se iba a casar con ella por fea, porque no tenía dientes ni sonrisa y porque su pelo era similar a la paja de las escobas. Luego de enumerar decenas de defectos como su higiene o altura, cerraba su comentario con un sarcasmo que le dolía: "No tienes ni tetas ni culo, eres como una tabla de planchar, plana por todos lados, ¿quién te querrá coger?, y para rematar tienes unos ojos saltones que te hacen parecer a un sapo en un estanque podrido".

Jairo presionaba a Lucha para que se casara con Funes o su destino sería ser una monja o una puta, porque ya estaba en la edad de casarse, o para ir a un convento, o ser subastada en la casa de Victoria, pero seguramente con algún descuento.

Precisaba Jairo que tanto él como su familia estaban cansados de mantenerla porque no hacía nada, eso de cocinar siempre lo hacía su tía y, si regresaba a su casa, su madre la molería a palos de nuevo quizás rompiéndole la cabeza de una vez y para siempre, porque Jairo percibía, a aquella tía a la que nunca conoció, como rencorosa, muy rencorosa por algo que nadie sabrá con precisión. Mes tras mes, Jairo y su padre comenzaron a presionar a Lucha para que se casara con el bueno de Funes, "que no es un cobarde ni un peón del alcalde como dicen en el pueblo, sino que ha hecho buenos negocios y todos le tienen envidia, que la muerte de su hermanastro fue un poco de mala suerte". Lucha se preguntaba por qué Funes, que todos los fines de semana se acostaba con una mujer distinta en la casa de Victoria, quería casarse con ella. Por qué no conseguía una de las mujeres negras de la costa que tanto deseaban salir de allí, de aquel puerto de Buenaventura, o compraba una india en alguna de esas veredas que él conocía tan bien, o una virgen que viniera de contrabando en algún barco desde Brasil. Ni Jairo ni su tío le contestaron, pero su tía, al regresar de una de sus escapadas con un leve olor a anís en su aliento, le murmuró que la gente por la calle decía que ella era la única virgen que quedaba en el pueblo, porque nadie quería yacer con aquella aberración de mujer con un cuerpo de chico, alta como una vara para golpear los avisperos en los techos de las casas abandonadas por la zona. Y que lo menos agraciada de ella, su carencia de dientes frontales que hacían de su boca una paradoja de vulva, era el motivo por el cual a veces los pueblerinos se preguntaban entre risas y morbos qué tan grande sería su himen.

Lucha pensó por primera vez en el destino, en la fatalidad, en la predestinación que a veces oía en la iglesia y, si esas nupcias eran lo que Dios había preparado para ella, sabía que ninguna rebeldía lo evitaría, porque irse a un convento era una opción bonita, pero no tenía la suficiente fe para ser arrastrada de por vida en el amor de Cristo, ella quería el otro amor, aquel que a veces experimentaba en las pozas cuando desnuda exploraba su cuerpo huesudo, y por supuesto había oído de las subastas de himen, tanto horror le provocaban que en más de una ocasión vomitó. Quizás el hecho de que fuera virgen era una virtud teológica que los pobladores solo creían que tenían las hijas de los pudientes hacendados, de los terratenientes, de los mercaderes y las mujeres de los políticos de turno. Reflexionaba Lucha en aquellas horas frente a las pozas que no es una ignorancia la virginidad como algunas conocidas de su tía le comentaron, porque hasta la Santísima Virgen era virgen pero no ignorante, por eso le preguntó al ángel de la Anunciación cómo podía concebir un hijo si no conocía varón alguno. La Virgen era virgen como ella, no por ignorante o fea como ella, sino porque ambas conocían el poder del dominio sobre sí mismas.

Cuando estaba cerca de cumplir los diecisiete años, Lucha se casó con Funes con un precario vestido blanco que alguien le regaló. Ni su padre, madre o hermanos vinieron a la boda, la ceremonia se hizo a las nueve de la mañana en la iglesia del pueblo y apenas había unas diez personas: sus tíos, algunos primos como Jairo y dos o tres mujeres que no conocía; poco después supo que una de ellas era la famosa Victoria, la *madame* del pueblo, con dos subalternas. No hubo fiesta, apenas un almuerzo en el patio de la casa de Funes, unas mesas reunidas alrededor de unas brasas donde todo tipo de carne era asada y el anís y el ron corrían por aquel almuerzo que terminó en la tarde, cuando el calor comenzaba a invadir la vitalidad de las personas. En algún momento de la noche de la boda, Lucha fue a la habitación de aquella casa que Funes había construido con techo de asbesto. Nadie les habló de cómo debía ser la primera noche de unos esposos.

Todo fue rápido, sin pausas, con dolor para ella y expectativas de un supremo placer para él. Al fin Funes había penetrado a una virgen, a una mujer sin experiencia, descubriendo que no se quedaban en silencio viendo el techo o las paredes como las chicas de Victoria. La había hecho gritar a Lucha, que se movía con desenfreno y le suplicaba que dejara de poseerla de esa manera, ella trató de quitarse el peso de su cuerpo mientras le gritaba que le ardía la vagina, que le dolía, inclusive le clavó las uñas en la espalda, pero Funes solo oía gritos de placer, llantos de alegría, súplica para continuar con el gozo, cerciorando aquella experiencia que guardan las vírgenes y que había oído tantas veces. Al terminar observó por un largo tiempo su pene erguido, ensangrentado y algunas gotas rojas en una sábana impoluta, al lado su mujer gimoteando en un rincón de la cama. Él estaba satisfecho, había conocido el poder de la penetración.

Con los años Lucha no gimió más, ni lloró ni gritó, dejó de llamar Funes a Funes y comenzó a llamarlo Fuchal, como lo hacía el alcalde, su primo, que ahora se vestía de paisano, porque al ser el jefe de policía debía pasar inadvertido ante los ojos de sus asesinos que solo reconocen en el uniforme la autoridad. Lucha ya no le tenía miedo a su esposo y, como algunas de las chicas de Victoria, hacía lo mismo que ellas, abría sus piernas y esperaba a que terminara, con su furor infantil, su eyaculación, con la diferencia de que las chicas de Victoria, al terminar y salir de la habitación, le decían lo bueno que era en la cama Fuchalchito, como lo nombraba la más cercana, y así aquel hombre en estado de flaccidez le lanzaba dos o tres pesos extra por el tiempo compartido, mientras que a su mujer la veía con más asco, año tras año, y no le tiraba dinero.

Con el transcurrir del tiempo nació una rutina: Fuchal se levantaba temprano para ir a las veredas de Galilea y Jericó y regresaba en la tarde, mientras Lucha, año tras año, cuidaba a más hijos. Tuvo cinco hijos, tres niñas y dos niños. De las niñas Fuchal no esperaba nada, quizás dolores de cabeza y nietos, de sus hijos esperaba que aumentaran las tierras de la hacienda, que supieran jugar con el hijo del regidor, que la gente les tuviera miedo. De sus dos hijos tenía puesta las esperanzas en Ananías, el mayor, aquel que nació exactamente nueve meses después de la noche de boda, aquel que se parecía a él, que le aseguraba la inmortalidad, mientras que Gersón, su otro hijo, se parecía a su madre; no era atractivo, ni musculoso, ni servil, además no sonreía, por lo que siempre nacía en su padre unas ganas de ahorcarlo. Era una simple sumatoria genética que hacía que Ananías recibiera los consejos paternos para los cultivos y para la vida con alegría, a la vez que Funes estimulaba a su primogénito a que estudiara y supiera más cosas, porque había oído en el pueblo que aquellos que estudiaban tenían un mejor futuro; así que Fuchal lo preparaba para que fuese hacendado, había puesto todo sus esfuerzos para que Ananías algún día se fuera a la capital y lograra un conocimiento que hiciera a la familia Jaramillo verdaderamente rica y no ser una de las tantas familias que no pasa hambre mientras a lo lejos cuidaba la hacienda que crecería más allá del pueblo.

A su hijo Gersón le tenía rabia, le recordaba lo circunspecto de su esposa, pero también su osadía. Lucha era la única que mandaba a callar a Fuchal frente a otros, lo regañaba cerca de la casa cuando venía de parranda de la casa de bienvenidas de Victoria, lo insultaba y, lo que más le molestaba, protegía a Gersón y nunca a Ananías; por eso a veces, cuando Gersón hacía alguna travesura, lo ahorcaba y, cuando lo hacía con mucha fuerza, el rostro de su hijo desaparecía y veía el de su esposa, como un cadáver, como un deseo inconcluso. Así que, cuando Gersón rompía una mata de papaya o se iba a jugar toda la tarde por las calles del pueblo, Fuchal lo asfixiaba hasta que un color azulado aparecía en la tez morena de su hijo, sin saber aquel padre que estaba buscando en la mirada de su vástago aquellas súplicas de su mujer que ya no le pedía a Fuchal, como ocurrió en aquellos momentos iniciales de sexo, cuando Lucha le rogaba que no la golpeara más. Diferente se sentía Funes cuando Ananías junto con otros amiguitos rompían los brazos, las piernas o abrían largas heridas en las cabezas de los niños indígenas, esto ocurría cuando la pandilla liderada por Ananías golpeaba, a veces con palos o piedras, a esos hijos de sus trabajadores que ayudaban a recoger las hojas de coca, verduras y a matar a los cerdos. Funes les explicaba a esos padres de pelo lacio que aprendieron a mirar siempre al suelo cuando le hablaban, que aquellas heridas y fracturas eran simples accidentes de juegos entre niños. Luego de aquellas explicaciones nacía en Funes Jaramillo una curiosa sensación de orgullo que se asentaba en su felicidad.

Ananías, al ser el mayor, parecía tener más independencia, por eso cuando a Fuchal le murmuraron que su hijo había violado a una india en la vereda Babilonia, se enorgulleció, supo que su hijo era todo un hombre y, cuando le reclamaban, decía que su hijo era un toro y que los demás debían encerrar a sus vacas. Ananías, poco a poco, se convirtió en un violador de jóvenes indias o de algunas chicas zambas que iban al río a recoger agua para la casa de sus patrones y quizás de alguna "señorita" de bien que calló aquel encuentro para mantener su dignidad. Cuando le decían a Fuchal que le había nacido algún nieto en alguna vereda o caserío olvidado, un engreimiento se apoderaba de su ego. De Gersón no tenía noticias de su sexualidad, parecía que todo lo hacía en la intimidad, pero en el fondo pensaba aquel padre que ocultar las pasiones es cubrir una culpa, una enfermedad, una vergüenza, por lo que Fuchal intuía que Gersón era homosexual, ya que ninguna mujer murmuraba que hubiera estado con él y ningún amigo le comentaba el brote de hormonas que debía tener en las peleas, con las vírgenes o asentando su poder. Fuchal supuso que su esposa protegía a Gersón de alguna pena, que se apiadó de su debilidad y que, cuando él no estaba en la hacienda, ella le hablaba pestes de su padre, aquel que lo ahorcaba con la menor provocación, convirtiéndolo en un enemigo de sangre, por eso cuando cumplió catorce años, Fuchal le quiso dar un regalo inolvidable, tomó a Gersón por el cuello y lo llevó a la casa de Victoria para que se volviera hombre y pidió expresamente a la *madame* que aquel acto de caridad lo hiciera aquella cambuja por la que había matado a su hermano y que ahora mostraba las gorduras de una mujer que se pasaba todo el día en una cama con sábanas poco limpias. Fue aquella cambuja llena de carnes y mal aliento, con olor a lechuga fermentada y granos en la cara y en los glúteos, quien le enseñó a Gersón donde introducir su pene para ser hombre. Gersón no quería esas experiencias porque sabía lo que quería, pero ese encuentro lo marcó con una susceptibilidad para los siguientes encuentros amorosos, en los que debía evitar que el asco se apoderara de su pulsión para no vomitar como le ocurrió en su primera experiencia sexual. Así, cada vez que veía a una mujer, un asco lo saturaba porque sabía que sus manos tenían que posesionarse de aquellos cuerpos imbuidos en olores nauseabundos, en pieles grasientas.

Una vez pensó Gersón si las golpizas que veía por las calles que hacían muchos esposos a sus esposas, muchos padres a las madres de sus hijos, eran realmente una respuesta a un asco, a una náusea aprendida desde niños en alguna de sus fases para convertirse en hombre, quizás en el momento en que se introduce por primera vez un pene en una vagina. Gersón siempre veía aquellas golpizas en la que ganaban los hombres, y él como todos los demás no intervenía, porque todos esperaban a que otros actuasen en lugar de ellos y a veces ocurría y entonces eran las esposas quienes insultaban a sus salvadores, gritándoles que no se metieran en sus asuntos mientras sus esposos, medio ebrios o medio fúricos por impotencia, apreciaban cómo de la nariz o de la boca de sus amadas salían chorritos de sangre.

Después de esas náuseas, Gersón miraba sus manos y las quería ver siempre pulcras, porque en su futuro divisaba tomar algún poder divino que le impidiera tocar lo impuro. Por eso, al saber que penetrar una vagina lo hacía hombre, Gersón comenzó a evaluar su masculinidad en relación con la pulcritud de la mujer. Para mantener su masculinidad Gersón trataba de hallar una mujer limpia, que no oliera a pis o a frituras, con un peinado que terminara en una coleta perfecta donde ninguna hebra de pelo huyera, sin caspa, sin piel grasienta o con lunares, con sus uñas pulidas y enteras, con manos suaves y sin callosidades y que no mostrara nunca sus pies, por lo que tenía que llevar un calzado esencial y esmeradamente inmaculado y no chancletas o sandalias como iban casi todas las mujeres del pueblo mostrando aquellos pies tatuados de barro y mugre. Sus búsquedas eran mayoritariamente infructuosas, por lo que Gersón pasó largos periodos de tiempo como un anacoreta asexuado y así lo hizo durante su adolescencia, durante esos años nadie le conoció una novia, amiga o amante y nadie podía conocer que en el interior de sus sentimientos la hombría no la podía concebir como la simple introducción de un pene en una vagina de una mujer impura. Desde el interior de sus sentimientos Gersón reflexionaba que la hombría debía ser concebida desde el poder, desde la sumisión del enemigo, desde las cruzadas de fe, desde el dominio ideológico, desde el control a los demás. Al cumplir dieciocho años salió del pueblo con una carta del párroco Crisaldo y juró eliminar a todo aquel que se volviera un obstáculo para su vocación.

A partir de la ausencia de Gersón en la familia, Ananías se volvió el centro de los problemas del pueblo. A sus diecisiete años tuvo la edad para decidir no asistir a los últimos años de educación media en aquella escuela de techo de zinc cuyas aulas al mediodía se volvían hornos derritiendo cualquier deseo de ilustración. El hijo mayor de Fuchal se quedaba noches completas en parrandas con sus amigos, en las que destacaba Emisael, el hijo del regidor Emeterio Cruz. Ambos rozaban la misma edad, ambos habían terminado su educación media en el colegio del pueblo obteniendo sus títulos de bachilleres, escuela donde todos los conocían, pero a la que ellos apenas asistieron a los dos últimos años, por lo que algunos comprendieron que el poder trae adheridos títulos para diferenciarse de la masa. Se negaron unánimemente a asistir a una universidad privada del departamento de Nariño que comenzaba sus actividades y que los había aceptado por recomendación del regidor Cruz gracias a una carta políticamente correcta.

Ananías no pensaba estudiar alguna carrera técnica u oratoria clásica para ser un ingeniero o un abogado, ni quería leer cosas que sabía que rápidamente olvidaría, en esencia no deseaba que lo trataran como una persona culta o sabia, porque él mismo se reía de aquellos monigotes intelectuales que siempre tenían la última palabra sobre la moral, el futuro o la economía y sus sentencias nunca eran populares, además sentía que siempre, cuando los estudiosos hablan, solo enumeran libros, héroes, proclamas, años. Todas aquellas personas educadas por décadas para Ananías eran personas que pasan su tiempo haciendo listas para mostrarse inteligentes, pero que no sabían nada de la realidad, porque la realidad no la puedes resumir en una lista. Ananías opinaba así sobre la erudición, un cúmulo de listas insensibles e insospechadas frente a la realidad, y desde esa peculiar perspectiva de sesgo cognitivo, convencía a sus amigos, conocidos y admiradores, por lo que poco a poco, se dio cuenta de lo que debía decir en sus mítines: lo que todos querían oír. Por eso comenzó a meterse en el mundo de la política, porque supo decir siempre lo que el otro podía entender. Empezó a realizar arengas en medio de la plaza de la iglesia, en uno de los cinco puertos, en el mercado o en el bar Tom y Jerry, donde pasaba tardes jugando en la única mesa de billar en los alrededores, y cada discurso carecería de citas, listas o enumeraciones, pero decía con precisión que las opiniones de los otros eran las propias. Las personas del pueblo lo empezaron a querer o por lo menos así lo sentía Ananías, quien, luego de expresar sus ideas, se percibía especial, ungido, amado por todos, por lo que comenzó a alborotar las asambleas comunales y salir exitoso con argumentos sencillos y prácticos sin retórica innecesaria, a predicar constantemente un futuro en el que el turismo y la agricultura harían rica a su región, que no se había logrado por culpa de los "otros", así como a financiar equipos de fútbol que reunieran a los mejores jugadores de la parte oriental del río Caquetá, y por supuesto, prometer lo que todos los políticos prometen por décadas: eliminar la corrupción sin especificar que harán al pobre más pobre. Aunque le insistieron en que estudiara, el regidor Cruz recordó que él nunca pisó una universidad, que desde niño manejó canoas y pescaba a lo largo del río y así es como aprendió política entre la pesca de bocachico y calculando las crecidas de algunos afluentes en luna llena; tampoco el padre de Ananías había estudiado, ni siquiera sacó la primaria y cada año se destacaba como un gran empresario relacionado con los rubros de papayas y cerdos, de hecho, más de la mitad de los hombres del pueblo no habían terminado ni siquiera la educación básica y los letrados, profesores y médicos que atendían a los habitantes de Curillo venían de los departamentos del norte, aquellos irrigados por el río Magdalena y donde las masas de campesinos y personas analfabetas que poblaban esas regiones no les creían, por lo que venían al sur, al Caquetá, con sus listas, donde la gente era más confiada y moldeable y algunas viejas no sabían contar.

Al final, tanto Ananías, hijo del empresario Funes Jaramillo, como Emisael, hijo del regidor Emeterio Cruz, insistieron en ser servidores públicos, en ediles, en trabajar en la alcaldía en algún puesto que se crearía para ellos. Así se institucionalizó la "Secretaría de la Juventud y Deporte". Al año ambos amigos realizaron fiestas y competencias deportivas entre niños para justificar los gastos de la secretaría, también complacieron a las columnas de adolescentes que alimentaban las filas de la guerrilla de la zona, regalando balones de fútbol y camisetas deportivas con el número 10 estampados en el dorsal. Ambos jóvenes políticos comenzaron a participar en los traslados de drogas en los vehículos oficiales que pasaban por las alcabalas sin detenerse, mostrando la legalidad y probidad de los ediles que manejaban los vehículos. Ananías y Emisael comenzaron a tener mucho dinero, hacían cada vez fiestas más largas, compraban cada vez más relojes de lujo y vehículos de doble tracción que les permitían salirse de los troncales principales para internarse por partes poco conocidas de la región, a veces se reunían con alegría con el comandante Urraca y sus capitanes, quienes protegían los alrededores del pueblo, a lo largo de todo la parte media del río, así como sus riquezas agrícolas derivadas de la cocaína, de otras guerrillas y paramilitares de la zona. Finalmente, ambos amigos políticos soñaban con hacer, cada uno, pero juntos, casas de bloque con platabanda, de tres plantas, todas frisadas, con mosaicos y enrejadas, cerca del río para ver los atardeceres, casas que perdurarían y que serían parte de su legado. Ambos soñaban con la inmortalidad que juraban que alcanzaban en cada éxtasis al final de una fiesta de dos días, en cada orgía que continuaban, en cada discurso político donde señalaban sus éxitos al inaugurar una cancha de fútbol en algún terreno abandonado en la periferia de los pueblos deprimidos y donde una masa de zafios aplaudían las estrategias de los jóvenes dirigentes, porque era noticia que al final de los actos políticos de Ananías recibiría, cada uno de los que le aplaudía, unos cinco pesos para comprar alcohol o plátano verde para la cena, o lo mejor que su conciencia dictara o dependiendo de qué tan triste estuvieran el fin de semana que se aproximaba.

La idea de fin, el concepto de finitud, no existía para los amigos, que meditaban profundamente en cómo organizar la campaña electoral de Emeterio Cruz para que siguiera siendo alcalde otros cinco años y así cumplir treinta años en el poder mostrando con el ejemplo cómo se debe gobernar una región, por lo que el lema de la campaña era *¡Emeterio, como siempre!* Todos en la alcaldía, en las veredas, en el partido gobernante adoraban la frase. Ananías pensaba en la continuidad, en la manera de emplear el poder para mantenerse por largos periodos de tiempo y, mientras organizaba las urnas electorales y al pueblo para que su padrino lograra su quinta reelección, recogía por los caminos, en su camioneta oficial de la alcaldía, a mujeres que caminaran solas por allí, para violarlas, para usar su fuerza y tratar de dejar semillas genéticas en aquellos cuerpos desconocidos. Pensaba el hijo mayor de Fuchal fertilizar sus ideas en los vientres inmaduros de las jóvenes que aparecían por error por las carreteras que circundaban. Ananías conocía las mejores técnicas para inmovilizar a una mujer gracias a las explicaciones de algunos de los subalternos del comandante Urraca, quienes siempre violaban al llegar a un nuevo pueblo como si esa fuera su divisa, le habían enseñado métodos de inmovilización para abusar de las víctimas con mayor placer, por lo que le explicaron a Ananías cómo sujetar con sus manos unas tetas y presionarlas hasta que la mujer se inmoviliza y sus caderas quedan libres para el movimiento sexual. Además, Ananías tenía una ventaja particular sobre cualquier otro profanador de dignidades: el largo de la anatomía de su pene, que era sencillamente grande, lo que le permitía llegar hasta el origen del placer, experimentar aquella sensación de mantener el poder dentro del otro, de insertar una carne dentro de otra carne y sentir cómo su sangre busca expulsar sus impotencias. Se había medido el pene y todos admiraban sus veinticinco centímetros de largo. Ananías nunca pensó en el tamaño de los penes, pero violando con sus amigos a cualquier mujer u hombre que se negara a su fuerza en aquel "ejercicio" que le daba vitalidad, descubrió que su pene era el más largo, el más grande, el más grueso, el más vasto, por lo que sus amigos quedaban sorprendidos cuando lo introducía todo dentro de una vagina o un ano, sin detenerse, sin tomar pausas. Sus amigos miraban con envidia aquel pene, especialmente Emisael, que comenzó a lamerlo algunas tardes de ocio, limpiándolo y protegiéndolo como si de algo perfecto e irrepetible se tratara. En alguna de esas tardes, dentro del vehículo oficial detenido al lado de un arroyo, Emisael le contó a Ananías que casi todos sus amigos envidiaban aquel pene tan grande porque aquel trozo de carne que agarraba entre sus manos y mostraba a Ananías aseguraba la inseminación en el centro de la matriz. Mientras decía esa frases, Emisael comenzó a mover el pene con sus manos de arriba hacia abajo tratando de desvelar una verdad cada vez que el prepucio cedía a su movimiento, en tanto que con su otra mano hacía una concavidad imitando un útero. Emisael comentaba con cierto énfasis que, si lo tienes pequeño como él, el semen queda en la entrada de la vagina y siempre tiene esmegma como a veces encontraba en el suyo. Luego de hacer eyacular aquel enorme pene, Emisael tomaba un poco de cocaína, lo colocaba en el glande antes de que aquel regalo de Príapo se volviera fláccido, era apenas unos segundos lo que necesitaba y aspiraba la coca envuelta con semen que brillaba con la poca luz que penetraba por las ventanas del vehículo. Ananías apenas había comenzado su tercer porro de marihuana.

Ananías recordaba el pene de Emisael: pequeño, con mucho prepucio, un tanto doblado, por lo que pensaban que era una parodia de pene y todos aquellos que tienen parodia de penes son maricos por necesidad; así de exacta era la lógica que usaba Ananías.

Cuando el alcalde Emeterio Cruz ganó por quinta vez las elecciones a un indio sin humor, abogado y que le hablaba al pueblo de una modernidad y progreso necesario en la zona y que nadie entendía, se realizó una gran fiesta en el Parque Central, detrás de la iglesia del pueblo, donde todo el mundo pudo comer, bailar y emborracharse, así como extender la popularidad de una droga que, parecida al talco, comenzaba a ingresar créditos en las cuentas de algunos amos del pueblo. Aquel polvo que constantemente Ananías y sus amigos se pasaban por la nariz y los hacía dudar de si estaban borrachos o no, permitiéndoles poder seguir bailando y hasta repetir algún trozo de carne en vara con yuca que hubiera por allí o zamparse otro plato de sancocho de gallina; y lo más importante, podían seguir cogiendo a carajitas que pasaran por la carrera 4 bordeada de varios terrenos baldíos y hacer pequeñas orgías. Casi al amanecer, Ananías, Emisael y dos jóvenes guerrilleros que le traían la droga para su uso y venta vieron a dos muchachas que se marchaban de la fiesta y tomaban la carrera 4. Los jóvenes guerrilleros corrieron hasta alcanzarlas y las tiraron a un terreno baldío lleno de árboles innecesarios. Cuando comenzaron a violarlas, llegó Ananías con Emisael y descubrió que eran sus hermanas Jacinta y Camila. Un pensamiento de inmortalidad comenzó a recorrer la mente de Ananías, un sentimiento de posesión eterna lo invadió profundamente y, mientras veía cómo sus hermanas luchaban contra los jóvenes guerrilleros que no llegaban a los quince años, Ananías agarró a cada una de ellas y las desvirgó dejando su simiente para una descendencia gloriosa. Emisael se quedó ensimismado, metiéndose todo el polvo blanco que quedaba en la bolsa y riendo con cierto tono de locura.

Todos en el pueblo supieron de la violación de las hermanas Jaramillo, de los dos jóvenes guerrilleros, supuestamente mayores de edad, que fueron apresados y enviados a una cárcel en el centro del país por sádicos y maleantes. El futuro para el hijo del alcalde Cruz, que cada vez mostraba más sus mariconerías perdiéndose en orgías impronunciables, se pensó en un exilio que evitara la prensa roja o rosada, pero cuya fecha nunca se precisaba. Sobre el joven Ananías se llegó a la conclusión de que se debía encargar de realizar más trabajos políticos, de abrir negocios entre la alcaldía y los plutócratas de turno, de buscar inversión para el pueblo, de controlar los catastros o de la zonificación de la región y ya no ser el joven secretario de Deporte y Juventud, sino el primer edil de aquellos pueblos lleno de parroquias sin sacerdotes. De Jacinta y Camila, semanas después, se supo que dejaron el pueblo para irse en un viaje sin regreso. Solo quedó en la casa Marta, la menor de las hermanas, y Gersón, quien apenas había salido de la casa de bienvenidas de Victoria con asco y juramentos, para luego irse a estudiar fuera del departamento, pero nadie sabía con seguridad dónde o qué estudiaba, quizás solo su madre Lucha, que sin dientes rumiaba sus tristezas.

Fuchal seguía trabajando en sus matas de papaya, en la porqueriza, y por recomendación de su hijo Ananías, comenzó a plantar dentro de los bordes de la selva, por la vereda Getsemaní, donde solo quedaban minas abandonadas e indígenas fáciles de convencer para cultivar y cuidar miles de plantas de coca o trabajar en laboratorios móviles llevando a sus espaldas cientos de galones de gasolina. Muchas de esas plantas y laboratorios móviles eran del comandante Urraca, porque fue una manera de resarcir la pérdida de sus dos infantes soldados acusados de violadores y que fueron llevados a una cárcel sin haber disparado ni un tiro.

Emisael no solo era el hijo del regidor, sino la mano derecha de Ananías durante esas fechas sin destino seguro. Entre ellos apostaban que el sustituto al poder de su padre debía ser Ananías, porque era un hombre de la época y porque, con dolor, el alcalde aceptó que su hijo era un maricón y, en la política seria, eso de hablar con agudos, mirar los culos de hombres o extasiarse mientras hablas de chupar pene no era aceptado. A veces en la sala de reuniones de la alcaldía, cuando Ananías y el regidor Cruz quedaban solos para finiquitar cuentas y cuentos, este se preguntaba por qué su hijo era un maricón al que cada día se le veía más el plumero, por qué no le gustaban las mujeres, como a todo hombre, como a él. Ananías quería contestarle que su hijo no veía a las mujeres, sino a los penes que estaban escondidos entre los pantalones, como si tratara de adivinar cuál era perfecto o no. Que poseía un hambre trastocado de placer, por lo que agarrar, chupar y lamer un pene lo llevaba a un mundo de goces orales que los hombres verdaderos ya no compartían porque se limitaban al anís y a las carnes en brasas, aunque, en el fondo, Ananías reflexionaba que ir succionando penes por ahí era no pensar en la continuidad del poder, de la sangre, de la genética, sino desvanecerse viendo los orgasmos de los otros, como súbdito, esperando recibir de alguien un real esperma y consumirlo como si fuera una hostia para así tratar de entrar en contacto con un acto divino o quizás con un poder maldito que todo hombre bien hecho como Ananías y el alcalde Cruz desconocían.

Ananías entró en la campaña para sustituir a su padrino, el regidor, el alcalde Cruz y su lema fue *¡Ananías, desde ahora!*, lo que le hacía sonreír cada vez que lo leía debajo de su rostro por las distintas pancartas que decoraban el pueblo. Tenía veinticinco años y muchas de las muchachas del pueblo habían sido tasadas con su pene, además tenía la protección espiritual y militar del comandante Urraca, prebendas con los miembros del partido que habían entronizado una ideología de progreso sobre el andar de burros y con los productores de plátano, ganado vacuno y cocaína que mantenían la economía de la región y con el párroco del pueblo, el bueno del padre Crisaldo, que hablaba poco y viajaba mucho por el río para consolar a aquellos cristianos desperdigados a lo largo del Caquetá. Lo único que preocupaba a algunos eran las "falsas" noticias de sus violaciones y que le faltaba una esposa, por lo que Emisael le recomendó una prima que vivía en el norte, lejos de aquellos límites de la selva, cerca del mar. Acababa de cumplir los dieciocho años y sus padres la habían cuidado de cualquier acosador, además, había estudiado con las monjas hasta terminar la escuela media y todos estaban interesados en que se casara con alguien importante como Ananías, el próximo alcalde del pueblo. Fue así que un fin de semana apareció Piedad en el pueblo, midiendo menos de un metro y medio, tan pequeña que se perdía en el horizonte, pero con unos ojos azules que Ananías nunca había visto y lo conquistaron, así como una promesa de senos como si fueran unos limones sin exprimir y un cuerpo de nínfula que le recordaba a una niña de doce años, elementos que, una vez ensamblados en su imaginación, actuaron para que Ananías se enamorara de ella porque rellenaba aquel espacio de ternura que su madre nunca le enseñó; además, siempre la veía desde arriba, desde su fortaleza mientras ella elevaba su mirada para encontrarse con su amor, una mirada semejante a la súplica. La pareja era perfecta. La boda entre aquella joven menuda y el orondo de Ananías estaba planificada, con fecha exacta, dos meses antes de las elecciones. La casa donde vivía Ananías la iba a vender para fabricar otra, más grande, más espaciosa y quizás con una piscina para que sus hijos no fueran al río a nadar y ahogarse en competencias tontas. Ananías veía su futuro sin fronteras, como el poder que poseía y lo mimaba, veía su rostro en cada pancarta y su lema *¡Ananías, desde ahora!* como presagios de un buen futuro que se consolidaba en esos momentos, por manejar el último modelo de un vehículo de doble tracción de una marca japonesa que empezaba a invadir al país. Todo era perfecto hasta que una mañana, justo unos días antes de casarse, unos niños que jugaban cerca de un trayecto del río encontraron al futuro alcalde desnudo y empalado. Ananías yacía muerto y su sangre embadurnaba un palo de color vino tinto que ingresaba por su ano como un capricho.

RAZA DE CAÍN, ¿ALGUNA VEZ ACABARÁN YA TUS SUPLICIOS?

Nunca visualizó el padre Crisaldo la vocación de Gersón, de pequeño lo veía hacer las travesuras que todos los chicos hacen a su edad como lanzar piedras a los pájaros, jugar fútbol en cualquier terreno descampado o nadar en las diversas playas del Caquetá o en los pozos y riachuelos que rodean al pueblo y que están infectados de historias de muertos, por eso, pensó que había sido la providencia quien tocó el corazón del hijo de Fuchal, de "el Cobarde", aquel que lo amenazó una vez, por lo que desde entonces no predicaba sermones sustentados en el libro del Génesis. El padre Crisaldo recomendó a Gersón al Seminario Mayor del departamento de Caldas, donde él había estudiado muchos años atrás, cuando su corazón cantaba aleluyas y bendiciones por Jesucristo nuestro señor. Envió a Gersón con una larga carta al rector del Seminario explicando los comportamientos y vocación de buen cristiano del joven, además de precisar su mística con la iglesia en su desenvolvimiento como monaguillo, su moral ejemplar frente a los otros, adjuntando una copia de las calificaciones de sus estudios de la escuela del pueblo donde obtuvo su bachillerato y donde se puede apreciar una que otra evaluación sobresaliente. También anexó una carta de la directora que abogaba sobre las competencias académicas de su alumno. Pensaba el padre Crisaldo que Gersón, al estar lejos de aquella familia con la marca de Caín, de lo cual estaba convencido de que la familia Jaramillo llevaba, marca que los alejaba de la caridad de Dios y por ende de su salvación, resarciría su herencia por dedicar su vida al Dios misericordioso. El padre Crisaldo también guardó el secreto vocacional de Gersón por años, para que nadie de aquella familia maldita se interpusiera, apenas su madre sabía su destino, el cual aceptó como una vuelta de su propia suerte cuando decidió no irse al convento de las carmelitas descalzas que, como opción alterna a ser puta, le habían dado su tío y su primo. Los años pasaron, pero un día el padre Crisaldo tuvo que enviarle una misiva donde explicaba el empalamiento de su hermano y cómo estaba su familia.

Mi querido y amado Gersón. Te agradezco
el tiempo que te vas a tomar para leer estas
pequeñas líneas. He de comentarte que tu
madre y tu hermana están bien, así como
tu padre. Aunque lamentablemente redacto
esta misiva con dolor para explicarte que tu
hermano Ananías, que Dios lo tenga en su
gloria, fue hallado muerto en días recientes.
Su cuerpo fue encontrado sobre una Crux
simplex ad infixionem. Las autoridades del
pueblo aún no han mencionado nombres
de los que pudieron haber perpetrado este
ultraje al cuerpo de tu hermano, porque

sabemos que su alma está en la gloria del Señor. Por parte de la parroquia y a petición del amable exalcalde, señor Emeterio Cruz, y de tu familia, sus restos serán enterrados en el cementerio de la iglesia, luego del velatorio que se hará en el salón de actos del municipio, ya que era edil del pueblo. Espero que puedas asistir a la misa del séptimo día y puedas obtener todos los permisos del Seminario.

Atentamente, en el sagrado nombre de Cristo, Pbro. Crisaldo Mosquera.

Gersón leyó la carta mientras recordaba el día en que entregó su alma a Cristo, el día del descubrimiento de su vocación. Su madre asistía los domingos a misa como muestra de una fe que en principio no entendía, pero con los años comprendió que era la esperanza de una madre que se guarda venganzas en su corazón ultrajado por rencores, así como la posibilidad de hallar un respiro frente al agobio de soportar una familia que no cuajaba en la felicidad que esperaba obtener de ella. Durante algún tiempo, Lucha ayudó al padre Crisaldo en algunas funciones de la parroquia como administrar las donaciones a los pobres que siempre eran cajas con ropas usadas, así como limpiar la sacristía junto con otras esposas del pueblo que, durante ese acto de servicio voluntario, desplegaban todos los chismes posibles bajo la protección del Señor. Sus hijas la acompañaban por aquella época, pero al final solo quedó Marta, porque Camila y Jacinta se fueron a un viaje productivo, a visitar a familiares lejanos que las recibieron y les enseñarían el arte de tejer, bordar y coser; o por lo menos eso decía Lucha cada vez que le preguntaban por sus hijas mayores en aquella cofradía de chismes.

Un domingo empezó Gersón a ir a la iglesia luego de que sus hermanas fueran enviadas lejos de aquellas veredas llenas de ignominias. En principio aquel hijo flacucho fue obligado a ir porque tenía que prepararse para la primera comunión, ya tenía quince años y su madre pensaba que podía morir sin que tuviera la oportunidad de redención. Gersón se aburría a lo largo de la eucaristía, de levantarse en oración, de oír aquellos sermones del padre Crisaldo dedicados a las malas personas que nunca aparecen en las misas y de las esposas acompañadas de sus hijas infantiles que le coqueteaban con las miradas que él gentilmente desatendía.

El día de su comunión fue a consumir el cuerpo de Cristo y detalló con asombro las manos del padre Crisaldo cuando se acercaban a su boca. Eran las manos más pulcras que se hubiera imaginado, blancas, sin máculas ni callosidades, con las uñas mostrando un brillo opaco y las líneas de las manos develando un futuro incognoscible en rosa profundo, sobre el dedo anular derecho, un anillo de oro con un topacio que creaba colores cálidos sobre el dorso de esa mano diestra que bendecía frente a él un futuro prometedor. Desde ese día descubrió la profundidad e importancia de tener las manos impolutas para dirigir la grey de Cristo, por lo que fue a las misas de los domingos para acompañar a su madre y a Marta y juntos rezar por aquellos que se olvidan de que hay un poder superior y eterno, por sus hermanas alejadas sin explicación, por su padre, con el que apenas hablaba, ya que se podía defender de sus ahorcamientos porque desde esos momentos de comunión había dejado de ser un niño al cual se le podía agarrar con facilidad por el cuello, y para demostrarse ese cambio, comenzó a llevar los cuchillos que encontraba por la casa o por la hacienda, cuchillos olvidados en cualquier parte e impregnados con restos de mango, que luego dejaba en su habitación, cuchillos que coleccionaba, sin saber quiénes los habían usado.

A diferencia de su madre y su hermana Marta, Gersón comenzó a ir a la misa de los miércoles porque sentía que en ella había un misterio; los viernes y los sábados no se celebraban misas en el pueblo porque desde el jueves el padre Crisaldo navegaba a lo largo del río Caquetá llevando el cuerpo y la sangre de Cristo a parroquias sin pastores, a capillas abandonadas de fe, a familias de pescadores con sus atarrayas a cuesta y a cultivadores de plátanos que aún creían en la verdadera iglesia levantada por San Pedro, evitando así a evangélicos que se multiplicaban entre gritos de megáfonos y aleluyas colectivos que se oían por las calles de aquellos poblados trazados por vías sin asfalto y limitados por el Caquetá. Esos días sin misa, Gersón ayudaba a su padre en la hacienda levantando yuca o recogiendo a veces berenjenas, a veces pimentones, trabajo que comenzó a acompañar entre oraciones y cantos cristianos que aprendía, lo que curiosamente ahuyentaba las cercanías de su padre cuando algo extraño pasaba por aquellos sembrados o en la porqueriza. Mientras mostraba su devoción al Señor, sus amigos se alejaban de él pensando que tan peculiar afición de Gersón por asuntos religiosos era producto de no estar con hembras o de dejar de beber anís en las noches cerca de las playas mientras algún amigo osado enrolaba un cigarro de marihuana, y lo veían a veces solo en la playa con una Biblia toda rayada para no olvidar que era leída con curiosidad metodológica y viendo aquellos atardeceres que quemaban las nubes hasta la llegada de la primera estrella. Muchos opinaban que su cercanía a la religión se debió a sus lecturas, por lo que fue frecuente verlo en las plazas, en las calles, con libros que supuestamente explicaban las dichas del Señor y de los que creían en él, pero como nadie preguntaba qué leía, nadie supo de sus conocimientos, quizás porque en el fondo a nadie le interesaba saber qué había en el más allá, en lo ilimitado del espacio, en la nada, o si Cristo era diestro o siniestro.

Lucha vio en él la oportunidad de tener un perdón divino por consagrar a su hijo al Señor mientras el padre Crisaldo consideró que era una oportunidad para ayudar a la iglesia en sus problemas de vocaciones sacerdotales, por lo que algunas tardes le daba a Gersón lecciones de filosofía o teología y a veces de latín y griego; pensaba el padre Crisaldo que era como una propedéutica que lo ayudaría a incorporarse al Seminario Mayor con una maduración que lo hiciera amable con una realidad de vida que se desenvuelve dentro de una comunidad unida en Cristo. Cerca de ingresar al Seminario, le recomendó a Gersón que lo ayudara como monaguillo y se acercara a los misterios de la eucaristía, pero él aceptó ir solo los miércoles, porque aquel día iban siempre las cinco viejas del pueblo vestidas de negro y aquel hombre tullido que esperaba un milagro, en tanto los domingos se acercaban todas las mujeres viperinas que venían a la plaza a vender sus producciones caseras y resentimientos acumulados. Los otros días debía participar del cuarto mandamiento y honrar a su padre en una obediencia ciega que se hereda por la sangre, además de ir a la escuela, por lo que viajar por el Caquetá llevando el cuerpo y la sangre de Cristo le era imposible.

Gersón pensó que podía ser sacerdote, tener aquellas manos pulcras, aunque a veces le cansaba estudiar tanto los casos del latín y de olvidarse tan rápido: nominativo: *ego*, acusativo: *me*, genitivo: *mei*, dativo: *milvi*, ablativo: *me*, vocativo… ¿Cuál es el vocativo del pronombre de la primera persona en singular? Y luego, nunca recordar toda aquella información con exactitud, ni cuando los necesitaba usar para aprobar los exámenes del padre Altuve o cuando trataba de leer diariamente libros de teología sistemática llenos de citas en latín, perdiéndose a veces entre profetas y profecías o desorientándose en los libros de hagiografías con aquellos nombres de los miles de personas santas y virtuosas que cimentan la fe y que siempre tienen, debajo de su representación pictórica, una breve explicación en latín de sus hechos. El padre Crisaldo le mostraba que para ser sacerdote se necesitaban muchos años de formación. Primero debía de terminar un ciclo de filosofía de dos años donde nombres como Platón, Plotino o santo Tomás debían volverse patentes en los argumentos que esgrimiría desde entonces; posteriormente concluir un ciclo de cuatro años de estudios de teología y, al terminarlo, debía poder explicar la Santísima Trinidad al ser más inocente sobre la tierra, ambos ciclos acompañados por la adquisición del latín como segunda lengua. Y cuando parece que todo acabaría, debería desempeñar un año de labores pastorales *in situ*. Más que una vocación sagrada, aquellos ciclos de estudios le parecieron al joven una maratón que, como toda maratón, solo importa si llegas al final o no.

Gersón no podía entender por qué se necesitaban tantos años dentro de un Seminario para hacer la eucaristía, administrar sacramentos y llevar la contabilidad de una parroquia con ocho mil almas como era la de su pueblo, porque desde que era monaguillo lo veía siempre todo igual en la misa, los mismos movimientos, las mismas palabras, las continuas citas a la Biblia mientras predican un sermón, las mismas personas yendo a la oficina del padre Crisaldo para hablar sobre los mismos problemas personales, económicos o amorosos o sobre las mismas carestías que todos los pueblos fluviales tienen como la falta de drenajes o los peligros de los contrabandistas, pero también observó con el tiempo que las personas no se acercaban necesariamente a la misa para oír al padre Crisaldo, para expiar sus pecados o para comulgar con Cristo; no, veía una satisfacción en la mayoría de las personas cuando entraban a la casa del Señor y contemplaban lo llena que estaba, esto lo confirmó durante algunos domingos o festividades navideñas o de Semana Santa cuando se inundaba de gente la nave de la iglesia y observaba cómo todos sonreían, cantaban con más fuerza y se alegraban de ser más, mucho más de lo que ellos mismos pensaban, además en esos días el padre Crisaldo recibía muchas donaciones y bendiciones que le permitían hacer más por los pobres y para él mismo, de repente dejaba de ser el padre Crisaldo, aquel que protegía a sus hijos individuales, para transformarse en el cura Mosquera, conductor de una grey, aquel que *cura* las almas de los feligreses enfermos de desilusiones. Pensó entonces Gersón que la satisfacción de los feligreses es cuando el número de participantes crece, cuando se vuelven masa y no por sentir el poder de Dios en sus vidas o comprender el sermón de la semana, sino como masa, evitar ser tocados por la realidad, porque lo que más teme el hombre es ser tocado por lo desconocido y para muchos de ellos la realidad les era desconocida. En masa aquel sentimiento de unidad se les administraba bajo la forma de la repetición, en el compartir el cuerpo y la sangre de Cristo, por lo que una correcta dosis de estas repeticiones dependía la subsistencia de la iglesia. Veía un gentío ilusionarse con el ritmo de las manos del cura Mosquera mientras moldeaba su fe a través de palabras que les daban sentido y significado a sus pobres vidas, a sus predecibles felicidades y a sus sistemáticos dolores existenciales. El cura Mosquera usaba el poder de la elocuencia para nombrar las cosas con diversos nombres: pecadores por miserables o elegidos por pobres y así determinar diferentes rumbos y satisfacer los ¿para qué?, ¿para qué vivir, sufrir, amar, parir...? Mostraba el cura Mosquera un poder que se alejaba de aquel propio del opresor, de aquel que castra o censura; aquel poder negativo cuyo fruto es la muerte y que se aplicaba cotidianamente con una violencia diáfana por aquella región de guerrilleros y de ejércitos malnutridos.

Gersón reflexionaba, mientras ayudaba en el ofertorio, que el poder no acaba con las realidades, sino que las produce, como hacía el cura Mosquera sobre el altar. Gersón se maravilló entonces de las repeticiones y de los ritos de la iglesia, porque desde ahí apreció la domesticación a la grey debido a su incapacidad para entender todos los temores y todas las sabidurías que se esconden en el más allá, pero que algunos bienaventurados lograban experimentar entre lágrimas en medio de una oración, experiencias místicas intransferibles, como lo es toda experiencia mística. Gersón llegó a

pensar que el verdadero poder de la iglesia no estaba únicamente en el crecimiento de las masas de cristianos a su alrededor, como si fuera un muro que marcara constantemente
lo sagrado de lo obsceno, sino de forma especial en aquellas
cinco mujeres y en el hombre tullido que venían todos los
miércoles mientras ayudaba al cura Mosquera, aquel que
administra el poder, y no el padre Crisaldo, que siempre se
presenta como un amigo, con una sonrisa; porque aquel cura
Mosquera de manos pulcras tenía dominio sobre ellos cada
vez que algunas de sus palabras se introducía en aquel lugar
escondido en sus almas y que algunos llaman fe. Los fieles de
los miércoles tenían una obediencia libre, no venían a la iglesia bajo coerción, como observaba algunos domingos entre
los hombres que dormitaban entre oración y oración. La feli-
gresía de los miércoles venía a voluntad, sin amenazas, mostrando el poder que la iglesia ejercía por haber dejado en sus
manos, en las manos pulcras del cura Mosquera, su futuro y
ese ejercicio de poder era el que deseaba Gersón para sí.

Las manos de Gersón se volvieron blancas, impolutas
desde que ingresó al Seminario; mientras sus compañeros
buscaban la comunión con Dios, él trataba de entender la
Trinidad con simples ejemplos, realizaba ejercicios de memo-
rización para retener los cientos de nombres que pululan en
la Biblia y sonreía a sus superiores que siempre lo vigilaban
cuando, en silencio, reflexionaba sobre las abundancias y las
pobrezas del mundo y especialmente, en las noches, se esfor-
zaba por dominar el latín y un poco de griego que tanto le
insistía el padre Altuve que aprendiera, prometiéndole que,
al lograrlo, descubriría el poder de las palabras y su herencia
divina. Apenas finalizado su primer año de teología y luego

de estar durante dos años repasando el pensamiento de la humanidad en diversas clases de filosofía, recibió aquella única carta del padre Crisaldo. Le respondió de una manera madura, como la que había adquirido en aquel tiempo de soledad, penitencias, redención y elaboración de listas de conocimientos.

> *Estimado padre Crisaldo A. Mosquera. Tomo con congoja las líneas donde expresa la muerte de mi hermano mayor Ananías, que Dios lo tenga en su Gloria. Haré los trámites para mi separación temporal del Seminario y para ayudarle en la misa del séptimo día, así como para llevar consuelo a mis padres y hermanas. Atentamente, en el sagrado corazón de Cristo, suyo: Gersón Jaramillo.*

En el entierro todos preguntaban quién había asesinado al futuro alcalde del pueblo. Las coyunturas hicieron que Jairo Barazarte, el jefe de la policía y padrino de confirmación de Ananías, se postulara como alcalde por ser el principal miembro del único partido que siempre había gobernado el departamento y, además, obtuvo del regidor Emeterio Cruz su bendición, ya que lo conocía desde niño y siempre le había obedecido fielmente, y porque no había tiempo para escoger a otra persona que conociera los hilos que las parcas desenrollan, manejan y cortan por los ríos y las selvas de la región. Todos en el pueblo sabían quién era "el bueno" de Jairo Barazarte, y era bueno porque siempre ayudaba a las personas, las protegía y nunca les cobraba de más por algún servicio. Nadie se extrañó que obtuviera cómodamente la victoria y en las noches sucesivas vivió una especie de voluptuosidad difícil de describir.

Pensaba el nuevo alcalde en todos aquellos cadáveres que había contemplado, en todos aquellos a los que le había dado un tiro de gracia en la nuca por no ser obedientes, rememoraba cómo apuntó con su revólver, sin serial, a la cabeza de su amigo, el sargento Nabucodonosor, su primer jefe, su compadre, aquel que le enseñó cómo matar sin rencor, sin rendición de cuentas, sin reconcomios, como si fuera un trabajo más. Pero aquel hombre que llegó a apreciar pecó, Nabucodonosor quiso engañar al patrón, al regidor, al comandante de la policía regional, quiso ser más inteligente que todos sus superiores, pero por estas zonas de selvas ilimitadas y de ríos intransigentes, ser inteligente no ayuda a sobrevivir, sino la obediencia. Jairo le dio el tiro a su compadre y vio su cuerpo inerte en el suelo y no sintió nada, absolutamente nada. El sueño más recurrente de Jairo desde entonces era ver cómo se levantaba entre una montaña de cadáveres y se transformaba en un superviviente. Ser superviviente tenía un sentido de poder que no comprendía con exactitud, pero lo intuía, aumentando sus regocijos y paranoias, por lo que desde que obtuvo el poder ejecutivo como alcalde, a las semanas siguientes, comenzó a vivir alejado del suelo del pueblo, dejando la casa de su madre. Nadie sabía cómo compró una embarcación grande que le trajeron desde Japurá, pero supieron esto porque dejó por años la bandera de Brasil pintada al borde de la embarcación. Acondicionó el barco como vivienda y lo anclaba en el medio del Caquetá, lejos de todos, pero desde donde podía ver los puertos del pueblo y los atardeceres que tuestan las nubes pesadas que se quedan en los fondos de los paisajes distraídos por la monotonía.

Jairo Barazarte solo desembarcaba e iba a la Casa del Gobierno cuando tenía reuniones con los ediles o lo visitaba un burócrata del partido o del gobierno, o aquellos días en los que se celebraba la independencia del país o la resurrección de Cristo; si alguien quería hablar con él, tenía que embarcarse en su casa flotante. Se había transformado en un dios de los ríos, por los que algunos le empezaron a llamar "el Tonino", referencia masculina para entender que era como una de las tantas toninas que a veces se veían fugazmente por los ríos de la selva. Hubo ocasiones en que algunos no regresaron de aquellas visitas. Con los años aquella casa flotante cambió de color y en algún momento tuvo la bandera de Colombia por babor y por estribor el escudo verde del Atlético Nacional. Como vivía solo, su madre iba con otras dos amigas al barco casi todos los días para cocinar, lavar y limpiar la embarcación. En la cubierta siempre había guardias, capitaneados por el "indio" Contreras, el principal lugarteniente de su guardia personal. Nunca se casó, no tuvo hijos, ni amantes, ni mascotas. Jairo Barazarte había conseguido el poder supremo, aquel que no se puede compartir.

Durante esos meses, luego de lograr la victoria política y mientras Jairo Barazarte apenas saboreaba su poder, supo que aquel que está sometido a él, sin libertad, será al que puede matar con una de sus órdenes, y eso hizo con Fuchal, con aquel al que en varias oportunidades llamó su amigo fiel, aquel hombre al que le presentó a su prima Lucha para que tuviera una experiencia con una virgen, su compadre del alma; sí, Fuchal era su compadre porque él bautizó a Marta cuando apenas sabía llorar y acompañó a Ananías cuando hizo la confirmación de su fe a sus once años. Jairo Barazarte mandó al "indio" Contreras a elaborar un método para que Fuchal se suicidara y confiaba en aquel "indio" de ojos verdes, porque le mostraba la lealtad que solo puede existir en los clanes y Jairo era el jefe de un clan, de una gens de abandonados y desposeídos que ahora no pensaban volver al pasado miserable de donde venían. El asesinato de Fuchal era necesario porque además de fratricida era un filicida, era una aberración que no podía existir más. Un testigo le comentó, mientras se bamboleaba en el bote del alcalde, que Fuchal supo durante una noche de orgías en la casa de Victoria que su hijo Ananías fue quien había violado a sus hermanas, porque todas las putas del pueblo lo sabían, y lo sabían porque Ananías se jactaba de esa maldad. A Jairo no le interesaba si Ananías era culpable o inocente de su mente aberrada, pero le molestaban los chismes de pueblo; por eso, cuando el testigo estrella le contó que el comandante Urraca había comentado que Fuchal quería pasarse de listo, de ser más inteligente que los demás porque estaba pensando hacer sus propios laboratorios y así no pagar las coimas a la guerrilla, ni a la policía, ni al ejército y, por lo tanto, bajar el dinero que aportaba a la alcaldía y los mecenazgos a la iglesia, Jairo reaccionó. Sabía que, cuando una persona piensa que es más inteligente que los demás, el caos comienza, las lealtades desaparecen, los cismas de poder se inician y los enemigos afloran. Por eso el "indio" Contreras hizo lo que hizo, eliminar la inteligencia que atenta siempre contra el poder y a la vez quemar la casa de bienvenidas de Victoria, con la mayor cantidad de putas y borrachos que hubiera allí, porque Jairo también sabía que aquella casa de bloque de la carretera que lleva a Albania era el núcleo de todos los chismes y opiniones que minimizaban poco a poco las virtudes del poder ejecutivo, legislativo y judicial.

Fuchal y los otros prostibularios fueron encontrados amarrados de los pies en unos árboles, colgados frente a sus propiedades. Fueron cinco empresarios que murieron de la misma forma, la misma noche, como para ahorrar tiempo a las investigaciones criminales. En la entrada de sus haciendas los habían encontrado semidesollados, se les veían los músculos de las piernas y parte del abdomen con coágulos de sangre y una nube de moscas que despedían sus almas. Nadie se preguntó por qué se habían quitado la piel, pero al no tener heridas de balas o machetazos en los cuerpos, se llegó a la conclusión de que se habían suicidado o por lo menos así lo proclamó con seriedad el alcalde Jairo Barazarte; y aunque esto no convencía a los tribunales del departamento, ni a los familiares y amigos, ni a ninguna persona con un leve sentido común, la policía del pueblo tenía pruebas suficientes de un aumento de psicosis que merodeaba a lo largo del Caquetá y que generaba estos tipos de suicidios "bizarros" como el autodesollamiento. También en ese mes se quemó la casa de bienvenidas de Victoria del Casal, conocida como la *madame*, donde murieron veintidós personas y tres niñas, o eso creyeron al ver los cadáveres porque eran cuerpos menudos y no pasaban del metro veinte, aunque la dueña huyó con sus mejores pupilas. Todo hace pensar que uno de esos prostibularios que se había suicidado desollándose quiso inmolar a su enamorada, una de las recepcionistas de bienvenidas de la casa de Victoria del Casal, y no logrando controlar sus celos, entró con bidones de gasolina con los que roció a las mujeres como si fueran bendiciones de agua bendita endemoniada, luego apareció el fuego, el hombre cerró la puerta con candados desde el exterior y oyó los gritos del infierno dentro de un arreglo coral de dolor que él había compuesto sin conocimientos de solfeo.

El alcalde comentó todos estos sucesos en la radio del pueblo, asegurando que las enfermedades mentales arrasaban a la población, por lo que una de sus prioridades era crear un centro psiquiátrico regional, muchos mostraron la brillantez del alcalde explicando la realidad que les atañe. Funes Jaramillo y los otros psicóticos, como comenzó a llamarlos el alcalde, demostraban científicamente que los suicidios *sui generis* eran una de las principales causas de las muertes del pueblo, suicidios que nacían cuando el pensamiento aumentaba, haciendo a estos individuos enfermos, pensando que eran más inteligentes que los otros y, por ende, creyendo que los otros los querían matar. Así que desde la radio Jairo Barazarte auspició a no pensar más de lo que necesitaban para hacer el día a día en los hogares.

Aquellas muertes por autodesollamientos aumentaron con los años y fueron aceptadas como "suicidios de locura" por una verdad jurídica que se sustentó en argumentos psiquiátricos que se comenzaron a elaborar en aquel centro de psiquiatría, que nunca llegaba a terminar sus estructuras, pero donde dos psiquiatras que iban mucho a misa y al barco de alcalde emitían certificados de psicosis a la decenas de personas ansiosas, deprimidas, angustiadas, temerosas que entraban a sus oficinas, y también a aquellas que conseguían muertes por autodesollamiento. Con el tiempo más personas comenzaron a asistir a ese centro de salud mental y pocas veces salían de allí con una verdad revelada. Esas verdades impuestas por la ciencia psiquiátrica en los certificados de defunción permitió la vida para algunos abogados, ediles, concejales, doctores, militares, hacendados, empresarios o simples contrabandistas a rodearse con pátinas de una realidad en la que la psicosis actúa por tener un pensamiento inteligente, produciendo como consecuencia el devenir de calamidades para los que lo sufren hasta llegar a su suicidio, mientras que esa misma pátina de realidad, donde las personas mostraban que eran obedientes a un pensamiento que siempre les superará, se veía de pronto acordonada por relojes Patek Philippe, camionetas de lujos como la Lexus que nadie sabía que existiera y cigarros cubanos personalizados en las vitolas y que fumaban al lado de botellas de whisky que tenían más años de envejecimiento que aquellas nínfulas, ganímedes y doncellas maquilladas que daban existencia a los placeres inusuales de lo que no está concluido.

Meses después, en pleno auge de su poder ejecutivo, el alcalde Jairo Barazarte le escribió a Gersón Jaramillo para reunirse y hablar sobre la tragedia psicótica de su familia, del negocio de la hacienda, de la "química" que merodeaba por las veredas y especialmente sobre teología, por lo que le envió la siguiente misiva.

Estimado Gersón, lamento profundamente la muerte de su hermano y el suicidio psicótico de su padre. Hacemos desde las fuerzas policiales y civiles del gobierno todo lo posible para que esto no se repita. También deseo

comunicarle que la hacienda Campo Rico
tiene registrada unas cinco mil hectáreas de
yuca, papaya, plátano y dos porquerizas
dentro de su área, en la vereda Galilea, así
como un anexo en la vereda Jericó de veinte
mil hectáreas donde está registrado que se
siembra pienso para ganado. Estas tierras
están al nombre de Funes Jaramillo obtenidas
por herencia de Salomón Jaramillo, que a
su vez fueron tierras que reclamó El Negro
Jaramillo al trabajarlas por primera vez. La
hacienda sumó el año pasado otras tierras de
cultivos no especificados que pertenecieron a
la familia Astrudillo que están cruzando las
tierras del anexo de la vereda Jericó hacia
la vereda Nazareth, y que son unas tres mil
hectáreas por lo que la hacienda Campo Rico
cuenta en la actualidad con veintiocho mil
hectáreas de cultivo. Nuestra preocupación
desde la alcaldía es saber si tomará la
herencia de la hacienda y se ceñirá a una
política de producción que, desde nuestras
oficinas de planificación agraria, queremos
implementar para mejorar la vida económica
de nuestra población. Algunos miembros
de la comunidad me han comentado con
preocupación que quizás la hacienda sea
abandonada porque usted posee una vocación
religiosa, por lo que si decide seguir la senda
del Señor, se le pagará una cantidad de pesos

por hectárea que irá, automáticamente,
una parte a la parroquia de Nuestra Señora
del Carmen y otra a la caja de ahorro de la
alcaldía, a sabiendas de que quizás usted
tendrá unos votos perpetuos de pobreza en el
futuro, pero también hemos considerado darle
a su madre y hermanas una parte para que
no pasen penurias hasta su muerte. En caso
de tomar las riendas del negocio, me gustaría
conversar con usted de cosas necesarias y
urgentes, por lo que será siempre bienvenido
en la embarcación Santa Asunción, cuando
quiera. Atentamente: Jairo Segundo Barazarte,
alcalde de Curillo.

Gersón estuvo días reflexionando sobre la misiva que enviaría con la respuesta para el alcalde. La muerte de su hermano y de su padre habían sido declaradas por los tribunales departamentales como suicidios derivados de una fase psicótica. Leía los informes de la policía cuando Catalina, la mujer de Juancho, que vivía cerca de la porqueriza y cocinaba junto con sus hijas los alimentos para los peones que casi siempre consistía en un arroz amarillo por el jugo del onoto acompañado con queso frito y chicharrón, se le acercó mientras limpiaba el comedor donde Gersón meditaba frente a la mesa, frente a los informes, frente a una taza de café endulzado con papelón. Le comentó que con la muerte de su hermano Ananías seguramente tuvo que ver aquel amigo maricón que tenía, el hijo de Emeterio, el tal Emisaelito, personaje que había huido del pueblo por haber sido él, quien, para todo el mundo, hizo la misa satánica que acabó con la vida de Juan Ignacio. Catalina precisaba que una noche, apenas días después de la muerte de su hermano, Juan Ignacio Astrudillo, el gemelo sobreviviente después de que su hermano Ignacio Juan muriera tratando de cruzar el río y que era el último descendiente de Enoc Astrudillo, el dueño de todas esas tierras cercanas a la hacienda Campo Rico que limitaban con la vereda Nazareth, murió en aquella misa negra. Catalina mencionó que una amiga le había comentado que el alcalde Cruz vomitó cuando supo la manera en que murió Juan Ignacio. Este fue hallado muerto al lado de su hijo, Emisael, que lloraba como una magdalena dentro un establo de la propiedad del alcalde. Esa amiga también le contó que habían encontrado a Juan Ignacio sin culo, porque donde debía estar el culo, había un hueco desde el cual salía sangre, mierda y una línea larga de intestinos. A esa amiga un policía le dijo que Juan Ignacio se suicidó sacándose los intestinos por el culo, no por una misa satánica como promulgaban las viejas chismosas, sino por no haberse quedado en el centro psiquiátrico de Curillo. Lo cierto, según alguien le precisó a Gersón tiempo después, es que esa noche hubo una competencia de ser *la yegua*, juego inventado por sodomitas en el cual Emisael y Juan Ignacio se dejaban penetrar por un caballo para ver quién aguantaba más. Catalina se dio cuenta de lo impávido de la mirada de Gersón, por lo que comenzó a mirar por todos lados como si esperara la entrada de un fantasma. Al final le comentó a su patrón que el alcalde Emeterio sacó a su hijo del país, supuestamente para España porque decían que tenía un cáncer en la cabeza y desde entonces nadie ha sabido nada de él, algunos dicen en el mercado que murió en una clínica en Bogotá, apretándose su cabeza para que los vapores sulfurosos de los infiernos no impregnaran la habitación. Con la simpleza con que se acercó Catalina, se alejó. También durante esos días Juancho, el capataz de la hacienda Campo Rico y esposo de Catalina, le confirmó a Gersón que fue él quien encontró el cuerpo de su padre desollado y pensó que había sido la guerrilla, porque el patrón quería ganar una partida de ajedrez al comandante Urraca, o algo así le había explicado Fuchal a Juancho. Días después Juancho pidió permiso para dejar la hacienda con su mujer e hijas, tenía un primo en la Capital y había mucho trabajo allá. Solo en la hacienda, Juancho y su mujer le mostraron aquel miedo donde las locuras, las psicosis, las perversiones, las esquizofrenias y paranoias se apoderaban, palmo a palmo, de la región.

Gersón estuvo días sentado en la mesa del comedor de la casa, nadie le molestaba y se servía todo el café que quisiera añadiendo trozos de papelones que cortaba con sus pulcros dedos para luego verlos disolver en la oscuridad de la infusión, a la vez veía las semillas de coca que estaban sobre un plato blanco tratando de precisar su color. Pensaba qué hacer y preponderaba la importancia que tenían las hojas de coca en la economía de la hacienda. Leía un libro de botánica que consiguió por casualidad en el Seminario y que se había traído como lectura alternativa del latín, porque todas las plantas estaban catalogadas en aquella lengua sagrada, pero no sabía por qué entre tantos libros que había en el Seminario escogió aquel, aunque se respondió como un chiquillo que quizás eran aquellas láminas dibujadas de las plantas lo que lo sedujo a tomarlo. Leyó sobre la *Erythroxylum coca*. Esta era una taxonomía compuesta por las palabras *erythrós*, que según revisaba el diccionario de etimologías griegas, la definía como rojo, y la palabra *xýlon*, que indica madera, luego buscó la palabra coca, ¿vendrá de la palabra griega *kókkos*, que significa bayas? ¿Bayas de la madera roja o la baya rojiza similar a una madera? Gersón dudaba de la traducción que él hacía del nombre botánico de la planta de coca, aunque le gustaba llamar a esas semillas "bayas de amaranto", porque su tono colorido se parecía a aquella madera de amaranto con las que algunas iglesias hacían sus confesionarios, pero lo mejor era preguntarle al padre Altuve cuando volviera cuál podía ser la mejor traducción. Recordó por un momento al sacerdote desgarbado y con sus lentes siempre sucios, quien, además de ser su profesor de griego y latín en el Seminario, le hablaba de la pobreza de las personas y de las formas de cambiar sus miserables destinos. Gersón veía unas semillas de coca en la mesa de la cocina que cada vez se llenaba más de compromisos, tratando de distinguir aquellos tonos brillantes en rojos que mostraban para certificar así el origen del nombre. Al lado de las bayas de coca, estudiaba la contabilidad de la hacienda en cinco libros impecables, llevados por un contador que vivía en Albania, lo más lejos posible de aquella área de locura. Revisó las casi miserables entradas por una tonelada de papaya, la espera para recoger la yuca y los plátanos sin saber cuál sería el precio final y las cuatro cosechas de coca que estaban escritas bajo el nombre de "manteca", pensando que la oficina de impuestos vería esto como un subproducto de las porquerizas que estaban en la hacienda. La "manteca" generaba unos cuatro quintales de grasa o de hojas secas por cosecha y se vendía la arroba en medio peso, por lo tanto, una planta producía dos pesos por cosecha y ocho pesos al año de tal forma que seis plantas de "manteca" daban más rendimiento que la venta de un lechón por el cual, con suerte, se podían conseguir al venderlo cincuenta pesos de beneficio. Pero también vio un libro donde estaban todos los pagos que se tenían que hacer, mes a mes, a la policía, a la guerrilla, al alcalde, a los cultivadores, a los peones, a los ayudantes y a otras personas o figuras jurídicas con nombres que no entendía, por ejemplo, tenía que pagar mensualmente diez pesos a "Tita", nombre de alguien que nunca supo quién era. Cada vez que pasaba la página del libro de contabilidad, hallaba más misterios y una cantidad de pesos que pensaba que no circulaban por aquel pueblo de ocho mil almas. Al final se veía más lógico dejar la hacienda, las cosas terrenales, y dedicarse al poder supremo que es Dios, pero en sus reflexiones Gersón divisó de nuevo aquel poder pulcro que usaban los ocho o nueve mayores hacendados de la región que se dedicaban a la ganadería, y de pronto deseó ir hacia ese destino en vez de eternizarse en una parroquia en la vega de un río, de uno de las tantas que alimentan al Amazonas y con el tiempo eran abandonadas, por lo que le escribió a Jairo Barazarte su decisión.

Distinguido alcalde de Curillo, Don Jairo
Segundo Barazarte, a través de la presente
le escribo para notificarle que tomaré mis
obligaciones como heredero de la hacienda
Campo Rico, tierras que han pertenecido
a la familia Jaramillo por más de cuatro
generaciones. Procuraré mantener su

*crecimiento para mejorar la vida de los
habitantes del municipio, aportando a la
economía y bienestar de los que vivimos en
esta tierra llena de gracias.*

Atentamente su servidor: Gersón Jaramillo.

*Post scriptum. Me podré reunir con usted en
su embarcación, si le es de gracia, el próximo
domingo, luego de la eucaristía.*

Luego de hablar con el alcalde, Gersón, cerca de cumplir sus veintidós años, regresó a la casa que tenía las dos matas de mango en la entrada. Allí lo esperaba su madre, quien lo recibió con un café endulzado con panela. La madre y el hijo no necesitaban hablar, solo una mirada a través de las ventanas que iluminaban el interior de la casa, sentarse al borde de la mesa mirando a Marta cocinar, jugar con las tazas extrayendo sonido que solo la porcelana puede hacer, o agarrar comentarios sueltos e intuir que alguien venía por la forma en que los perros ladraban al amanecer era todo el lenguaje que necesitaban para comprender sus particulares existencias. Gersón mandó a traer a sus hermanas exiliadas meses después de comenzar a dirigir la hacienda, para que ayudaran a su madre y a su hermana menor en las labores del hogar, porque Lucha cada vez adelgazaba más, cada vez se veía más bajita y su boca desaparecía a veces de su rostro.

Camila y Jacinta se encarnaron por las calles del pueblo con sus vestidos pasteles, dejando de ser meros fantasmas. Se las veía juntas comprando en el mercado, acompañando a Marta al colegio o andando lentamente con su madre para que el calor no delatara aquella humedad que se infiltraba entre los pliegues de sus cuerpos. Desde que las hermanas llegaron, su madre solo salía los miércoles en la mañana y nunca más volvió a la hacienda Campo Rico. Las hermanas eran la única fuente para saber sobre la familia Jaramillo. Muchos les preguntaban en la calle a las hermanas por qué se habían ido, algunos especularon que se habían casado con hombres de otras latitudes y negocios, pero ellas solo hablaban de viajes, de recorrer las montañas hasta llegar a los desiertos, de conocer personas interesantes como un pescador sin piernas que se iba a la mar solo y regresaba con kilos de sardinas o una mujer sin brazos que tocaba un piano en un bar en la capital con sus pies. Las personas oían los cuentos de las hermanas como si ellas les mostraran fotografías de un mundo que no podían imaginar lleno de televisores, estrellas de cine, música y espectaculares cuadros al óleo que describían a una Colombia ignota, llena de personas cultas y de alimentos rebosantes de sabor. También a veces le preguntaron por qué no habían venido al entierro de su hermano Ananías o de su padre, y ambas en una sintonía telepática decían al unísono: "Estábamos en París", y hasta aquí dejaban cualquier conversación con respecto al empalamiento de su hermano y al autodesollamiento de su padre, ambos suicidios por un brote psicótico como dijeron por un tiempo por la radio del pueblo, y claro, algunos niños que oían esa respuesta de las hermanas pensaban que París estaba tan lejos como la Guajira o Caracas, se imaginaban muchos días surcando los ríos sobre curiaras.

Desde que sus hermanas regresaron, Gersón decidió irse a vivir a la hacienda Campo Rico y solo pasar los fines de semana en la casa con su madre. En la hacienda mandó a construir una casa de bloque de concreto con una platabanda rodeada de corredores llenos de muebles de madera de amaranto, la pintó toda de ocre y escribió, en una parte alta de la pared de la entrada y con una caligrafía curiosa, la frase en mayúsculas: *TIMOR DOMINI PRINCIPIUM SAPIENTIAE.* Nadie entendía esa frase y cuando los más allegados le preguntaban qué significaba, Gersón contestaba que era el principio para ser justo en el mundo, pero nunca traducía aquellas palabras a sus empleados. También las hermanas comenzaron a cuidar a Gersón, le cocinaban, lo entretenían hablándole de sus sueños de comerciantes, de alquilar un local en Bogotá y poner una mercería, además le ayudaban sumando y restando en los diversos libros de administración de la hacienda, mientras tanto, Marta fue enviada a un internado educativo en el centro del país para que terminara sus estudios y fortificara su fe. Cerca de su cuarto, Gersón construyó un pequeño altar con un cristo de cerámica cuya cruz pintada en índigo mostraba su rostro risueño, como si no tuviese dolor en plena crucifixión, aquella pasión se la había regalado un artesano casi ciego que en las festividades religiosas iba de rodillas desde su casa hasta la iglesia parroquial, llenando con su sangre el piso del recinto sagrado ubicado en un pueblo en la sierra donde solo se llegaba a pie o en burro. Le tenía especial cariño a esa cruz, así como a una Virgen del Rosario de porcelana que le había regalado su madre, cerca de esta estaba la figura de san Judas Tadeo, el apóstol de las causas perdidas, porque desde que había hablado con el alcalde Barazarte, varias partes de sus mundos y opiniones se habían vuelto causas perdidas. La rutina de Gersón era similar a la que hacía su padre, vigilar los cultivos, buscar más tierras y peones según la época de siembra o recolección, castrar los lechones, hablar con sus hermanas de cosas necesarias y efímeras y en las noches rezar, recordar aquellos años en el Seminario, sus bases de latín, leer un rato algún pasaje de la Biblia o algún libro para consolidar la fe y, de vez en vez, retomar los ejercicios espirituales de san Ignacio.

Una tarde Gersón, luego de varias decisiones, le escribió al padre Altuve, que fue su mentor en el Seminario y su consejero, una misiva de agradecimiento.

Estimado Padre Carlos S. Altuve, le debo
estas líneas para explicarle mi abandono de
mi vocación. Como vuestra merced sabrá, la
muerte de mi hermano y, posteriormente, la de
mi padre en un breve periodo de tiempo han
determinado parte de mi destino. Ahora tengo
que encargarme de mi madre y hermanas, ellas
no pueden administrar la hacienda, encargarse
de sus trabajadores ni de sus menesteres.
Espero que algún día tenga la oportunidad
de visitar y observar el trabajo que trataré
de realizar aquí para mejorar la vida de los
pobres como siempre me ha alentado de hacer.
Espero alabar a nuestro Dios en este nuevo
inicio de mi vida, a la vez que espero que él
me muestre el camino que me lleve a su gloria.

Queda suyo, en el Sagrado Corazón de Cristo,
su eterno alumno Gersón Jaramillo.

Post scriptum. En algunos días, Cheo, mi
capataz, se acercará al Seminario para traer
mis pertenencias personales, espero que pueda
atenderlo, lo reconocerá porque le falta el
ojo izquierdo y lleva un libro de botánica que
tomé de la biblioteca del Seminario sin los
permisos correspondientes.

Las pertenencias de Gersón llegaron todas dentro de una caja mediana. Sus tres años en el Seminario se podían reducir a unos pantalones, dos docenas de libros, varios crucifijos y un rosario, así como un lote de cartas y misivas que estaban envueltas en un pañuelo de seda que le regaló su madre cuando inició aquella vocación pastoral sin concluir. También recibió dos libros del padre Altuve junto con un escrito.

Mi querido y amado Gersón. Gracias por tu
misiva explicando los duros momentos que te
han desvinculado, por ahora, del camino para
consagrar tu vida exclusivamente al Señor,
pero como te he comentado: Dios escribe
derecho en renglones torcidos como meditó en
su autobiografía nuestra hermana en Cristo,
santa Teresa de Jesús. Acuérdate de cómo
ella reformó una Orden por olvidarse de los
pobres, así, mi querido Gersón, no olvides a
los pobres y a la justicia que piden. Siempre

tendré tiempo para saber de ti. Unidos en el
Sagrado Corazón de Jesús, tu amigo Carlos.

Gersón miró con curiosidad aquel libro de tapa roja que había visto cientos de veces cargar al padre Altuve en sus horas de meditación en el patio y que ahora tenía en sus manos, con gran respeto leyó una dedicatoria en su página inicial, escrita en tinta azul con letras de imprenta que decía: *Para los hombres y mujeres comprometidos con la liberación como usted: su servidor, Gustavo Gutiérrez.* El libro tenía varios párrafos subrayados, en varias partes con distintos colores de tintas que resaltan ideas como: "la pobreza no es una fatalidad, sino una condición; no es un infortunio, sino una injusticia. Es resultado de estructuras sociales y de categorías mentales y culturales. Está ligada al modo como se ha construido la sociedad, en sus diversas manifestaciones. Es fruto de manos humanas: estructuras económicas y atavismos sociales, prejuicios raciales, culturales, de género y religiosos, acumulados a lo largo de la historia, intereses económicos cada vez más ambiciosos; por lo tanto, su abolición se halla también en nuestras manos"; y otra más teológica: "La pobreza es una realidad polifacética, inhumana e injusta; consecuencia, sobre todo, de la forma como se piensa y se organiza la vida en sociedad. La pobreza es un hecho complejo. No se limita, por lo tanto, sin que esto signifique negar su importancia, a la vertiente económica. La realidad de países multirraciales y multiculturales, como lo son una buena parte de los latinoamericanos, el Perú entre ellos, nos puso rápida y directamente ante esa diversidad. Visión reforzada por la compleja comprensión que la Escritura, en ambos testamentos, tiene de los pobres: aquellos que mendigan para vivir, las ovejas sin pastor, los ignorantes de la ley, aquellos que son llamados 'los malditos', en el evangelio de Juan (7,49), las mujeres, los niños, los extranjeros, los pecadores públicos y los enfermos de males graves". Luego contempló un segundo libro que venía en la caja, era una edición del *Libro de Proverbios* en una tapa dura con bordes dorados. Era una obra bilingüe, latín/español, que seguramente era no solo un obsequio, sino una exhortación para que continuara sus estudios de las lenguas clásicas. Al abrir encontró una dedicatoria: *Liberat animas testis fidelis et profert mendacia versipellis*, Prov. 14,25. *Tu amigo en la fe, Carlos.*

Desde ese año en que perdió a su hermano y a su padre, la vida de Gersón se concentró en aumentar la producción de la hoja de coca y en establecer un laboratorio en los antiguos terrenos de los Astrudillo en colaboración con el alcalde Barazarte y el comandante Urraca, mostrándole así una devoción que conmovió a ambos líderes de la región. Con los años no solo la hacienda Campo Rico producía toneladas de papaya, yuca y maíz, además de kilos de carne de puerco, sino especialmente kilos de "manteca", que se elaboraba más allá de la hacienda, por donde no hay caminos. Luego toda esa "manteca" se distribuía entre vehículos oficiales, camiones rentados, turistas y embarcaciones de pescadores que no tenían horizonte de llegada.

Una cierta bienaventuranza cobijaba al pueblo y en algún momento su centro de investigaciones psiquiátricas fue casi concluido entre bombos y platillos y psicóticos que venían de las montañas o de las costas y que se preguntaban por qué terminaban viviendo a las orillas de un río. Eran años de bonanza para aquellos agricultores como Gersón que vieron cómo el acumulamiento de dinero comenzó a llegar a borbotones y a cambiar la realidad del pueblo, así los peces nadaban hacia las pescaderías sin ser pescados, algunos jóvenes adquirían motos que nunca había sido soñadas por sus abuelos por tener tres o cuatro ruedas y casi navegar a contracorriente en la época de inundación por la zona, nació un turismo de aventura en el que jóvenes perfectos estaban acompañados por mujeres diseñadas por un demiurgo malvado que obligaba a cualquier hombre del pueblo a eliminar el séptimo mandamiento de su conciencia. La realidad cambiaba, aunque aún había suicidios psicóticos porque se hallaban muchos cuerpos flotando sin cabeza por el Caquetá, pero poco importaban, porque en las noches, por todas las calles del pueblo, aparecían cornetas inmensas que llenaban de música aquellos espacios calientes entre el río y la selva con canciones de Diomedes Díaz y Vicente Fernández. Un fin de semana el pueblo fue invadido por mariposas púrpuras que evitaban que cientos de perros del pueblo ladraran, así como decenas de niñas vírgenes rubias y con ojos azules comenzaron a llegar entre los rezos de los protestantes que deseaban conquistar el Amazonas para sus iglesias evangélicas o misioneras.

Gersón veía en aquella maravillosa realidad cómo el reino de Dios se establecía en Curillo entre un constante aroma de musgo rojo y tierra mojada, alejando a los pobres de los basureros y de la mendicidad. Tanto el alcalde Jairo Barazarte como el comandante Urraca recibían partes de las bendiciones de aquella producción de "manteca", el primero para mantener el poder, para no olvidar que siempre debía mantener las distancias, por lo que cada vez fondeaba su barco más alejado de la orilla del pueblo, a veces desapareciendo de la vista de sus votantes. El alcalde quería instalar una conciencia que libremente obligara a sus seguidores a estar con él sin que él estuviera presente, y para ello, cada cierto tiempo, desarrollaba torneos de fútbol infantiles con viajes a Disneylandia, fiestas donde los cuerpos flotaban entre brisas de anís hasta el amanecer y ferias campesinas donde se traían productos artesanales como chicha andina o pequeñas esmeraldas con forma de petroglifos para consentir al amor del momento, pero el alcalde nunca aparecía en aquellos encuentros del pueblo con sus habitantes. El comandante Urraca veía aquella revolución que parecía no acabar ¿o no comenzar? extenderse tanto como los campos de cultivo que cuidaba, como los laboratorios que crecían por la selva como hongos en troncos podridos y olvidados, además se veía como aquel comandante que ganaría la guerra, que instalaría un Estado de justicia, como ningún otro comandante revolucionario lo hubiera hecho antes por esas tierras infectadas de ríos sin vergüenza. Todas las historias las unía Gersón con su producción de "manteca" mientras leía sobre la sabiduría que heredó el rey Salomón y cambió la vida de aquellos miserables que dependían de él.

Aquella realidad mágica acabó para Gersón cuando Marta llegó con su amiga Séfora, ambas habían terminado sus estudios y Marta pensaba seriamente en ingresar a una orden religiosa, pero no estaba segura de su vocación porque a veces se veía como maestra, por lo que le preguntó a su hermano si estaría bien ir a la capital a estudiar para convertirse en maestra jardinera como lo iba hacer su amiga Séfora.

Mientras Marta preguntaba con paciencia a su hermano, este miraba a su amiga, que usaba unos guantes de seda blanca que le llegaban hasta el codo. Era la primera vez que veía a una mujer con guantes, vestida sin mostrar los hombros, con un traje cuya falda llegaba hasta debajo de las rodillas y unos zapatos cerrados, pulcros, brillantes, que cubrían unas medias blancas que protegían sus tobillos de miradas indiscretas. Séfora mostraba trozos de una piel blanca, inmaculada, en un cuerpo envuelto con un vestido que olía a honradez, sobre la que posaba un rostro armónico, sin disonancias.

En la primera cena de Séfora con la familia Jaramillo, habló con Gersón sobre aquellos beneficios que recibía su hacienda, pero que debía prepararse para cualquier prueba que le colocara Dios, nuestro Señor. "Dios no debe responder a nuestras incitaciones porque lo obligamos a darnos respuestas dentro de nuestro entendimiento que siempre es limitado, que siempre es moral", reflexionaba Séfora mientras cenaba aquella cachama ahumada con arroz y aguacate que comía con cierta letanía. Séfora veía a Lucha en una silla de ruedas y se reprimía en preguntar qué le pasaba. Gersón tenía a Séfora a su derecha, ella continuó su discernimiento teológico mientras Camila y Jacinta la miraban con expectativas y Marta sonreía porque sabía que Séfora hablaría sobre su visión del libro de Job, visión que elaboró para un concurso que hicieron entre las escuelas internas femeninas administradas por las hermanas de la Santa Resurrección, que gestionaban las escuelas privadas para señoritas más importante del país.

—Sin perder su fe, Job —comenzó a precisar Séfora— no entendía el porqué de sus sufrimientos, no se daba cuenta de que era víctima de una apuesta ontológica, así que pierde a su familia y posesiones, y sumamos a eso las intrigas teológicas de sus amigos y conocidos, haciéndole entender que ha pecado gravemente, quizás sin saber, porque, en teoría, Dios solo castiga al pecador. Por eso en algún momento Job, considerándose un hombre justo, le pregunta a Dios sobre sus sufrimientos. Dios le responde, pero desde otra lógica, no desde la situación de Job que evalúa todo como víctima observando que lo que le rodea se derrumba sin una explicación racional, tampoco le responde para justificar sus valores morales que provienen de una posición meritoria por ser íntegro y santo. Dios le explica que no todo lo que hace el hombre debe obtener un premio o un castigo, así toda lluvia no es para beneficiar a los agricultores devotos ni toda sequía es para destruir al infiel; además muchas veces llueve en donde no vive nadie. Fíjate —agregó moviendo su mano Séfora para atraer un poco más a Gersón a su presencia—, al final todos recuerdan que Dios recompensa a Job, pero pocos se acuerdan de que el Supremo le recriminó la lógica moral con la que Job juzgó a Dios, por la manera en que decide los destinos de sus creaturas. La fe en Dios implica aceptar su grandeza en una creación llena de ilimitados misterios y no esperar premios y castigos.

Así, con aquella sapiencia bíblica, la joven de dieciocho años se atornilló en el corazón de Gersón, en alguna pared de su sensibilidad.

Séfora y Marta estudiaron juntas para ser maestras de niños en la capital, y cada cierto tiempo venían a los pueblos de Curillo, Albania, Fragua o Florencia para pasar las vacaciones entre las riberas de ríos, las cascadas y nadando en pozas, aprendiendo a manejar jeeps o cabalgando entre las trochas de la hacienda Campo Rico, haciendo pescado moqueado en los patios de las casas y a veces tomando una embarcación que las llevara a Jerusalén, aquel puerto donde en su única calle principal se encontraban más de cincuenta joyerías y donde ambas amigas se compraban un capricho que Gersón obsequiaba. También iban a otros puertos llevando comida en una embarcación que llamaron *Maná* y que había comprado Gersón para ayudar a los más necesitados de las riberas del Caquetá. Durante ese tiempo Gersón dejó de ostentar sus riquezas y Séfora y Marta comenzaron a llevar pendientes, anillos y zarcillos que las mostraban como mujeres especiales, lejos para cualquiera que no pudiera evaluar la riqueza que llevaban consigo. La familia Jaramillo comenzó a dar más diezmo a la iglesia y el padre Crisaldo pudo edificar un jardín de infancia y un albergue para niños. Además, Gersón comenzó a construir viviendas para aquellos empleados que lo ayudaban en su hacienda, cerca de la carretera, y ayudó a muchos pobres a conseguir embarcaciones para que comenzaran sus negocios de pesca o transporte de mercancías por los ríos, eso sí, dependiendo de la cantidad de hijos que tuvieran, a más hijos menos intereses de préstamo. Gersón tenía la visión de unir toda Sudamérica a través de sus ríos y poder ir desde Cerillo hasta cualquier playa del océano Atlántico.

Séfora siempre se vestía impecable, con sus guantes de gamuza y zapatos de cuero oscuro que nunca ensuciaba por más barrial que hubiera por las calles. Gersón comenzó a comprar pulseras en el puerto a algunos artesanos que venían de la selva, joyas que siempre llevaban una esmeralda sin pulir y que particularmente hacían sonreír a Séfora cuando se las regalaba. A los meses, viendo un atardecer desde el *Maná* donde los colores granates y naranjas enfurecidos bailaban sobre la oscuridad del río, Gersón le propuso que fueran novios. Ella tardó un año en responder aquella invitación, le dijo a Gersón que estuvo meditando y consultando su propuesta, que aceptó con un limpio beso en el que sus labios se rozaron como si tocaran agua bendita. La tarde del beso, Gersón le regaló un reloj Rolex dorado para dama, se lo colocó en su muñeca y desde entonces ella supo que Gersón iba a ser su esposo para toda la vida. Durante el noviazgo que duró tres años, nunca intimó la pareja, ambos valoraban la virginidad como una fortaleza, como un recuerdo de que los frutos de Dios deben concebirse por amor y no por un error, como veía la pareja en los niños que llegaban al albergue o en aquellos expósitos que morían en carreras de natación por el río.

El noviazgo de Gersón y Séfora fue muy normal, continuo, casi perfecto llegando a ser estático; demasiado para las personas que viven a las orillas de cualquier río donde el cambio es lo constante. Él tuvo que ir una vez a Pamplona, aquella ciudad entre Bucaramanga y Cúcuta donde vivía la familia de Séfora y donde su padre tenía una barbería en la esquina más transitada del centro de la ciudad. En ese lugar su padre pasaba su existencia entre cientos de conversaciones con vecinos y leyendo la prensa, en tanto su madre, siempre en casa, siempre hablando bien de sus hijos por haberle dado una educación cristiana profunda, pasaba la mayor parte del tiempo dando clases de religión gratuitas en los colegios públicos y privados de la región. De aquella visita solo recordaba el corte de pelo que se dejó hacer para complacer al padre de Séfora y que desde entonces no cambiaría, y las asistencias a varias clases de religión de aquella ama de casa con vocación teológica a la que nunca le confesó que había estudiado en un Seminario, para que así sus clases no fueran interrumpidas con preguntas necias. Ambos padres dieron el consentimiento de la boda porque evaluaron a Gersón como una magnífica persona, bondadosa, atenta y por supuesto lo más importante: un buen cristiano.

Al terminar los estudios, Séfora se casó con Gersón en Pamplona con su familia y amigos, mientras que Gersón solo llevó a su hermana Marta, porque sus otras hermanas se quedaron cuidando la hacienda y a su madre, que cada vez adelgazaba más. La pareja de recién casados se instaló en Curillo, donde Gersón siguió con sus actividades productivas, y Séfora comenzó a administrar, junto con el padre Crisaldo, el *kindergarten* y el albergue de menores, mientras Marta consiguió un trabajo en el único jardín de infancia de Albania por recomendación del alcalde Jairo Barazarte, quien nunca perdía la oportunidad de generar una deuda a su favor. Ambas amigas seguirían compartiendo sus vidas como si de un designio divino se tratara.

Gersón recordó el momento exacto en que conoció a Séfora, sus charlas sobre el libro de Job, pensar en cómo ayudar a los pobres y evitar la opulencia que no son bien vistas a los ojos de Dios. Gersón recordó también la primera noche de esposos, cuando recién casados, en la intimidad del cuarto, leyeron juntos frases del *Libro de Proverbios*, primero en español y luego en latín, un latín que Gersón enseñó a Séfora con paciencia. Al final de la noche, Séfora ya podía leer sin parar: Proverbio 3,9 *Honora Dominum de tua substantia, et de primitiis omnium frugum tuarum da ei: et implebuntur horrea tua saturitate, et vino torcularia tua redundabunt.* Luego de leer y meditar, ocurrió el acto amoroso como lo habían planificado por años.

Ninguno se desnudó frente al otro, Séfora llevaba un pijama de seda crema entera que la cubría desde los hombros hasta la rodilla y al ser transparente se confundía con el color de ella, Gersón llevaba una bata de seda celeste, pero que se abría en el medio, mostrando parte de su pecho. Séfora llevaba guantes y medias de seda y se acostó de lado, no viendo a su esposo inmediatamente. Él comenzó a tocarla desde atrás, abrazándola desde su espalda, jugando con toda aquella construcción de sedosidad que la cubría, impregnada con un leve aroma de lavanda que llenaba todo el erotismo necesario. En algún momento sus cuerpos se colocaron uno frente al otro y sin perder la mirada, él se subió sobre ella mientras con su mano abría espacios entre la seda. Los cuerpos posados sobre las sábanas de satén y sin desvestirse consumieron el acto amoroso, casi sin moverse y sin quejidos, querían que sus almas volaran sin perturbaciones atmosféricas hacia Dios. Por primera vez Gersón estaba satisfecho, había tocado la pulcritud del cuerpo, había rozado la pureza con sus manos. Al finalizar el acto con un firme beso, Gersón vio cómo temblaba el cuerpo de su esposa, a la vez que se percató de algunas manchas de sangre, por lo que decidió irse a su cama, al lado de la de ella, pues la habitación no tenía una cama matrimonial, sino dos individuales que mantenían una dialéctica amorosa sin síntesis.

En el pueblo todos sabían los negocios que llevaba Gersón Jaramillo con la amabilidad del alcalde Jairo Barazarte y otros opulentos ediles, policías y militares que no lo parecerían si caminaran por un lugar céntrico en Bogotá o Madrid, siempre y cuando no abrieran sus bocas para decir lo ricos que eran. Cada vez venían más personas extrañas por la región, desde Los Andes, desde la costa pacífica, desde la selva, desde las capitales departamentales. Muchos querían hacer turismo, senderismo, navegar por el río pensando que podían llegar hasta Río de Janeiro; otros venían por negocios, principalmente a comprar ganado por todo lo largo del río y luego traerlo al matadero municipal de Curillo y de ahí en camiones neveras llevar las carnes troceadas a los diversos mercados municipales que necesitaban satisfacer el hambre latente del pueblo para barnizar cierta paz, y algo de "manteca" que mantuviera cierta economía en regiones desoladas de planes económicos; también aparecieron personajes extraños como un "chino" que quiso comprar oro o diamantes y no hablaba español, se le vio una vez y nunca más, también vinieron personajes enormes, personas de dos metros y más de ciento cuarenta kilos, monstruos que no se veían por esa región, para comprar tierras o madera. También vieron llegar a personas blancas, muy blancas, llevando Biblias, algunas fundaron iglesias por el pueblo, por lo que en poco tiempo se abrieron dos iglesias pentecostales, un Salón del Reino de los Testigos de Jehová y una iglesia misionera donde aparentemente ninguno de sus miembros hablaba español y en cuya entrada se anunciaba en inglés: *Preachers to the Lord.* También comenzaron a aparecer otras casas de citas o de bienvenidas, como había sido la de Victoria del Casal, de la cual solo quedaban cimientos quemados. De ella decían que había muerto en Cali de una rara enfermedad. Lugares de entretenimiento para el miembro viril donde los clientes encontraban una diversidad de hembras alejadas de aquellas indianas, zambas, cambujas, mestizas que proliferaron por la región e inundaron el mercado antes que la realidad cambiara por el dinero; ahora, en una casa de bloques frisados de blanco en los alrededores del puerto, la *madame* Encarnación Pérez, sin nombres rimbombantes como sus antecesoras, mostraba en sus salones vírgenes rubias de ojos azules que en teoría procedían de Ucrania o Bulgaria, de aquellos territorios que pocos habían oído o visto, pero también mujeres de un ébano intenso traídas de Haití, por fin había mujeres puras que no necesitaba explicación como exige toda pureza, por lo que, a veces, algunos curiosos pagaban ciento de pesos extras por la experiencia.

Todos en el pueblo respiraban cambios, hasta aquellos miembros de la guerrilla que al principio fueron moviéndose hacia la selva para huir de una ley y de un orden que no les pertenecía, porque no habían participado en su construcción como explicaban. Así es como la guerrilla teorizaba su misión en algunos caseríos de las riberas diciendo con algún megáfono: "Debemos crear de nuevo una ley y un orden". Esa era su principal consigna. En los inicios de la misión guerrillera, en aquellas comunidades de las veredas, algunos de aquellos líderes de poblados que osaron oponerse a esa *nueva ley y orden* en contra de las tradiciones, la constitución y la herencia del país, simplemente desaparecían mientras hacían proselitismo de oposición contra aquella guerrilla, se les desfiguraban sus casas por el fuego o aparecían flotando, como también les sucedía a veces a caciques seniles, boca abajo por el río; en la actualidad las oposiciones a esa *nueva ley y orden* mermaron tanto que solo comenzaron a aparecer por el río cuerpos de conocidos peones ejecutados por haber sido ladrones de trocitos de "manteca" o de personas desconocidas que hablaban idiomas nunca oídos por la región. Ahora las comunidades y sus líderes cambian la realidad gracias al dinero que las guerrillas dispensan por la producción de drogas que se genera dentro de la selva, más allá de los afluentes o torrentes del Caquetá.

El comandante Urraca se asentó en una ribera cerca de un ramal que pasa desapercibido para la mirada de aquellos que no entienden que un río siempre está en movimiento, como las ideas en un cerebro, porque el único objetivo metafísico del río y quizás del cerebro es mostrar que la inmovilidad es una aberración del universo. El comandante Urraca lo sabía y también tenía la conciencia de que él era una aberración cuando se quedaba tranquilo e inmóvil, viendo aquel movimiento perpetuo de las aguas que fortalecía su imaginación. En aquel asentamiento que estaba en el cruce de dos veredas, el comandante veía pasar oro, diamantes, armas y panelas de cocaína en diversas embarcaciones que él fiscalizaba para ordenar sus destinos. El comandante Urraca sabía de la tergiversación metafísica que constantemente hacía por permanecer inmóvil y dar órdenes, pero se decía para sí que una orden era una orden y no había cambio desde que se promulgaba, además desde la más tierna edad los niños lo aprenden, por lo que nunca hay en la escuela, ni en el ejército, ni en la guerrilla, ni en la Biblia, debates sobre la ontología de una orden, por eso, en un tiempo de borracheras se hizo un tatuaje en su brazo derecho, desde su muñeca hasta el codo con las palabras *DEUS VULT*. El guerrillero que se lo hizo en esa ocasión, y que murió poco tiempo después en una emboscada planificada por traidores, le explicó que era una orden que daba Dios en latín; que Dios lo quiere así y punto. Él le creyó porque su tatuador había sido seminarista, él era joven y por aquellos tiempos creía en la amistad sincera. Cada vez que sentía que perdía autoridad o poder, leía la frase repetidamente y algo cambiaba dentro del fluir de sus ideas, haciéndolo un poco más hosco y cruel. A veces pensaba dentro de su hamaca mientras veía en el horizonte innumerables atardeceres de colores cálidos, que la orden era más antigua que el habla, sino los perros que pululan por los puertos no podrían entender cuando les ordenaba alejarse, sentarse o atacar a alguien, como hacían los canes que lo rodeaban por el asentamiento. Así, el poder de una orden no se pone en duda, subsiste sin exigir nuevas decisiones. La orden dejaba un aguijón en aquellos que se le aplicaba, mientras que los otros que la eludían creían que podrían sentirse libres, pero a estos soñadores de revueltas *hippies*, el comandante les aplicaba muertes silenciosas en el medio del río, una muerte en donde todas sus vísceras eran movidas con cuchillos curvos con el vaivén de la embarcación antes de hallar la paz eterna en lo inmutable. Todos los soldados del comandante Urraca esperaban sus órdenes, así que nunca estaban en encrucijadas morales o teológicas como algunos de sus socios que debían morir por la interrupción de una orden suya. Para Bienvenido Atúnez, los centinelas, aquellos que permanecían horas inmóviles en sus puestos, eran la forma perfecta de la espera, de la lealtad, del sacrificio, pero también de la mayor anomalía del universo, una abominación pensada y mantenida por los hombres. Los centinelas no se alejan de su puesto, no se duermen y, lo más excepcional, no cambian en este mundo de constante devenir, estaban exactamente fijados, como lo estaba él, esperando una orden superior, seguramente divina, que lo llevara al centro del poder de la capital. Aquel hombre curtido por los atardeceres, los ruidos de la selva que la imaginación magnifica y la malaria, discurría ocasionalmente sobre la obediencia ciega de los perros o de los soldados mientras aguardaba su designio sagrado.

Séfora recorrió la plenitud de felicidad cuando sus hijas Jemima y Kesia caminaban por la casa, conquistando todo lo que veían, olían o tocaban, pero también le recorría la rabia cuando en sus paseos, en las reuniones con algunos padres de los niños que cuidaba en el jardín de Infancia, en el mercado y especialmente cuando oía el chismosear de lo que se decía en murmullos desde los púlpitos de las otras iglesias del pueblo, todo se resumía en perjurios que atacaban a su familia. "¡Es una familia de narcotraficantes! ¡Es una familia criminal! ¡La riqueza material de los Jaramillo está manchada con sangre de nuestros hermanos! ¡Ellos cargan la marca de Caín!". Oyó varias veces esas exclamaciones, a veces incluso delante de la puerta de su casa.

Ciertas noches, Séfora veía a Gersón mientras leía aquellos libros que hablaban sobre las penurias de los pobres o una Biblia trilingüe que siempre subrayaba, por lo que en más de una ocasión le interrumpió para que dijera sus opiniones sobre aquellas prédicas que supuestamente tenía la familia con los productores de cocaína de la región. Gersón se acercaba a su cama, la tranquilizaba diciéndole que todo era por envidias, que la gente no se acordaba de lo que hacían por ellos como la construcción y el mantenimiento del jardín de infancia y del albergue, o sobre las decenas de ayudas alimentarias que repartía su barco *Maná* en lo más profundo de la selva; que eran los evangélicos, los eternos protestantes que se hacen a sí mismos interpretando erróneamente la palabra de Dios, quienes habían empezado aquellas difamaciones de su nombre, vinculándolo con el narcotráfico, mientras los Testigos de Jehová completaban estas calumnias para que la gente de pueblo dejara la iglesia católica a la que ellos pertenecían, que eran tácticas bellacas, porque presentaban a uno de sus mejores miembros como un corrupto, pero todo esto sin presentar pruebas. Gersón tomó aliento y casi gritó:

—¿No has oído que hasta al padre Crisaldo lo relacionan con el narcotráfico? ¿No oíste ese cuento de un grupo de sacerdotes que iban al exterior, al encuentro con una visita apostólica y les encontraron en el aeropuerto de El Dorado todas sus maletas repletas de cocaína, pero que no trascendió la noticia porque la curia episcopal intervino? Inclusive, le pregunté al padre Crisaldo sobre ese asunto y dijo que todo era una mentira, que no hubo maletas llenas de cocaína y que todas esas calañas de ideas salían de la boca de esos pastores que engañan al pueblo con tierras prometidas y bendiciones del Señor, eso sí, a condición de colaborar con la construcción de sus templos... ¡por favor!

Terminaba así sus reflexiones Gersón, tocándose la sien con la cabeza, como si se dispararan verdades allí y, de inmediato, se recostaba en su cama sin tocar el pijama de seda crema que tanto lo excitaba, ni permitir que los guantes blanquísimos de lino de su mujer recorrieran sus pezones hinchados.

Olga fue quien le explicó la verdad no revelada a Séfora. Ellas no eran amigas ni creían en los mismos ritos, palabras o comuniones, aunque sí en el mismo Dios y en aquel hijo que se crucificó para pagar las deudas adquiridas por la mala administración de los pecados. Olga había nacido en un pueblo lejano de los Estados Unidos, casi impronunciable, de unos padres que a su vez se habían escapado de la Unión de Repúblicas Socialistas Soviéticas, porque en ese Estado no aceptaban su fe en el único Dios y, además, a ellos no les apetecía leer planes de trabajo o lo que decía el Partido para la construcción de la familia revolucionaria feliz. Olga Khemonorova era alta, rubia y de ojos verdes, siempre llevaba vestidos confeccionados con tela de sarga en colores oscuros donde solo un erotismo perverso se podría extraer. Era la única que hablaba español en aquella iglesia misionera que alguien en la radio llamaba "Nuevas Tribus", pero ellos se autodenominaban *Preachers to the Lord*. A Olga no le gustaba recordar dónde o cómo estudió español, hablaba arrastrando la "S" y pronunciando con fuerza la "P", una combinación de sonidos que eran extraños por aquellos lares de la selva. Fue Séfora la que una tarde entró en aquella casa de la iglesia de los misioneros para hablar con Olga porque había recibido una carta que alguien dejó en los pies de una de las matas de mango que estaban en la entrada de su casa.

*Estimada señora Séfora Villamizar de
Jaramillo. Me atrevo a escribirle para contarle
cómo su esposo ha creado desamparo y
tragedia a nuestros hermanos indígenas
de las etnias Ingas y Uitoto, más allá de*

*las veredas de Jerusalén y Hebrón, pero
especialmente en la vereda Betania, donde
los campos de cultivo de yuca de nuestros
hermanos son reemplazados por cultivos
de coca y marihuana por las manos de los
peones de la hacienda Campo Rico. Como
resultado muchos de nuestros hermanos
en la fe pasan penurias y sus hijos tienen
hambre. Además, cada mes se cortan cientos
de árboles para aumentar la producción
de esas malévolas drogas que desatan las
desuniones de Cristo nuestro Señor. Tengo
pruebas de que cerca de los manantiales
que nutren a los afluentes se establecen
laboratorios móviles que hacen toneladas
de pasta de coca y que son embarcadas en
rápidos barcos hacia diversos puntos de la
región, todo lo anterior coordinado y dirigido
por su esposo. No me atrevería a contarle
estas penurias si no tuviera la seguridad de su
gran corazón y fe en Dios, que se ven en sus
prácticas para ayuda a los más necesitados
y en la administración del albergue y del
kindergarten que, gratuitamente, beneficia a
las familias de la región del Caquetá. Sé que
se han tratado de comunicar repetidamente
con usted para que tome cartas en el asunto,
pero probablemente su devoción familiar no le
permite ver las atrocidades que ocurren. Para
tal fin le enviamos una serie de fotos donde*

se ven los cadáveres de nuestros hermanos en la fe cortados a machetazos por hombres de la hacienda Campo Rico junto con miembros de la policía de Curillo. En un par de esas fotos se puede ver a su esposo ahorcando con sus manos —que llevan guantes seguramente para no dejar sus huellas digitales— a uno de nuestros hermanos que es casi un niño y luego en otra foto puede detallar cómo dispara una escopeta a un grupo de jóvenes donde también se ve a mujeres con niños pequeños. La persona que nos dio las fotos es un hermano a quien le regalamos la cámara fotográfica para que tomara vistas de la selva, de los lugares más atrayentes para luego tratar de desarrollar un circuito turístico que nosotros apoyaremos desde nuestra sede principal en Chicago. Las fotos muestran la ayuda de Dios a nuestros hermanos en la fe porque gracias a ellas tenemos pruebas de los actos de barbarie que hacen las autoridades y la gente de poder del pueblo. Sabemos de su fe y vocación cristiana, por eso le enviamos estas copias de las fotos mencionadas para que pueda tomar decisiones al respecto. Pensamos enviar las fotos a The Missionary Church International, para que dé parte a las autoridades del gobierno central. Le comento como sierva de Jesucristo que nuestro fotógrafo tuvo que huir por el Caquetá hasta Brasil para ser protegido por nuestros miembros en nuestra iglesia en Manaos. Tuvo que huir porque contó esa masacre, ese abuso de fuerza, nos habló de la resistencia de la comunidad que no quería que construyeran más laboratorios cerca de sus quebradas y de cómo su esposo dirigiendo un ejército de demonios obliga a los hombres de las aldeas, especialmente a aquellos que empezaban a ver el camino de la salvación, a dedicarse al cultivo de la coca y la marihuana bajo el signo de la muerte, o de Caín como dice alguno de nuestros hermanos. Por las fotos se puede apreciar que hubo resistencia indígena, pero al final el poder de las armas, el poder con el que su esposo mueve el comercio de la región junto con el alcalde Jairo Barazarte, nos ha motivado a escribirle esta carta para poner en aviso de que su futuro puede verse perjudicado, así como los de muchas almas de la región. Espero que la información y las fotos sirvan para que tome alguna decisión para la salvaguarda de las almas de los indígenas, a la vez que le extiendo una invitación a nuestra iglesia donde siempre será bienvenida.

Atentamente, suya: Olga Khemonorova Grahamm.

Lay missionary worker

Al leer Séfora esa carta pensó en trampas. Le había oído a su esposo que aquella iglesia misionera llamada *Preachers to the Lord* estaba perjudicando la región, pero solo había una forma de saberlo, enfrentándose a Gersón en algunos desayunos. Bebiendo café, ella preguntaba sin precisión sobre ese asunto del narcotráfico y las "Nuevas Tribus". Gersón comentaba que aquellos movimientos "cristianos" lo que hacían en plena selva, con ayuda de indígenas convertidos en una fe que no les era propia, era mantener los comercios ilegales. Eran esos pastores y algunas personas recién llegadas de otros países, como el sirio Ahmed, que apenas habla español, los dueños de decenas de embarcaciones que corren por el Caquetá, llevando droga dentro de muebles y electrodomésticos que nadie compra. Son esos extranjeros los que verdaderamente hacen los negocios ilegales con el oro y los diamantes y mantienen la economía derivada del narcotráfico. Son esas personas las que controlan todo el negocio de la coca, son esas iglesias evangélicas las que hacen las pistas en medio de la selva para sus avionetas. Ellos argumentan que hacen esas pistas de aterrizajes porque así pueden traer las ayudas que se acumulaban allá, en su sede en Chicago, y que los vuelos son humanitarios, pero todo es un engaño, y diciendo esto dejaba su taza de café vacía en la mesa.

Pensaba Séfora: estos aviones vienen llenos de ropa y Biblias tergiversadas y… ¿regresan vacíos? Había oído una tarde en el mercado que esas avionetas salían llenas de droga, oro y diamantes hacia los Estados Unidos, ¿y quienes se beneficiaban?, se seguía cuestionando en silencio Séfora: ¿la guerrilla?, ¿los carteles?, ¿los jerarcas evangélicos? En una cena, luego de que sus hijas se durmieran, de pronto Gersón miró a Séfora y comenzó a divagar:

—Allá en Chicago esos pastores se hacen ricos, ponen satélites para hacer canales de televisión y compran pueblos enteros con fórmulas de felicidad instantáneas para obtener votos en las elecciones y vendérselo al mejor postor. Muchos lavan dinero en el mercado inmobiliario. ¿Sabes?, me contaron el otro día que todas las casas que rodean la iglesia de Villagarzón las compró el hermano de Ahmed y que toda la vereda Edén pertenece a la familia Kwan. Luego me acusan de productor de coca cuando en el fondo son todos esos cristianos protestantes y extranjeros, principalmente árabes, que nos miran como superiores, ellos son los reales narcotraficantes cuyo único interés es el dinero porque creen que allí se centra el poder, y eso es un gran error.

Gersón calló, como si la saliva desapareciera de su boca para continuar explicando cómo son los otros que construyen el infierno donde yace. Séfora se quedó en silencio, pero Gersón continuó sin atender lo que le rodeaba:

—Esos extranjeros, esos pastores creen que se merecen sus riquezas por mérito y que están salvando las almas porque son los favoritos de Dios. Ellos consideran que sus buenas vidas son gracias a sus propios esfuerzo y fe que algunos logran por medio de la autoayuda, sin ver en el fondo que esa actitud elimina el poder omnipotente del Creador. No son cristianos, Séfora, esas iglesias: la misionera, la adventista, la evangélica, la bautista, la metodista, la misionera así como aquella casa de techo de zinc y paredes de cartón piedra que llaman los Testigos de Jehová su Templo, todas ellas son organizaciones creadas para beneficiarse ellos mismos y no a la comunidad y menos a los pobres, no les interesa agrandar la gloria del Señor, sino la de ellos mismos, todas esas iglesias confeccionan castas de manipuladores que usarán la palabra de Dios a su conveniencia. Llegan diciendo que eres pobre porque no creen en los milagros del Señor, no creen que hayas hecho méritos suficientes para tener una buena vida, te cantan que, si das tus dádivas a la iglesia, luego serán devueltas en cantidades asombrosas. Séfora, todos engañan y se quedan con el dinero de los pobres. Creen que pueden ganar la salvación utilizando "métodos eficaces" que ellos enseñan y que así obtendrán el favor de Dios, entonces, ¿qué sentido tiene la resurrección de Cristo? ¿La salvación no es una gracia de Dios? Quien se salva o se condena no está en función de su vida o sus obras, esto es una verdad que aprendí en el Seminario, tú y yo nos hemos unidos para glorificar al Señor, no para salvarnos, no para presumir de nuestra fe como auténtica, no para jactarnos de lo que tenemos, de estar ufanos por ser quienes somos y desde una altura moral explicar nuestras caridades y misericordias y lamentarnos por aquellos que serán condenados por sus infortunios a los infiernos. Obramos en la gran obra del Señor, ayudando a nuestros hermanos, buscamos justicia, alegrías, la verdad; mientras que todas esas iglesias lo que buscan son méritos por conversión, por aumento de caudal, por exhortación de la grey. Esto son teologías del orgullo y de la autoayuda, lejos de toda esa teología que hemos leído en los textos canónicos. Creo que nuestra familia tiene la humildad que se obtiene de la gracia del Señor y la utilizamos para ayudar a los demás, no creo que se nos pueda acusar de poseer un orgullo engreído como muestran los que se creen salvados por sus méritos. El mérito expulsó a la gracia, todos esos manipuladores lo que quieren es tener más feligreses, terrenos, iglesias, dinero y ver señales de salvación en sus posesiones; entonces, ¿no te parece lógico que sean ellos lo que busquen en los negocios con la guerrilla y en los negocios del narcotráfico certificados para la obtención de la vida eterna?

Gersón explicaba y Séfora oía, su marido le recalcaba que él y el alcalde sabían que no podían controlar aquel comercio ilegal, pero que podían fiscalizar y crear impuestos a esas bandas de corrupción y con ese dinero ayudar a los pobres de la selva, de los pueblos vecinos, ayudando a sus habitantes a comprar embarcaciones para generar una economía de transporte a todo lo largo de Caquetá, así como ampliar los campos de pastoreo para el ganado y aumentar la producción de tubérculos que en la región se desarrollaban con gran éxito, además el alcalde y él pensaban hacer un edificio que sirviera para realizar obras de teatro, conciertos y al mediodía operar un comedor popular gratuito para que así nadie pasara hambre en el pueblo de Curillo. Así contaba su función de ciudadano a Séfora, así sentía Gersón que Dios lo había predestinado, así también lo había entendido el padre Altuve, quien con el tiempo se transformó en su confesor a distancia.

Séfora recordaba esas conversaciones, mes tras mes, pero las palabras de su esposo se diluían entre las fotos que veía, se opacaba el timbre de su voz mientras veía aquellas manos de él en el cuello de ese adolescente, la foto que lo mostraba disparando a un grupo de personas en la selva, verdades reveladas sin profecías, era como toda verdad: pura crudeza, alimento sin procesar, encuentros obscenos que su fe no podía aceptar. La verdad es cruel porque derriba las paredes del entendimiento mostrando el vacío que hay detrás de ella, es como abrir una puerta y descubrir que no hay ni espacio ni tiempo detrás de ella. Así se sintió Séfora durante días, vacía, sin fuerzas para rezar, mirando a través de la ventana el patio donde sus hijas jugaban, meditando un orden de cosas, pero sin saber cuál era la prioridad. Fue por eso por lo que decidió ir a la iglesia misionera para hablar con Olga antes de tomar una decisión.

La tarde que habló con Olga, aquella mujer demasiado blanca para internarse en la selva le comentó que la misión de su iglesia era llevar la palabra de Dios a todos aquellos habitantes que no habían tenido la oportunidad de oírla. Olga hablaba un español sin acentos, mecánico, sin modulación. Empezó la reunión con un rezo que acompañó Séfora y, frente a unas tazas de café, le habló de su vida que se inició en un pueblo de California donde conoció a los más devotos cristianos que se pueda conocer. Allí se casó y tuvo hijos, su esposo era un misionero del *The Missionary Church International*, cuya sede central está en Chicago. A los años la familia fue enviada a Indonesia para su misión, pero una noche fue emboscado su esposo por un grupo de niños en medio de una calle en Yakarta, donde lo hirieron con palos y le clavaron un cuchillo en la columna vertebral, además, con el lanzamiento de una piedra, como si hubiera sido una pelota de béisbol, a su esposo le explotaron un ojo; luego regresaron al país donde su hijo menor y su marido, que desde entonces usa silla de ruedas y un parche que cubre un hueco en su rostro, se quedaron en Chicago, administrando parte de la iglesia misionera.

Soplando la taza de café que ahumaba para descargar el calor, Olga le comentó a Séfora que su hijo mayor predicaba por África, en aquellos pueblos llenos de arena y sol, en Malí para ser exacta, ella quería ir para predicar con él, pero la enviaron a la selva del Paraguay porque sabía algo de español, luego hubo un silencio como si quisiera recordar algo que siempre olvidaba. Dijo, después de una pausa, que había aprendido la lengua de Cervantes de niña cuando vivió unos años en México, por lo que estuvo una década enseñando la palabra de Dios a guaraníes que no sabían español, ni querían saber nada de aquel Dios cristiano que interfiere con sus ancestrales formas de ser. Ahora tenía el honor de liderar la iglesia misionera a las puertas del Amazonas. Entre sorbos de café, Olga sabía que esta misión divina iba a ser un gran reto, que su vida peligraba, como le ocurrió a su esposo en Yakarta, con aquellos niños de los que él siempre se preocupaba, saliendo solo, a veces, a medianoche para protegerlos, abrazarlos, acariciarlos, darles de comer si los veía desamparados por las calles. Olga mordía un trozo de torta esponjosa de chocolate, a la vez que miraba a Séfora, tratando de que sus miradas coincidieran y, mientras tanto, le dijo que se había preparado espiritualmente leyendo la Biblia y físicamente haciendo *jogging* para internarse en la selva, para ir a los lugares más ruidosos del mundo, que no son una metrópolis caótica como Yakarta, como piensa la gente, sino en lo más profundo de la selva, aquel lugar donde los sonidos de los animales, de los insectos, de la naturaleza nunca cesan, donde lo más difícil de llevar la palabra del Señor y obtener la salvación de algunos indígenas era el idioma, porque había conocido casos de tribus cuyos habitantes no sabían qué era la izquierda o derecha, así que no había palabras para ubicar al hijo de Dios a la diestra del Padre; en otras tribus apenas sabían contar hasta cinco, o su lengua no poseía suficientes números para entender la importancia de las doce tribus de Israel o los doce apóstoles, tampoco había forma de explicarles sobre el cordero de Dios que limpia los pecados del mundo, porque algunas mujeres de ciertas tribus confundían el cordero de Dios con un oso hormiguero, y hablar de la traición de Judas con un beso era imposible para otras tribus, porque en sus culturas no existía el beso ni tampoco una palabra para significar la traición, para esas tribus la traición no puede existir porque no puede haber un ser tan estúpido o tonto que traicione a su familia, amigos o dioses. Lo que más tardó en relatar Olga fue aquella anécdota de un misionero que trató de dar una versión de la Última Cena para que lo entendieran algunas tribus, tuvo que decir que Cristo transformó su cuerpo en una torta de casabe o de mandioca y a la vez su sangre en un poco de *kashiri* o masato como símbolos para que recordaran ese momento sus seguidores, por los siglos de los siglos, luego de explicar la santa comunión; aquellas tribus de indígenas lo echaron de sus aldeas por parecerle aberrante el canibalismo que inducía el predicador. Fue desde que oyó esas historias que la iglesia misionera comenzó a introducir la enseñanza gratis a esos pueblos del inglés, incluso crearon escuelas donde se les enseñaban las palabras de Dios en la lengua de Dickens y Poe, evitando traducir así a aquellas lenguas escasas de metáforas, de metonimias y de conceptos universales. Comentó que al dejar Paraguay muchos de aquellos niños indígenas hablaban y leían bien la Biblia en inglés.

—¿Por qué nadie ve la glorificación que hacemos los misioneros de la obra del Señor? Ahora nos acusan de narcotraficantes, de sabotear las culturas, de degenerar a los jóvenes de la selva enseñando la palabra de Dios en inglés, aunque en el fondo son los propios habitantes de la región los que producen, mantienen y expanden el negocio de las drogas, es el gobierno con sus políticas de santa misericordia el que sabotea a los pueblos indígenas, marginándolos y obligando a los jóvenes a abandonar su herencia cultural, sus tierras ancestrales para irse a buscar oro o diamante, o para hacer de mulas transportando droga por los ríos. ¿Somos nosotros los culpables?, ¿somos nosotros los que no les damos una educación integral, ciudadana, de calidad que debería haber en los pueblos de la selva?, ¿por qué siempre los gobiernos piensan que los pobres deben recibir una pobre educación? Siempre la culpa es de los otros, de los que llegan, nunca de los que viven aquí —así concluyó Olga mientras sonreía y comía otro trozo de aquella esponjosa torta de chocolate.

Séfora terminó su taza de café, recordó las conversaciones de su esposo acerca de los cientos de indígenas que murieron hace años por una gripe que llevaron aquellos misioneros a una región que había tenido pocos contactos con los otros. Se acordó de la conversación de su esposo con Jairo Barazarte sobre aquellas canoas llevando oro o panelas de cocaína, embarcaciones manejadas por niños indígenas que cargan, entre risas, gallinas y tortas de casabe para pasar desapercibidos a los patrulleros del ejército hasta que comenzaban a hablar en inglés. Sabía de los acuerdos del comandante Urraca con aquellas iglesias misioneras porque este hombre, siempre vestido de negro, pensaba que no solo era una lucha por la justicia de los pueblos la que hacía, sino una guerra santa como le comentó una vez su cuñada Jacinta, quien admiraba al comandante sin razón aparente, ella le insistía a Séfora que el líder guerrillero lo era porque entendía que aquellas sociedades primitivas que estaban en las diversas veredas del departamento habían rechazado siempre el poder del Estado, mostrando que todas las sociedades no necesariamente evolucionan de un sistema tribal e igualitario a los sistemas jerárquicos y estatales que ahogaban a los pueblos, como ocurre en su país, y esa visión oída del comandante, según Jacinta, la obtuvo cuando Urraca la visitaba en la hacienda, con su pequeño escuadrón de combatientes, para que lo ayudara con un poco de vitualla para continuar así la lucha armada. Mientras su otra cuñada, Camila, preparaba las bolsas de comida, Jacinta atendía al comandante con un poco de café con panela. Jacinta veía en aquel comandante un cierto encanto de héroe en vez de definirlo como un mercenario, quizás porque solo sabía de romances y aventuras que aumentaban su imaginación y cuyos pilares los obtuvo de leer aquellas novelas de Corín Tellado y de M. L. Estefanía, que ocupaban un estante completo de la casa al lado de los libros de teología de su hermano y los libros de cocina e historia de Colombia de su hermana Camila. Séfora concluyó en silencio que entre la iglesia misionera de Olga Khemonorova y las guerrillas del comandante Urraca se había realizado un contrato, un *quid pro quo*, para que ellos colaboraran con dinero y abrieran pistas de aterrizaje y así trajeran su caridad desde Illinois, mientras los hombres del comandante enviaban panelas de cocaína con sellos de lacra donde se podía percibir la forma de la Estatua de Libertad.

Al final de aquella reunión, Séfora juró ante Olga que el hombre de las fotos no era su esposo. El café se había acabado, las mujeres se miraron como si cada una esperara que la otra parpadeara para perder una apuesta. Olga recriminó a Séfora por aquella inocencia que no le permitía ver cómo el pueblo cada año era más violento, cómo cada semana aparecían más personas flotando en el río boca abajo, desnudas, sin sangre, cómo cada mes más niños huérfanos llegaban a su albergue sin preguntar cómo desaparecieron sus padres; padres y madres que se desvanecían en cárceles anónimas por cargar algunos gramos de cocaína en aeropuertos, en vehículos llevando verduras o en barcos pequeños que a veces los militares detenían con ráfagas de tiros. A la vez, Séfora recriminaba a Olga por participar en matanzas a los indígenas, por apoderarse de sus tierras, destruir la naturaleza sacando madera, oro y diamantes, pero su mayor rabia era cómo la ambición de esta gente destruía la gloria de Dios, construyendo herejías, falsos profetas y, peor aún, enseñando inglés a los indígenas que apenas hablaban español, que apenas se podían comunicar con otras tribus, un inglés que volvía soberbias a las personas que lo hablaban, que los hacía presentarse como enviados celestiales por las sendas de la selva, un inglés que creaba sectas en las que solo aquellos que lo hablaban eran beneficiados por la Gloria del Señor. Séfora se levantó de aquel pequeño salón de reunión de la iglesia misionera injuriando más a los protestantes, a los nuevos adventistas que eran ahora los propietarios de los negocios en los puertos o en el mercado y que cerraban los sábados, solo para sabotear las compras de los demás; a los testigos de Jehová que protestaban con un desdén particular cuando las comidas llevaban trozos o grasa de cerdo, dejando de comprar lechones, por lo que las porquerizas a veces tenían problemas de distribución y los chanchitos crecían sin poder venderlos, y por eso, a veces, había que regalarlos a una tribu para controlar la población. Para Séfora, el cuerpo del Señor se había transformado en grupos delictivos, tan peligrosos como los carteles de las drogas de los que leía se formaban en la costa atlántica. Veía cómo las drogas destruyen los cuerpos, pero estas iglesias destruyen la obra del Señor, y lo más irreparable: la fe. Lo que más le enojó de esa reunión con la líder de la iglesia misionera fue que Olga la llamara ingenua. Ella era una mujer preparada, estudiosa, formada en la fe, sabía de las coimas que daba su marido para mantener la paz en la región porque reconocía la corrupción política que hacía que funcionara una burocracia tórrida y húmeda en las alcaldías del departamento, sabía que el padre de su esposo había asesinado a su hermano y sospechaba que su esposo había seguido el mismo camino con Ananías. Sabía de la marca de Caín, pero saber no significa que la realidad pudiera cambiar, porque la realidad es más poderosa que aquella verdad coja, que renquea, que corre dispareja para llegar a ninguna parte y se duerme en los desiertos, por lo que las personas aceptamos las mentiras porque solo ellas pueden limitar la realidad, las carreras, las direcciones, los espacios, el tiempo...

* * *

Gersón mató a Ananías con la ayuda de Emisael. Todo el mundo pensó que había sido la guerrilla, o el resultado de unas cuentas con el narcotráfico, o quizás un padre humillado por la violación de algunas de sus hijas como le chismosearon a Jairo, inclusive algunos maliciosos pensaron que el propio Jairo Barazarte lo mató porque este sabía que, al desaparecer Ananías, él sería el siguiente alcalde. Pero la guerrilla se llevaba bien con Ananías, los narcotraficantes aceptaban los buenos oficios del hijo de Fuchal en los negocios porque mostraba únicamente codicias políticas, pero no en las jerarquías de los carteles, y todos sabían que ningún padre era humillado lo suficiente para vengarse de un hombre hecho y derecho como era Ananías Jaramillo, y sobre la especulación de que hubiera sido Jairo Barazarte, todo el mundo sabía "lo bueno" que era, porque aquel hombre era incapaz de hacer algo si antes no se le hubiera ordenado.

Séfora supo, en noches de pesadillas cuando hablaba dormido Gersón, que fue él quien golpeó la cabeza de su hermano hasta que mermara su alma con un resoplido. Luego le confesó en una noche de tormentas, sudando porque veía a su hermano a veces entre las esquinas de su inconsciente, su culpa incompleta porque él le juró a su esposa que apenas formó parte de aquel crimen, pero nunca empaló a su hermano, era ensuciarse demasiado las manos. Fue al recordar todo aquello que Séfora se retiró del tablero del juego de la familia en donde se había metido por seguir historias de los demás.

Todo ocurrió dos años después de que Gersón entrara al Seminario, mientras terminaba su ciclo de filosofía, recibió una carta de su hermana que nunca leyó Séfora.

Querido hermano, te pido la bendición y te
escribo para decirte que Camila lleva una

semana en el hospital de Pereira, debido a las consecuencias de un prolapso vaginal grave que comenzó luego del aborto clandestino que tuvo que hacerse meses después que la violasen, ahora le harán una histerectomía de ese útero desgarrado. Al principio no quiso abortar por voluntad de Dios, pero luego supo que crecía un monstruo en su vientre, un feto sin forma humana. Ninguna clínica quería sacar aquella criatura que engendraba porque decían que era muy tarde y Camila era menor de edad, pero nosotros sabíamos que llevaba la sangre de nuestro hermano, sí, lo tengo que decir con dolor, fue Ananías quien nos violó la noche de la victoria electoral de Emeterio Cruz y aquella creatura tenía que retirarse de la faz de la tierra, por suerte una comadrona supo de nuestras penas y nos ayudó, lejos de toda fuente jurídica legal. Te cuento que fue nuestro padre quien nos mandó a viajar por Quindío con uno de sus trabajadores que tiene una numerosa familia en Armenia para que nos quedáramos recogiendo café por siempre, para irnos borrando de la memoria del pueblo poco a poco y para ocultar sus vergüenzas, esperando que desapareciéramos de su vida. A Ananías lo extinguimos de nuestros recuerdos y rezos, mientras nuestra madre cada vez nos escribe menos, como si perdiera la vista o la conciencia. Te escribo para que nos asistas

*porque nuestra hermana necesita varias
transfusiones de sangre durante la operación
y, por lo tanto, varios donantes de una sangre
que es escasa como la misericordia de los
hombres en tiempo de paz. La sangre es AB
negativo, sé que tú también la posees, así que
te ruego que pidas permiso para venir hasta
Pereira, que no está tan lejos del Seminario
y juntos donemos la sangre que nuestra
hermana necesita. Con el favor de Dios
esperando reunirnos: Jacinta.*

Ni su confesor, el padre Altuve, ni sus mejores amigos, supieron por qué Gersón desapareció unos días del Seminario en su segundo año de filosofía. Había comentado sin querer que había una emergencia familiar, pero sin precisar. Cuando el padre Altuve llamó a su madre, ella apenas murmuró sonidos ininteligibles, por eso nunca profundizó esos días de pérdida educativa y espiritual de su pupilo. Cuando los superiores del Seminario le preguntaron a su confesor dónde estaba Gersón, el padre Altuve supo dar una respuesta sagrada, que exoneraría a Gersón de cualquier disciplina. Luego de ese intervalo desaparecido, Gersón regresó, comenzó esos días a destacarse como un buen alumno y, cada cierto tiempo, disfrutaba discutir algunas de las cuestiones de la *Suma Teológica*, forzando los cierres de su argumentación con citas de Kant o Hegel para que le dieran la razón. El padre Altuve tampoco supo por qué desapareció esos días, pero seguramente era algo noble, porque de aquel corazón solo podía salir bondad. No había dejado ningún escrito pidiendo permiso y había desaparecido a veces sin explicación en aquellos tres años viviendo en el Seminario, a veces por cuenta propia, a veces para acompañar a otros seminaristas a pasar el tiempo en excursiones o visitando a sus familias, por lo que se extrañó de tener en su escritorio la petición de un permiso para salir del Seminario firmado por Gersón cuando terminaba su primer ciclo de teología y justificando dicha salida porque su hermano mayor había muerto. Cierta pesadumbre cayó en el corazón del padre Altuve sin saber con exactitud por qué.

Gersón planificó durante unas semanas la muerte de su hermano luego que escuchó noches y noches los llantos de sus hermanas. Le escribió a Emisael para que fuera cómplice porque sabía de su profundo odio a su hermano, aunque no sabía la razón. Lo encaró sobre la violación de sus hermanas y de cómo él era testigo, por lo que podía recibir unos años de cárcel entre violadores sin piedad, por cómplice. Lo que nunca supo Gersón es que con el tiempo Emisael se estaba volviendo hipocondríaco, estaba comenzando a sufrir de algún tipo de enfermedad mental que atacaba a todos a lo largo del río Caquetá. De repente Emisael se veía muerto, sin movimientos, como los perros bajo la sombra cuando el sol del mediodía destruye cualquier inicio de felicidad. Emisael supo que Gersón estudiaba para ser sacerdote, y comenzó a pedir un milagro para un cáncer que estaba en su cabeza. Gersón le prometió el milagro si lo ayudaba a atrapar a Ananías, por lo que una semana antes de la muerte de Ananías, Emisael le escribió a Gersón una pequeña misiva.

Querido Gersón. Sé que he enturbiado la
honra de tus hermanas, que le he fallado a mi

padre, a mi gentilicio, que he violado cada mandamiento divino, que soy una escoria que pide perdón para que la gracia de Dios me absuelva de mi infernal destino. Sé que no hay precio para lo que he hecho, pero quiero tu absolución porque sé que has tomado una decisión execrable, pero justa, como bien me lo escribiste una vez citando aquel pasaje grabado en el Éxodo: ojo por ojo... Por eso te escribo, porque la hora de aplicar la ley de los esclavos ha llegado. Te notifico que el jueves Ananías irá al Puerto Escondido a una fiesta que yo le he preparado pero solo estarás tú con él para darle el alma del primogénito a nuestro Señor, como quiso hacerlo Abraham. Te espero en la vereda Belén, detrás de la casa de Aureliano, ¿te acuerdas?, aquel cabo de policía que no tiene a nadie quien le escriba y ahora es el guardaespaldas de Ananías, él nos apoya y nos ayudará. Hasta la fecha. Emisael.

Durante meses, Emisael le había escrito a Gersón sobre aquel encuentro futuro con Ananías, redactaba cerca de la medianoche e incluía pasajes de la Biblia que calmaran su alma dentro de un cuerpo con un supuesto cáncer terminal. Le explicó a Gersón que planificaba una fiesta de despedida de soltero antes de la boda de Ananías con Piedad, su prima que sería en apenas unos días, pero también como una fiesta de acogida al nuevo funcionario público que llevaría las riendas del pueblo fluvial de Curillo cuando ganara las próximas elecciones. Habría sorpresas, le juraba Emisael a Ananías. Aureliano llevó a su jefe a un lugar donde solo las cigarras, cientos de renacuajos con su cantos y el devenir del río invitaban a pensar sobre la existencia humana. Allí encontró su sorpresa, a su hermano, sin hábitos ni Biblia, moviendo en el aire un bate de béisbol, como si dentro de poco se iniciara un juego de pelota donde no habría la posibilidad de un juego perfecto.

El asombro rellenó cada minuto de esa noche a Gersón cuando leía aquella carta que le hablaba sobre *Crux simplex ad infixionem*. ¿Empalado? Pero si él dejó el cuerpo inconsciente, luego de unos golpes en la cabeza y de escupir sus heridas se marchó, aunque no estaba seguro si había muerto. Tenía su vida en sus manos, pero al final no pudo destruir su cráneo y le dio pena, con que se volviera un inservible tullido quedaría satisfecho, un ser que no pudiera hablar, ni caminar y que más nunca tuviera una erección, dejando una cabeza cubierta de sangre con una sutil respiración.

¿Empalado?, meditaba Gersón, ¿estaba vivo mientras sus intestinos se rompían por su peso?, ¿quién lo empaló?, ¿ Emisael con Aureliano?, ¿qué placer hallaban ellos en ese acto? o ¿fue simplemente un mensaje para todos aquellos que viven en la marginalidad de los causes de los grandes ríos y mostrar cómo están llenos de degenerados, sodomitas y de descendientes de perturbados mentales que nunca obtendrá la gracia de Dios? En aquella dinámica de imágenes y emociones al leer sobre la muerte de su hermano, recordó la historia que contaban por los laberintos del mercado, que su padre había matado a su medio hermano en una confusión cuando asaltaban con sus morbos y hormonas la casa de bienvenidas de Victoria del Casal. Pero otros decían que no hubo tal confusión entre ladrones y prostibularios, sino que fue un acto de alevosía y ensañamiento de Fuchal contra Mundito. Comprendió sin teorías que había heredado la marca de Caín y que esta seguramente acompañaría a su descendencia; no para ser esclavos, sino por poseer aquella maldición donde los primeros que te traicionan son los miembros de tu familia. La marca de Caín no era un *petitio principii* como le habían enseñado en las clases de teología para justificar el sufrimiento de los pobres que se alejan de la verdad, era una maldición heredada, pero ¿se podría superar como superó sus desgracias Job? Por eso empezó esa noche a dudar de su vocación religiosa que veía tan segura cada vez que se detallaba sus cutículas impolutas y se acariciaba las manos para sentir una suavidad que no se hallaba en la naturaleza. Cuando fue al pueblo para la misa del séptimo día, buscó por todas partes a Emisael para que le explicara por qué empaló a su hermano. Y antes de que Catalina le recordara la muerte de Juan Ignacio por el desprendimiento de sus intestinos al tratar de pasar como una yegua delante de un caballo, supo que muchos en el pueblo pensaban que un cáncer devoraría aquel cuerpo hinchado de sodomía, maldad y traiciones y que había huido al día siguiente de enterrar a Juan Ignacio Astrudillo en el cementerio desde el cual se mira los atardeceres del Caquetá. Las personas imaginaban la muerte de Emisael por un cáncer porque aún no podían pensar dos muertes seguidas, dos historias satánicas tan profundas y con vínculos anales, que no existen en la imaginación de los verdaderos cristianos.

Años después, Gersón supo que aquel hombre que todos daban por muerto en Bogotá trabajaba en el aeropuerto de Barajas, cargando y descargando maletas, bultos y sueños paranoicos que entraban en forma de polvo blanco a Europa. Nadie en aquel pueblo de pescadores fluviales se imaginaba que aún viviera aquel podrido ser.

RAZA DE CAÍN, TUS INTESTINOS CHILLAN DE HAMBRE COMO UN PERRO

El devenir de los ríos siempre me ha acompañado desde que nací, lo único que recuerdo de mi infancia son afluentes y raudales que cambian de colores, de olores, de personas navegando. Desde entonces conozco el tiempo, el espacio y a Dios jugando con el agua, con su fauna y flora. Mi infancia ha transcurrido entre observar los destellos de los ríos al amanecer, detallar sus oscuras profundidades al mediodía y apreciar cómo el sol es devorado por sus corrientes hacia el atardecer mientras, y solo en muy raras ocasiones, voy musitando tonadas aprendidas de los navegantes anónimos que las cantan entre puerto y puerto. En la noche, cuando todos piensan que hay silencio, se pueden oír los escándalos en los límites del río, con la selva, con el llano, con los pueblos; se escuchan cientos de llantos y gritos de ánimas salvajes que se escurren entre la naturaleza y, a veces, algunas de esas noches, diluvia y eso hace que el agua suba con los caprichos de la luna hasta llegar a los bordes de las rancherías, de las casas de zinc, de los sueños.

Mi principal relación con el río fue una tarde de finales de julio, cerca de las dos de la tarde, cuando me escondía entre aquellos peñascos donde se asomaban algunos petroglifos que yo rellenaba con inocente tiza, para luego poder copiarlos y llevarlos al colegio y así mostrar lo aplicada que era en los estudios, como lo exigían mis tíos, mis maestros, los miembros de mi comunidad. En algún momento un riachuelito de sangre comenzó a salir de mi vagina. Tenía doce años y estaba brincando entre peñascos al lado del río. Al principio sentí un líquido recorrer mi intimidad mientras en mi mano derecha quedaban restos de una tiza blanca que me hacía pensar en la nieve. Me había hablado de las menstruaciones aquella mujer que frente al colegio vendía jugos y frituras, ella a veces me regalaba una empanada de queso cuando no me quedaba dinero para el desayuno por dárselo a alguien más pobre que yo y practicar la caridad de la que tanto habla mi tío en sus sermones; ella me preguntaba por novios, por mi fe, por la menstruación, por los cambios de mi cuerpo porque decía que desde lejos se me empezaban a resaltar los senos. Ella siempre era atenta conmigo porque me decía que me parecía a su hija mayor, Bárbara, así la había bautizado, también fue el nombre de su bisabuela y de aquel carrito de frituras, nombre que se veía en letras rojas sobre un blanco dudoso desde cualquier punto de la calle, del colegio, de la ribera del río. Cuando yo salía de la escuela, ella me buscaba con la mirada y siempre me regalaba algo, a veces algo tan tonto como una piedrecita blanca. Siempre conversaba conmigo, a veces junto con mis amigas, con cualquier niño o profesor que se acercara para sofocar la sed o extinguir el hambre. Algunos alumnos y personas la llamaban "Doña

Bárbara", como si fuera el personaje de aquella narración que nos obligaban a leer en la escuela al iniciar la secundaria, pero que nadie leía, ni siquiera yo, porque, según mi tío, aquella narración no ayudaba al encuentro con el Señor. "Doña Bárbara", que realmente se llamaba Oneida, a veces me hacía preguntas que nunca había oído en mi casa, como aquellas relacionadas con el cuerpo, con la intimidad, porque mis tíos me enseñaron que el cuerpo no era lo más importante para ser feliz, sino el espíritu haciendo la obra del Señor, aunque Oneida a veces me decía que no hay que perder de vista al cuerpo porque su principal función es enseñarnos que existimos, sin cuerpo no somos nada, porque eso que llama conciencia no tiene ninguna forma, así que algunas conciencias pueden tener la forma de una piedrita blanca.

La carreta de frituras "Doña Bárbara" venía a veces en un bongo que remontaba el Orinoco bordeando las barrancas de la margen sur y a veces se iba en aquellas embarcaciones que, comentaba mi tía, surcaban el Orinoco desde Ciudad Bolívar hasta llegar al río Negro, salían cargadas con botella de whisky barato y fardos de harinas, telas y comestibles internacionales y regresaban atestadas de drogas, siempre cocaína, por lo que, en contadas ocasiones, se veían en el medio del río envoltorios grises, abiertos, vaciados, flotando con la corriente, rumbo al delta. Mis tíos me advertían del peligro de estar con las personas que van y vienen en los bongos, en los rápidos, en curiaras, en piraguas, en canoas, en cualquier tipo de chalana o bote e incluso endebles balsas que se alejara o se acercara al puerto fluvial de Caicara del Orinoco o de su vecina en la otra orilla, Cabruta. El día de mi primera menstruación, el día que sentí que algo discurrió dentro de mí, algo que al tocarlo era rojo, ceroso y pegadizo, me asusté al principio, pensé que había pecado sin conciencia, pero me acordé de Oneida, quien me había prometido que, si yo tenía una emergencia, ella me ayudaría.

Al llegar al puesto, cerca de las tres no había nadie capaz de caminar por aquellas calles llenas de sol, por lo que vi a Oneida bajo un samán que se erguía en la plaza, lejos de su carrito de frituras y jugos. Dormía. Se podía apreciar un rostro curtido por el trajín del río, su pelo lacio pero brillante, sus labios cerrados tan profundamente que se perdían. Al abrir sus ojos sin forma definida, quizás ¿redondos?, me desveló una herencia que no era propia de aquellos pueblos fluviales, sino otra, quizás desconocida para ella misma. Oneida me vio, salió hasta su puesto, abrió una pequeña compuerta y sacó su cartera, regresando a las carreras para evitar el castigo del sol. Me dio una toalla sanitaria mientras reía y me explicó que aquella sangre bajaría alguna vez durante todos los meses que me quedaran de vida hasta la vejez desde mis entrañas porque así lo había decidido Dios.

Llegué a la casa, fui directo al patio a lavar una ropa íntima que de blanco impoluto se matizó de color borgoña, duré un rato largo buscando aquella pureza que alguna vez tuvo aquella prenda íntima mientras sentía aquella toalla sanitaria bailar en mis entrepiernas. Creo que ninguna mujer olvida su menarquia, su primera menstruación, creo que todas pueden recordar con exactitud dónde estaban, con quién, la posición del cuerpo y algunas afortunadas pueden precisar lo que soñaban en ese momento. Yo poseo esa exactitud, pero sin acordarme de los sueños e ilusiones que me dominaban por esa edad. Entre los recuerdos de ese día está mi andar por los caminos de Caicara de Orinoco para llegar hasta la calle donde estaba Oneida durmiendo en un banco en la plaza donde el *baile del mono* cada veintiocho de diciembre aglomera a los parranderos para danzar por horas, fiesta a la que nuestro tío me impedía ir por considerarla pagana, lejos de la voluntad de Dios.

Recuerdo cómo Oneida me recibió, me preguntó con cariño y me buscó unas toallas sanitarias en su cartera que tenía flores estampadas, aunque de inmediato esos recuerdos anexan la memoria de la primera menstruación de ella. Oneida me explicó cómo ponerme las toallas sanitarias y luego, en una bolsa de papel de las que usaba para colocar las empanadas, introdujo unas dos más y sin que yo se lo pidiera, me regaló la bolsa. Oneida comenzó a hablar de su bisabuela, que fue una hacendada cuyas tierras estaban cerca del rio Capanaparo. Su primer recuerdo de niña fue ver las osamentas de un caballo que apenas sobresalían de la tierra desgastadas cuando llegó, su bisabuela Bárbara le había contado que había sido enterrado el caballo allí, muy cerca de la casa, para proteger la propiedad de los malos espíritus. Sin mirarme, Oneida comenzó a explicar que, al morir su bisabuela, los malos espíritus regresaron y tomaron hectáreas, tantas que no podía precisar cuántas eran en aquella propiedad. Vio llegar la maldad en camiones días después apenas de morir su bisabuela, vio a hombres con armas, con uniformes, con barrigas inmensas, allanando las tierras para ellos y todos los peones que trabajaban sin descanso para ella, ellos celebraron la llegada de la maldad como si mi bisabuela hubiera sido apenas una vanguardia sulfurosa olvidada.

—Ahora me dicen que la hacienda de mi bisabuela es un centro de operaciones guerrilleras y que está controlada por un narcotraficante al que llaman "el Cunavichero" —dijo Oneida sin fijar mirada y, volteando alrededor, agregó que, aunque su mundo estaba rodeado de herencias, nunca recibió una.

De repente su tristeza desapareció al contarme de su primera menstruación:

—Fue allá, en "El Miedo", una tarde, mientras devoraba unos mangos verdes con vinagre y comino, junto a Rosinés, la hija del capataz, ella tenía ocho años y yo once y todo era normal, de repente ella me preguntó si estaba herida y con su dedo lleno de pulpa de mango y comino apuntó hacia mis piernas. Estábamos sentadas en el piso, con dos bolsas de mango verde, me miré las piernas y vi hilos de sangre surcando por los muslos que mi vestido rosa con blanco no cubría, pero tampoco me dolía nada. Rosinés salió corriendo con un mango en las manos a buscar ayuda, pensaba que me había mordido una piraña cuando esa mañana nos habíamos bañado en una de las pozas de la hacienda. Yo seguí comiendo mango verde con comino y vinagre hasta que llegó mi bisabuela, y ¿sabes lo que me dijo al verme? —comentó levantando su vista hasta buscar algo en la copa del samán—: "ya te perdí cariño", y se alejó de mí sin explicarme nada, luego vino la esposa del capataz, quien me alertó esa noche que debía cuidarme de los hombres sin saber con certeza por qué.

"El Miedo" se llamaba el hato de su bisabuela Bárbara, nombre que tomó para llamar a su hija, como homenaje a esa mujer que sabía de trabajos duros, de tratar a los hombres que siempre querían sobrepasarse o robar en sus narices y de enfrentarse con una escopeta ante los primeros movimientos guerrilleros que trataron de tomar su hato. Oneida me relató que, con su bisabuela, aprendió a entender la psicología de las vacas, a ordeñar y pasteurizar leche, a elaborar quesos blancos y mantequilla y entender los sembrados de maíz en la época de invierno.

Oneida comenzó otro relato, la otra herencia que decía que tuvo, que perdió cuando fue a vivir con su bisabuela. Fue a vivir a "El Miedo", porque sus padres, dos abogados jóvenes y de buenas familias, murieron en un accidente cuando probaban un auto a toda velocidad por la autopista. Luego de su entierro, los familiares que vivían en la gran ciudad civilizada se excusaron cuando vieron a Oneida, diciendo que no tenían tiempo para atender a la criatura. Todos, en aquella gran familia de litigantes civilizados, trabajaban para mantener el bufete más grande de la capital, un bufete que habían heredado de la familia Luzardo. Aquellas oficinas de abogados tenían en la entrada la foto de su abuelo, un hombre que dejó su hacienda ganadera heredada cuando se cansó del calor y de la estupidez de los hombres que lo rodeaban y la vendió a un político de turno que se imaginaba como un gran hacendado montando sobre un rucio para vagar por tierras sin límites. Su abuelo abrió un bufete que con el tiempo ha tenido hasta casos internacionales. A Oneida le dijeron que también hubo una foto de su abuela en la entrada del bufete, una mujer que vino del llano y se formó como abogada, ayudando a su esposo a establecer aquel recinto de búsqueda de justicia, pero al divorciarse, porque según dice, su esposo se enamoró de una mujer tan joven como lo fue ella cuando se casó, se quitó su foto de la entrada, solo para saber Oneida, años después, que murió su abuela Marisela en un mes de diciembre, sola en aquel apartamento que nadie visitaba y que, no se sabe bien cómo, tampoco pudo heredar. Oneida era una desheredada de aquella bisabuela que montaba a caballo y siempre llevaba un sombrero negro de pelo de guama, a la que nunca vio enferma y que supo que murió porque un día no se levantó a desayunar. También fue desheredada de su abuela, mujer con temple y estudios, pero que perdió todo por la nostalgia y la inocencia de su primer amor, y finalmente tampoco obtuvo nada de su madre, Eustaquia, la hija de su abuela Marisela. Esta había perdido la patria potestad al divorciarse de su abuelo Santos, así que Eustaquia no fue criada por su abuela Marisela, quizás por eso con el tiempo se convirtió en la típica hijastra que presentan las malas telenovelas, quizás con un excesivo ego de alcurnia, quizás en aquella crianza sin su madre, a ella siempre le pidieron más y ella aprendió a exigir más, y quizás, por todo aquello, un día Eustaquia comenzó a ordenar más velocidad a su joven esposo porque es la única explicación de que desaparecieran un día en que se creían inmortales sobre un deportivo recién adquirido.

Al morir la bisabuela, apenas tuvo tiempo para recoger algo de su ropa, su única y verdadera herencia junto con unas toallas sanitarias mientras veía venir a los malos espíritus. Salió en un bongo lleno de bloques de queso que se dirigía rumbo a Ciudad Bolívar, tenía trece años el día que huyó de la hacienda ganadera de su bisabuela, ese día también tenía la menstruación, pero ya sabía cómo ocultarla. Una vez en la ciudad comenzó a trabajar en una quesería que atendía una ahijada de su bisabuela. Luego aquellos espíritus del mal tomaron el hato al que nunca más había podido regresar, ni siquiera mostrando los papeles de consanguinidad a las autoridades había podido rescatar su hacienda, ni con las docenas de documentos con su nombre registrado en los que, con el tiempo, se sobrepusieron otros nombres sin que ella firmara nada, y con la impotencia, además, de que su bisabuela hubiese dejado una epístola donde colocaba a su madre como heredera universal, carta que nunca se ha hallado, como si la vida de Oneida fuera una ficción escrita por un autor de suspenso que sabe cómo desheredar a las personas sin torturarlas con sus futuros y que siempre piensa que la civilización es un asunto de discusión entre los hombres, mientras que la barbarie es un tema recurrente en la mente de las mujeres. Al final Oneida me contó que se quedó en una casa de un pescador llamado Asdrúbal, padre de su hija Bárbara, nombre de su bisabuela, y de su otra hija, Marisela, a quien bautizó así en honor a su abuela. Ella vive cerca de la salida del río Cuchivero. Es en el bongo de su esposo como su carro de fritura surca el Orinoco para llevar el sabor de una buena sazón de un puerto a otro.

Aquellos fueron mis recuerdos asociados con mi primera menstruación, mi historia hilada con la de aquella mujer que para algunos tenía una herencia distinta a las demás habitantes de las riberas de los ríos, pero cuya verdad era que había sido desheredada por la civilización que catalogó a todas las mujeres de su familia, durante la época de bonanza y democracia, de ser "bárbaras", porque en el fondo ellas tenían más imaginación que los hombres que las rodearon porque eran sacerdotisas y sabían cómo terminaría el país: lejos de toda civilización.

Luego mis recuerdos de aquel día se centran en bañarme, en quitar cada gota de sangre que veía en mi cuerpo y en el piso. Quizás desde entonces nunca he podido usar faldas, blusas, suéteres o sombreros que mostraran puntos como distinciones estilísticas como resalta el guardarropa de *Minnie Mouse*. Ya purificada me presenté a cenar. En la noche todos comimos y rezamos. Mi tío nos habló de las cosas importantes que estaban ocurriendo en el Cenáculo, mi tía y mi hermana proclamaban amén a cada rato y yo envolvía los recuerdos de Oneida con mi primera menstruación y repeticiones de amenes. Terminé esa noche mostrando a mis tíos los dibujos de los nuevos petroglifos que había encontrado, especialmente uno que se parecía a un mono con la cola enroscada o una espiral con un gran ojo preñado con bordes misteriosos y me pregunté en silencio si ese petroglifo era el origen del *baile del mono*. Mi tío dijo una oración para aquellas almas que no habían conocido la verdad del Espíritu Santo, que aún eran bárbaras, y luego nos fuimos a dormir como una familia normal.

Unos años después de mi primera menstruación hubo un domingo, un día del Señor que cambió nuestras vidas, mi tío oraba y hacía sus milagros en aquel espacio donde habíamos fundado el Cenáculo de la Felicidad. El culto estaba lleno de personas y eso nos alegraba, nos llenaba de júbilo y veíamos el poder de Dios sobre nosotras. Luego de hablar sobre las experiencias de la vida de algunos pobres que repentinamente se enriquecen bajo las bendiciones de nuestro Señor, mi tío terminó con una oración.

> *Amado padre, te damos gracias infinitas*
> *porque a través de tus palabras santas guías*
> *nuestros corazones para entender la verdad.*
> *Ayúdanos a no ofender el Espíritu Santo,*
> *ayúdanos para servirte y honrarte y ser*
> *cristianos íntegros. Enséñanos a hacer tu santa*
> *voluntad y entra en nuestros corazones para*
> *hacernos nuevos hombres, nos salve y guíe.*
> *Amén. Amén.*

Así terminaba mi tío sus oraciones al Espíritu Santo, siempre con dos amenes, así era como algunos conocían al pastor del Cenáculo de la Felicidad: *doble amén*. Esa mañana dominguera el recinto estaba rebosante de creyentes y, como todos los domingos de culto, mi tía, mi hermana y yo ayudamos a nuestro tío en la parte musical del culto con cantos mientras mi tía hacía alabanzas al Señor con tonos de soprano y raspando una guitarra, mi hermana y yo la acompañamos con coros y panderetas. También pasamos por entre las personas para recoger los sobres de los diezmos y a veces caricias y abrazos. Esa mañana era especial, el gobernador y algunos ediles estaban en la primera fila, levantados, alzando sus manos y con los ojos cerrados agradeciendo al Señor las bondades que los llevaran a la felicidad. Todos estábamos exaltados y los demonios saltaban fuera de la iglesia. Fue en ese momento cuando divisamos a una señora mayor en silla de ruedas, algo gorda, algo inclasificable. Mi tío se acercó a ella, le puso la mano sobre la cabeza e hizo una oración finalizando con sus "amén, amén". De repente la señora se levantó, casi brincó, y algunos cayeron al piso de felicidad.

La señora era la madre del gobernador, que sufría de gota y hacía años que usaba silla de ruedas. Caminó a todo lo largo del altar, casi modelando tomada de la mano de mi tío. El gobernador y los ediles no paraban de gritar aleluyas y mi tío hacía bendiciones para aumentar la prosperidad, la paz, el amor, los diálogos y especialmente la felicidad. Todos deseaban recibir al Espíritu Santo, incluyendo al gobernador, que desde entonces financió la compra de un cine pornográfico en el centro de Caracas, lejos de Caicara de Orinoco, porque él ya no sería gobernador de ese Estado atrincherado por ríos, sino que desde el siguiente año sería un orondo diputado en el congreso de la República con ideas revolucionarias para crear al hombre nuevo que el país necesita, eliminar el capitalismo salvaje y anular los pecados consecuentes que inundan las almas del mundo, además su madre necesitaba vivir en la verdad del Espíritu Santo que había recibido del obispo Mauro, por lo que lo más lógico era que el obispo Mauro y su familia fueran a vivir en el mero centro de Caracas, donde los pecados pululan. Meses después de todo aquello, justo recién de cumplir mis quince años, nos instalamos en el piso superior de un cine, rodeado de películas y pósteres donde destacaban senos, vulvas, penes y caras de felicidad.

Habíamos llegado a Caicara del Orinoco cuando tenía cuatro o cinco años junto con mi hermana. Mis recuerdos desde entonces son muy imprecisos: la casa de paredes rosadas en la que residimos pertenecía a una de las más fieles seguidoras del Cenáculo de la Felicidad. La casa tenía un patio con dos tanques de agua y un morrocoy que transitaba a lo largo de la hierba que cubría las zonas olvidadas de cemento entre las paredes. Fue mi primera mascota y mi tía lo llamó Jeremías, porque supuestamente tenía cara de profeta.

Recuerdo la primera misa que dio mi tío en aquella iglesia a medio construir cerca del río, donde si llovía, parte de la pequeña congregación tenía que juntarse con la otra para que las goteras no mojaran a algunos creyentes, uniéndose, según las palabras de mi tío, para que la oración al Espíritu Santo fuera más efectiva. Tengo aún presente con precisión el color de mi primera arepa de coroba, ir a la escuela de Caicara, ver el carrito de frituras "Doña Bárbara", siempre cerca de la entrada de la escuela, y conocer a otros niños que tenían otras palabras para nombrar las embarcaciones, la papaya, las miradas, los juegos. Cuando comenzaron a preguntarme mi nombre, decía Jemima, pero poco tiempo después mi tía Martha me corrigió durante muchos meses diciendo que era simplemente Nina. Luego, curso tras curso en la escuela, tenía que responder al apellido Jara Villa. Mi nombre, el que heredé de mis padres: Jemima Raquel Jaramillo Villamizar, se acortó, haciendo una economía de sonido, como aquellas personas que no pueden hablar por largo tiempo, ahora soy simplemente Nina Jara Villa, nombre que se ha convertido en una parte de un rompecabezas que empiezo a unir desde entonces. Mi hermana también cambió de nombre, desde que jugaba con ella en la cuna la llamaba Kesia, ahora es Kenia, como el país africano: Kenia Jara Villa. Los nombres cambiaron y el apellido de mi tía se unió al del obispo Mauro Concepción de Albes, transformándose de Marta Jaramillo Villavicencio a Martha (con una "H" interpuesta sin sentido por una secretaria que le pareció más bonito escrito así) Concepción de Albes; mi tía y su esposo se nacionalizaron en un fin de semana, al final todos éramos venezolanos, y mi hermana y yo teníamos documentos que constaban que habíamos nacido en Caicara del Orinoco, entre la "Fiesta de la Coroba" y la "Feria de la Sapoara".

Recuerdo vagamente llegar a Caicara navegando por varios ríos, una noche desde San Fernando de Atabapo, según me explicó una vez mi tía Martha, donde estuvimos unos meses en una casa en la que nos recibieron tres jóvenes cristianos del Cenáculo de la Felicidad. Allí vagaba entre los ríos que se unen con sus diferentes tonos de colores de chocolate, jugando en la playa con arena ocre o comiendo carne de lapa, una carne de una delicadeza y de un sabor que nunca he encontrado en una ciudad y viendo a mi tío haciendo milagros y exclamando al final de sus oraciones dos veces amén en congregaciones de ocho personas mientras mi tía nos enseñaba a perfeccionar nuestras lecturas leyéndonos el Génesis o cómo comenzó todo lo que ahora nos rodea, también recuerdo una placa de mármol que en su momento no entendí, pero de la que memoricé el nombre de quien se mencionaba: Alejandro de Humboldt, luego, con los años, supe que estuvo por aquella parte donde se unen los tres ríos que devorarán la tierra que pisamos. Había navegado tanto que mis recuerdos de infancia era surcar por ríos en bongo, en voladoras, chalanas y algunas embarcaciones de carga o en simples lanchas, por lo que pensé que el mundo eran ríos y riachuelos con riberas llenas de árboles, playas de arena ocre, luces atravesando cúmulos de hojas y animales que nunca veíamos, pero que a cada tramo del viaje oíamos, o de repente llegar a puertos fluviales vacíos donde, después, sus habitantes salían con temor, como si fueran todas las personas del mundo que quedaran de un apocalipsis. Todo era líquido y fondeaderos, sitios donde cada hijo de Dios descansaba para seguir navegando hacia su encuentro.

Caicara del Orinoco fue el puerto donde nos quedamos luego de navegar por días, por meses, casi por un año, sin saber con certeza por qué. Extrañaba a mi madre, a mi padre, a mis otras tías y a mi abuela, porque por aquel entonces seguían frescos en mi memoria, y mientras más preguntaba por ellos, mi tía Martha nos explicaba, con la Biblia en las manos, por qué los éxodos son necesarios, que no estábamos abandonadas ni habíamos sido desechadas, sino que Dios nos acompañaba. Cada vez que, en ese tiempo, mi hermana y yo preguntamos por nuestros padres, tías o abuela, nuestra tía Martha nos insistía en que teníamos una misión, llevar la palabra de Dios por el río, y en el fondo eso nos hacía sonreír a mi hermana y a mí.

Con el tiempo me uní con el pueblo, con los caicareños, descubrí sus petroglifos en lajas de piedras alejadas del puerto, donde llegaban las chalanas con los vehículos, con las motos, con las personas cansadas y sudadas de tanto esperar para cruzar el río. Detrás del pueblo había una llanura, tan ancha y profunda que un día comencé a pedalear en una bicicleta prestada desde la mañana, así durante horas, pero nunca llegué al horizonte. A veces nadaba en las playas o pozas cercanas, a veces paseaba por la ribera con mi hermana donde encontrábamos ocasionalmente una tortuga muerta o nos quedábamos contando las narices de las toninas que se acercaban o se alejaban de nosotras dependiendo de la hora. Trataba de ir al lugar más alto del pueblo, pero no existía, todo era plano, ningún pedazo de tierra se elevaba, solo las oraciones al Señor. Pasaron un año, dos años, y con mi inocencia le preguntaba a mi tía: "¿Por qué llegamos aquí?". Aún tenía recuerdos de otros puertos y el nombre de Curillo se negaba a morir en mi memoria, al igual que el rostro de mi madre, que de vez en cuando aparecía en mis sueños. Comencé allí la escuela, todo era un ir hacia nuestra salvación, como el flujo del Orinoco yendo hacia su fin en un tejido de agua que algunos llaman delta. En más de una ocasión Kenia y yo repetimos nuestras dudas sobre el paradero de nuestros padres, era un ritmo de preguntas y respuestas que nunca concluían. Al principio y ante nuestra insistencia por saber de ellos, como el río, recibimos diversos flujos y contraflujos de explicaciones. Cuando terminé la primaria, mi tía Martha me contó que nuestros padres habían ido a otros países a predicar la palabra del Señor: España, Italia, Argentina, que viajaban por el mundo porque el trabajo de nuestro Señor era llevar su palabra a todos los confines de la tierra, pero que nosotras teníamos que estar en un lugar para recibir educación, por lo que nuestros padres dejaron en las manos de nuestros tíos, Martha y Mauro, nuestra formación, ellos sabían que algún día se establecerían en una ciudad para que nos eduquemos y que por en ese entonces era Caicara, mientras tanto nuestros padres serían unos nómadas por voluntad de Dios.

Los años pasaban y las memorias de mis padres, de mis otras tías y de mi abuela mermaron, mi mente comenzó a llenarse de lo inmediato, de listas de nombres geográficos, de héroes de la independencia, de fechas populares, de elementos químicos, de fórmulas matemáticas para calcular un área, de números de teléfonos, de oraciones. Nuestra casa era normal, promedio, pero al otro lado de ella siempre había jóvenes buscando un futuro: vivíamos frente de un gimnasio de boxeo, un garaje transformado con unos sacos de arena y un ring que limitaba los sueños de poder. A veces veía a los jóvenes dándose golpes como una manera de comprender la sobrevivencia del más fuerte, por lo que, cuando iba y venía del colegio, oía los golpes que se daban o las cadenas sonando de las bolsas de arena o los quejidos y soplidos que se dan los aspirantes en el entrenamiento, quise ser boxeadora un día, pero mi tía me dijo que eso no era deporte para señoritas y que la violencia está prohibida de cualquier forma en los miembros del Cenáculo de la Felicidad.

Años después, cuando dibujaba para mis clases de educación artística, me confesó mi tía que mi madre estaba muy enferma y que vivía en España, que sufría de algo llamado depresión, mientras mi padre seguía predicando la palabra del Señor en Argentina, bien al sur, donde se veían pingüinos. Nos mostró unas postales de España, donde nuestra madre nos escribía que nos amaba, postales donde o bien resaltaban toros de lidia enfrentando su destino o bien, bailadoras de flamenco suspendidas en el aire como fantasmas de una cultura zaherida, como si España fuera tierra de jolgorio y de tauromaquia esencialmente. En aquel momento me pregunté: "¿Por qué mi tío que curaba a tantos enfermos no la sanaba?, ¿por qué no vamos a España a cuidarla?, ¿por qué ya no me llamo Jemima, sino Nina?, ¿por qué mis padres vivían separados?" Pero nunca había respuestas concisas y parecía que la depresión no se curaba con un milagro.

La última ola de preguntas fue cuando nos mudamos de Caicara del Orinoco a Caracas, acababa de cumplir quince años y no tenía derecho a nada. Nuestra tía animadamente nos habló de nuestra nueva vida, que nuestros esfuerzos se compensaban con la gracia de nuestro Señor, que su hermano, nuestro padre, le había otorgado la patria potestad sobre nosotras para que aprendiéramos en el Cenáculo de la Felicidad a ser venturosas. Leí la patria potestad, fue la única vez, antes de emigrar, que supe que mi madre ya no se llamaba Séfora Villamizar, sino Ana Villa y mi padre Juan Jara y no Gersón Jaramillo, ambos naturales de Caicara del Orinoco, todo firmado y sellado en la alcaldía de aquel puerto fluvial.

Casi llegando a Caracas, durante el primer largo trayecto que no hacíamos por un río, nos contó nuestra tía Martha que hay miles de personas que no quieren ayudar a nuestro Señor, pues cuando esto ocurre, nuestro Señor buscará a otras para que lo hagan, así que el Señor nos había elegido para glorificar su obra en Caracas, por lo que tendríamos que estar felices de haber sido preferidas por el Señor para alabar su obra. Nuestra tía hizo énfasis en que teníamos que seguir estudiando las Sagradas Escrituras y reflexionar sobre los sermones del tío Mauro, que más que un esposo era un profeta para mi tía Martha y que la llevaba a vivir la máxima felicidad imaginable. Llegamos luego de dos días recorriendo carreteras donde no se veía nada por largos trechos, ni ríos, ni personas, ni vida.

Arribamos a Caracas de noche, con muchas luces de neón guiándonos. El auto se detuvo frente a las puertas olvidadas de un viejo cine lleno de grafitis que no permitían entender qué estaba escrito porque todos se sobreponían al original, al primigenio, así que ya no se podía saber qué decía, si un insulto o una oración. Al abrir las puertas de aquel cine abandonado, vimos todo sucio, lleno de manchas, había un olor ácido penetrante, un aroma a vinagre aromatizado tan particular que siempre me ha acompañado en mis recuerdos olfativos y que, con todos mis años vividos, aún no puedo determinar con precisión. Durante más de tres meses estuvimos limpiando, ordenando, colaborando para transformar aquel antro de vicios en una iglesia consagrada por el Cenáculo de la Felicidad para el Señor y especialmente para el Espíritu Santo, y en una pequeña sala, colocamos los carretes con rollos de películas y los pósteres y fotografías de filmes promocionales que hallábamos por allí, eso sí, con la misión de rasgarlos primero antes de ver algo.

Durante esos meses de limpieza, mi tía me habló de cómo conoció a mi tío Mauro en Albania mientras ella daba clases a niños pobres que iban a la guardería que el gobierno había inaugurado para que sus madres tuvieran tiempo de trabajar en la zafra del azúcar de la región o en aquellas fábricas de papelón y caña clara. Eran las madres quienes pedían milagros a Mauro, las que lo seguían y buscaban algo de felicidad, porque Mauro había dicho que el Cenáculo de la Felicidad era el antídoto a la infelicidad absoluta que muchas sentían llegar por las miserias que las rodeaba. Mauro también hacía milagros a los enfermos que de repente comenzaban a caminar o a ver. La primera vez que Marta vio a Mauro fue en la plaza, había una decena de personas oyendo hablar a aquel predicador en un español con acento portugués, en el que las "S" se arrastran y las "R" al principio de las palabras suenan como una "J" suave del español, porque la iglesia del Cenáculo de la Felicidad había sido creada en el norte de Brasil, en algunos de esos pueblos fáciles de olvidar que bordean el Amazonas, según mi tía, cree que se llama Itacoatiara y, según otros documentos que nunca he leído, allí supuestamente también nació mi tío Mauro. Fue navegando por el Amazonas, viviendo largas temporadas en Manaos en la primera iglesia grande del Cenáculo, donde mi tío se convirtió en un respetable predicador siguiendo las enseñanzas del obispo Caetano Souza de Maceda, quien terminó siendo la mayor autoridad del Cenáculo de la Felicidad, su protector y quizás el hombre que más dádivas económicas recibió en aquella región por rezar por los que más tenían. Fue ese sumo obispo quien vio en Mauro una verdadera vocación para alabar al Señor, por lo que su misión era fundar otra iglesia que se mantuviera cerca de la principal de Manaos. Martha continuó diciendo que, cuando conoció a Mauro, lo que veía era un hombre que era el centro de algunas reuniones de fieles que se hacían en una esquina de la plaza, cerca del *kindergarten* donde los niños en las tardes iban a jugar, así que todo ocurrió fácilmente o por destino del Señor, pues, mientras ella animaba los juegos de los niños, en la otra esquina del parque, separado por un gran árbol que estaba en el centro, mostrando que alguna vez a las personas les importó tener sombras, veía la obra y hazañas de Mauro. Así que una tarde mi tía Marta, sin "H", se arrimó por curiosidad a aquella reunión, se acercó con la excusa de estar buscando una pelota extraviada que cruzó aquel límite arbóreo. Vio cómo predicaba Mauro, cómo colocaba sus manos sobre las cabezas de los enfermos y oraba y cómo sanaban. Luego me dijo mi tía que regresó a buscar a un niño y lo llevó frente a Mauro, este le puso sus manos en la cabeza, una cabeza repleta de tiña que le hacía perder su cabello, por lo que era la burla y la diana de toda la maldad que pueden tener los niños de seis años. Mauro oró casi gritando, moviendo enérgicamente la cabeza de aquel niño y finalizó con amén… amén. Mi tía me juró que al día siguiente aquel chico que cuidaba llegó al colegió sin tiña en la cabeza, ya no había cicatrices, fue como haber imaginado durante tiempo un mal recuerdo, desde entonces se acercó al profeta cada vez que lo veía en la plaza, lo animó y a los meses se habían declarado un amor mediado por la santidad y el sacrificio de hacer la obra del Señor en la Tierra. Desde entonces, los esposos Concepción de Albes comenzaron a navegar por los ríos buscando fieles y un lugar para establecer un Cenáculo de la Felicidad.

Ellos comenzaron a predicar por los ríos Caquetá, Orteguaza, Caguán, Vaupés, Negro y Orinoco. Siempre eran transportados en embarcaciones capitaneadas por hombres de fe que creían en la misión del tío Mauro: otorgar la máxima felicidad a aquellos que la buscaban a través de la oración y consolidar la fe. Mi tía me contó ese día de recuerdos que nosotras llegamos desde el Caquetá hasta el Vaupés por otras vías, y allí ellos nos esperaron para subir juntos, con la corriente del Orinoco, hacia el norte, donde Mauro pensaba que debía extenderse el Cenáculo de la Felicidad. Vio su profecía cumplida en Caicara, que era un puerto para seguir a Ciudad Guayana o un punto en el medio de la nada desde donde se puede comenzar a recorrer el macizo guayanés para tratar de hallar la ciudad de El Dorado que tanto provocó a aquellos conquistadores españoles del siglo XVI y que no fueron fieles intérpretes de la moral española vigente en aquellos tiempos, ni de las sabias leyes de Indias, que los reyes dictaron. Aislados, sin mujeres, victoriosos de cientos de peligros, rodeados de pueblos bárbaros, atormentado por su insania en conflictos con la sociedad de la cual partieron y de la cual por lo mismo emigraron, si tuvieron que hacer un mundo, lo hicieron como todo hombre sueña y fantasea y más un psicópata; a su medida, así que Caicara era el lugar perfecto para permanecer quieto hasta que llegara el Apocalipsis y no salir afuera de ella para sembrar la locura, pensaron alguna vez miembros de nuestra iglesia. Mis recuerdos de ese pueblo fluvial lleno de sol y petroglifos se han transformado en fotografías en blanco y negro para llenarlas de colores en la capital, en una construcción de dos plantas donde teníamos ayudantes que nos limpiaban y arreglaban muchos de los desperfectos que ocurren en una estructura con los años.

Comenzamos a vivir en aquella segunda planta del cine, mientras que en la primera, donde estuvo la sala de proyección, comenzó a funcionar el Cenáculo de la Felicidad. Esos meses de limpieza y reparación fueron como vivir una aventura socialista, porque todos colaboraban por fe, siempre hubo personas, miembros del Cenáculo, que nos hacían dulce de lechosa o pollo relleno de verduras, que era lo que comíamos casi todos los días, así como carpinteros, albañiles y plomeros que nos sonreían mientras arreglaban las estructuras sin cobrarnos nada. Aquel edificio de dos plantas y que sería nuestro hogar, a la vez que un lugar de culto, había sido un cine pornográfico que llevó el nombre de un héroe de la independencia de Venezuela, mostrando que cualquier heroicidad es un proceso incompleto si no abarca por nombrar todas las debilidades humanas. El cine había cerrado desde que la tecnología se concentraba para aislar todo el placer en algún rincón de la casa. El cine bajó su santamaría porque las personas podían ver pornografía en formatos de videos y algunos, más modernos, compraban una suscripción para ver canales exclusivos de pornografía las veinticuatro horas del día al pagar una membresía a una televisora por cable.

El edificio llevaba años abandonado, con una sala llena de butacas dañadas, con paredes a las que se le caía el friso, con una pantalla rasgada en una esquina inferior, con baños irreparables con la mera mirada y en la parte superior, depósitos de películas, pósteres y carpetas con cuentas vencidas; y adentro, por los pasillos, un olor a todo lo que se puede desprender de los cuerpos: tabaco, semen, sudor, frialdad. El cine fue donado al Cenáculo por aquel exgobernador que ahora era diputado, para la felicidad de su madre, que se convirtió en nuestra principal benefactora, porque ella quería que la felicidad asistiera a más personas y, si se pudiera, a todos los pobres del país. Una tarde, luego de meses limpiando el cine y frente a la plaza donde estaba su entrada, con permisos del alcalde que era amigo del diputado que donó la infraestructura, un grupo del Cenáculo, entre quienes se encontraba la madre del diputado, que desde que conoció al obispo Mauro nunca había dejado de orar, hicieron una hoguera controlada con los carretes, las películas y los pósteres que mostraban senos, culos y rostros de placer. Fue una hoguera que apenas duró unos minutos, los suficientes para que se oyera una oración fuerte al Espíritu Santo mientras una llamarada enviaba a los cielos las perversiones que se aprenden en soledad.

> *Dios, tú que conoces las debilidades de*
> *las personas, la humillación que expande*

*la impaciencia, el rencor de la ignorancia,
permite a toda esta gente que te sienta en
sus corazones y comiencen a alabarte por el
trabajo que nuestros miembros hacen para
que aquellos encadenados al placer sexual,
al placer que rompe las familias, al placer
que enferma los cuerpos sanos, sepan que
todos sus sufrimientos que legitiman las
desdichas a los otros, que todo este anhelo
clavado por las agujas de las bajas pasiones,
que toda esta filmografía de miserias que
reúne a mujeres con hambre de justicia
divina y a hombres ciegos de gozo, a que
sepan la verdad, que toda esta filmografía
incapaz de tolerar el cuerpo humano como
una creación divina debe ser destruida.
Quemamos estos rollos, estas cintas que
envuelven la vergüenza de los hombres y
mujeres que buscan legitimar la desdicha en
la sociedad de Dios, alejar a las personas
del reino de Dios, para que las personas y
especialmente los jóvenes no sucumban por
el camino de la crueldad que algunos llaman
entretenimiento, porque se aburren de sus
felicidades falsas. Sepan que la única fuente
de felicidad es la entrega a nuestro Señor,
no a esos cuerpos desnudos, anónimos, a ir
a lugares oscuros con personas escondidas,
sin sueños, como había sido este cine. Ahora
tendrá luces todo el tiempo, candelabros con*

aceite bendito que nos instarán en la oración,
en la fe, al descubrimiento del espíritu divino,
a vislumbrar el Paraíso donde el hambre, la
sed y la maldad no existan, y no enceguecerse
en estos Paraísos Artificiales, de aquellos que
construyen los hombres que te han olvidado,
¡oh!, ¡Señor!, ayúdales a que entre en sus
corazones la verdad eterna que proclamamos
porque esta verdad es fuente de felicidad...
amén... amén.

Todos los rollos que se archivaban en los depósitos del piso superior fueron quemados, todas esas películas donde se presentaban las impudicias y lo obsceno del gozo que, según mi tío, deberían estar siempre ocultas, ahora estaban en las llamas del infierno, eliminada su existencia, vuelto plástico carbonizado. Los pósteres fueron a parar a una pira que dejó papel chamuscado a lo largo de la plaza donde yo, con otros hermanos en la fe, barríamos mientras gritábamos aleluya. La madre del diputado y algunas esposas de los ediles del municipio de Caracas nos felicitaron y nos apoyaron en la cruzada a favor de la moral y las buenas costumbres que, según muchos políticos, cada año desaparecía sin explicación.

Una persona le comentó a mi tía la cantidad de dinero que pudieron haber ganado si vendían aquel material a los cines de los pueblos, de aquellos donde queda un cine hecho por un soñador, pero que en los tiempos que transcurren solo exhibe pornografía de lunes a viernes, mientras los fines de semana exhiben alguna película de los estudios Disney para toda la familia o de acción para los adolescentes, él tenía contactos en algunos de esos cines de pueblo, especialmente en Los Andes, pero mi tía no le respondió, se quedó mirando el fuego como el pago de su moral. A lo lejos algunos niños tomaban algunas tiras quemadas de películas y las guardaban, no me podía imaginar qué harían con ellas. Yo las reunía en unas bolsas de plástico para desechar toda huella de maldad que hubiera quedado del cine dejando aquellos rastros de miserias en contenedores de basura.

A las semanas de haber hecho aquella pira de purificación, se abrieron las puertas del Cenáculo de la Felicidad y me sorprendió su lleno, la cantidad de personas que buscaban la felicidad era impredecible, entre ellas las esposas de varios representantes de la política nacional de turno, acompañadas con sus hijas menores. Toda referencia a lo obsceno desapareció o se escondió bien, había un aroma a sándalo que eliminó el de los sudores acres. Lo que había sido un cine pornográfico era ahora un tabernáculo y sobre la mesa había un candelabro de nueve brazos que es el símbolo de nuestra iglesia, cada brazo es un proceso para habituarnos a la felicidad, según las explicaciones que nos habían dado desde el Templo Mayor del Cenáculo de la Felicidad que estaba en Manaos y que mi tío había traducido. Una vez encendidas las nueve velas, obtendremos la felicidad, según explicaba un folleto, porque sabíamos que cada brazo era la superación de las circunstancias que nos hacen infelices, pero también algunas velas mostraban el empuje de la voluntad para lograrlo. En nuestro hogar nunca encendimos ningún candelabro, todos se vendían con velas incluidas de diversos colores y aromas.

De todos aquellos pósteres que se quemaron, llegué a guardar uno. Era la foto de una mujer con una cabellera ondulada que le cubría los hombros, mostrando la parte superior del torso sin exhibir sus pechos. Era una foto en blanco y negro con un marco verde. Decía quizás el nombre de la protagonista o de la directora, en ese momento no sabía quién era Marilyn Chambers, luego estaba el título de la película: *Behind of Green Door*, pero no me podía imaginar de qué se trataba o si era impúdica u obscena, porque de qué se puede tratar una película que se titula *Detrás de la puerta verde*. Además, el póster no indicaba vicio o perversión, por eso lo tomé y lo coloqué detrás de la puerta de mi habitación, en parte para tapar un agujero del que no sabía por qué o cómo se hizo allí, y en parte porque la fotografía me cautivó y fue mi inicial proceso de perplejidad para apreciar el mundo de las imágenes en suspensión. Cuando mis tíos la vieron detrás de la puerta, me explicaron de los peligros de los ídolos, de adorar imágenes, pero mi respuesta era simple: era para tapar un agujero y no parecía una película porno, a lo mejor no todas las películas que se exhibieron aquí fueran porno, expliqué a mis tíos, que sentenciaron que estaría allí hasta que la puerta se cambiara. Ese póster me acompañó todo el tiempo en que viví en aquella habitación.

No eran solo los pensamientos sucios lo que se propagó por esa época en que adecentamos el cine, pensando en senos y anos sin distinción mientras limpiábamos porque de la nada aparecían fotos de una película o un trozo de filme del cual, al verlo a contraluz, podíamos imaginar cómo seguía el guion obsceno, sino que también por esa época mi cuerpo comenzó a rebelarse cuando conseguía los cuerpos desnudos de los hombres y las mujeres en los pósteres o en los programas viejos que quedaban en el almacén y mostraban las películas a estrenarse en los meses sucesivos. Encargada muchas veces de la limpieza de la iglesia, tenía como misión lavar los manteles, las ropas, las cortinas, las sábanas y cobijas, así como todo lo que se pudiera meter en una lavadora y secadora. Había que quitar manchas, aromas, había que dejar todo pulcro, impoluto como son las cosas que rodean al Señor. El Cenáculo recibió dos lavadoras, una secadora y una plancha semiindustrial. Mi misión por mucho tiempo fue lavar, aprender los ciclos de lavados, la combinación de colores para no perjudicar la ropa blanca, los usos de los detergentes y suavizantes para que las camisas de mi tío que usaba en el culto así como ningún pantalón, pañuelo o corbata mostraran alguna arruga; a veces lavaba la ropa íntima de todos aquellos que se quedaban en la iglesia para hacer algunos trabajos de refacción o espirituales por varios días y siempre me sorprendía hallar que alguno de esos invitados no usaba ropa íntima blanca. Aquel depósito de rieles de películas y pósteres era ahora una lavandería y cerca de aquella habitación había una puerta que daba a una minúscula terraza que servía para colgar la ropa y dejarla secar al sol. Pensaba qué función podría tener esa minúscula terraza en el edificio de un cine, al principio no tenía respuestas, pero con los años aquel lugar seguramente fue construido para poder esconderse y fumar un cigarrillo, o por lo menos en algún momento de mi vida ese fue el significado más profundo que hallé a la terraza. Así que pasaba muchas horas en la lavandería, leyendo o pensando entre esas máquinas, pero en aquel depósito todo crema e impoluto quedaron dos sobres de fotos de las películas que se habían puesto en una cartelera que estaba en la entrada del cine y donde ahora se exhibían los días y las horas del culto. Eran dos sobres que quizás por estar cerca del suelo en unos estantes pasaron desapercibidos o creyeron que eran sobres con facturas de débitos que no despertaron interés. Una noche, mientras lavaba, abrí esos sobres, eran fotos en blanco y negro, la mayoría de las mujeres desnudas tocándose una parte del cuerpo, otras eran de hombres desnudos con mujeres donde los cuerpos pierden sus límites y otras donde no se entiende qué hacen los cuerpos. Viendo las fotos sentí una hinchazón en mis pezones que me sorprendió, al tocarlos una ráfaga de electricidad invadió mi vientre y sentí cómo una humedad comenzó a untarse en las entrepiernas. Al principio me asusté, sabía que algo no estaba bien, temía un castigo severo por sentir lo que sentía y vergüenza de hablarlo con mi tía.

Guardé los sobres en un escondite detrás de la lavadora por algunos meses. Durante ese tiempo los sacaba y revisaba las fotos y la hinchazón crecía y la humedad volvía y un deseo de acariciarme me inundaba, pero justo antes de tocarme, guardaba las fotos y oraba. Fue durante una tarde, a mis dieciséis años, cuando aquellas fotos ya no influían sobre mi carácter, que comencé a estudiarlas para reconocer la composición de algún tema o cómo la luz recorre los cuerpos sudados o no, en algún momento de aquella negligencia, recostada sobre la lavadora todo comenzó. El ciclo de centrifugación se inició, aquel movimiento vibró frente a mis caderas y la hinchazón en mis pezones aumentó rápidamente, el líquido vaginal corrió como aquellos ríos que me acompañaban desde mi infancia sin diques de vergüenza que lo contuviera, solté las fotos y me aferré a la lavadora, cuyo movimiento centrífugo aumentaba, me bajé la falda instintivamente y usé mis fuerzas para que mi vulva cubierta por una braga impoluta se uniera con exactitud con el borde de la lavadora, sentí una fuerza incontrolable, como la que me habían hablado que existe en la naturaleza y te hace olvidar en que puedes pensar; el acto cognitivo desapareció, no podía ni quería controlarme o entrar en una oración profunda, aquel ciclo final de centrifugado a 1400 RPM por diez minutos me dio la conciencia de que era una mujer, me descubrió un placer similar al que se expande con la oración y al final de aquellos movimientos un pequeño grito me descubrió el animal que llevaba por dentro, aquel ser que nos vincula con el mal y que debemos aplacar. Había explotado, mi cuerpo temblaba sin saber por qué, me tumbé al lado de la lavadora, con mis bragas puestas y una blusa azul donde se percibía el latir de mis pezones. No me podía mover, era como si los músculos de mi cadera hubieran desaparecido y sin querer sonreí. Mi sexualidad fue descubierta por una energía cinética de la cual ignoraba sus fórmulas, funcionamientos y usos, solo supe desde entonces sobre aquel placer que se guarda en todos los movimientos abruptos pero constantes. Durante las siguientes semanas sabía que me ruborizaba más de la cuenta, que me distraía en el culto, que veía a los muchachos y a las muchachas de la escuela de otra manera. Esa semana arrojé los dos sobres de fotos en un basurero cerca del colegio al que iba, oré más tiempo. También por ese tiempo me compré un libro de fotografía y le expliqué a mis tíos la necesidad de hacer fotos, de mostrar nuestra felicidad en imágenes y pegarlas en aquella cartelera que estaba en la entrada del Cenáculo, quizás alentaría a otras personas a llegar a la felicidad y, además, les dije con mucha franqueza que me interesaba aprender sobre el mundo de la fotografía y estudiarla en serio. Ese año mi tío me presentó a un hermano de fe, Salvador, un hombre casado con una familia hermosa que iba al culto todos los domingos, y que me dijo que trabajaba como técnico fotográfico para el periódico cuyas oficinas quedaban en una avenida cerca del Cenáculo. Fue él quien me regaló mi primera cámara, una Nikon FE con un lente de 50 mm con un foco máximo de luz de 1.2, que él ya no usaba, a la vez que me mostraba la Nikon F3 que siempre llevaba encima para sus fotorreportajes, diciéndome que, si primero aprendía a usar la que me daba, luego manejar cualquier otra cámara sería lo más fácil del mundo.

Salvador logró con su fe y sus contactos que yo entrara en el laboratorio de fotografía del periódico. Era un cuarto grande luminoso, pero en los momentos de revelado de carrete y de positivado de las fotos, una luz roja nos envolvía, presentando un mundo en tinieblas que quizás fuera la antesala de alguna puerta del infierno. Fue allí donde revelé mi primer carrete de fotografía, introduciendo el negativo en un tambor en total oscuridad, usando solo mis dedos para insertar por una ranura el rollo, luego una vez introducido el rollo en el tambor de revelación, esperar unos diez minutos dando movimientos giratorios, por último, dejar secar la película para posteriormente cortarla en seis tiras de seis cuadros. Finalmente, ver a contraluz las fotos, tomar un papel de fotografía y hacer un positivo con esas seis tiras que te mostraban en total treinta y seis minifotos. Estuve varias tardes mirando esas fotitos, tratando de ver detalles con una lupa que conseguí sin saber cómo llegó hasta mí. Veía las manos de mi tío sobre las cabezas de los creyentes, las personas cantando y haciendo alabanzas, fotos de grupos de familia, fotos de mi tía con esposas de algunos diputados, con las madres de algunos ediles, con las hijas de algunos comerciantes de la zona, fotos de mi hermana sonriendo con amigas, fotos de un gato atigrado naranja que, a veces, encontraba durmiendo en la entrada del Cenáculo y que nunca tuvo un nombre oficial, pero que yo llamé Nahum porque tenía la cara de ser un profeta menor. Casi siempre antes de dormir, detallaba en esas minúsculas fotos de una ciudad que se presentaba delante de aquella terraza donde se percibía un cielo gris sobre edificios anónimos y de fondo, una montaña que limitaba los cielos del norte.

Aunque mi tío deseaba que estudiara religión, en Venezuela solo se podía estudiar teología en los seminarios diocesanos, por lo que todos los estudios religiosos que hiciera cualquier comunidad no católica no tenían validez ni oportunidad de hacerse legales ante el Ministerio de Educación, así como tampoco todos los estudios que no provinieran de un Seminario eran revalidados ni apostillados. En el fondo esto no importaba, lo legal, sino la fe, por eso en el Cenáculo se comenzó a impartir cursos religiosos, seminarios de uno o dos años sobre el Antiguo Testamento, sobre el Nuevo Testamento, sobre filosofía, incluso una vez vino un hombre a enseñar latín y hebreo por años, nunca supe cómo los aprendió. Mi tío llamó a ese espacio que se acondicionó en un anexo del edificio el Centro Simja del Cenáculo; allí estábamos mi tía, mi hermana y yo, acompañadas por varios jóvenes que querían dedicarse a conocer la verdad, preferiblemente en latín o hebreo, a tomar cursos impartidos por profesores exégetas de la felicidad y amantes de la psicología positiva, que siempre entraban a dar sus clases con saco y corbata; mientras que, durante mi vida universitaria, nunca recibí clases de un profesor vestido con saco y corbata, incluso una vez llegó el profesor, de unos cuarenta años, con una bermuda estampada de colores pasteles llenas de bolsillos, una riñonera de cuero rojo donde colgaban unas llaves atadas a una inmensa brújula, una franela negra en la cual se leía desde lejos en letras rojas el nombre de la banda de rock Iron Maiden, con su correspondiente dibujo bizarro, y sobre su escasa cabellera una chapela vasca, como si fuera una persona que acumulaba varias generaciones de modas y pensamientos sin lograr equilibrarlos con el paso de los años. Yo tomaba todos los cursos que comenzaban a las seis de la tarde y terminaban a las ocho de la noche en aquel centro donde recreábamos la palabra de Dios desde extrañas etimologías e interpretaciones audaces, así que cuando entré a la universidad a estudiar artes visuales, me conocía todo lo importante que una mujer de fe necesita saber, además de poder declinar algunos verbos en latín. Fue por aquel entonces que mi tía me dio un libro bilingüe español-latín, era el *Libro de Proverbios*, estaba dedicado a mi padre: Gersón Jaramillo. Me asusté un poco y mi tía me dijo que pronto debería conocer la verdad. Por aquella época mi tía se veía delgada, con ojeras y poco risueña, como si la felicidad se estuviera alejando de ella.

RAZA DE CAÍN, EN TU CUBIL, POBRE CHACAL, TIEMBLA DE FRÍO

La universidad se volvió un problema entre mis deberes, oraciones y deseos. Cuando me preguntaban acerca de mi vida, al principio trataba de ser lo más natural y sincera: "Me llamo Nina, tengo dieciocho años, estudio artes cinematográficas y vivo en el edificio del Cenáculo de la Felicidad, en su segundo piso". Al final de mi presentación casi todos sonreían o me miraban como si fuera una sucia payasa callejera, algo que da risa, pero conmiseración a la vez.

Durante mi primer año universitario, me pregunté muchas veces si había tomado una buena decisión al entrar a una universidad pública, mi tío me había aconsejado que fuera a estudiar en un seminario evangélico, en el exterior, preferiblemente en Brasil, pero la fotografía me había hechizado, pasaba todo el tiempo tomando fotos y tratando de tener una cámara a mano, por lo que mi habitación se llenaba de estuches negros de los carretes de fotografía con los cuales construía torres, a la vez que hacía álbumes de minifotos. En mi primer año de estudios de artes visuales, en uno de mis supuestos cumpleaños —porque tenía dos: el cuatro de julio para Jemima y el veintisiete de noviembre para Nina, por lo que nunca he sabido si soy de Cáncer o de Sagitario—, mi tía trajo una caja envuelta en un papel de regalo lleno con la cara del gato Garfield, adentro estaba la cámara Nikon D1, una de las primeras cámaras digitales, de inmediato tomé una foto del rostro de mi tía, fue mi primera foto digital, con el tiempo su rostro con aquella sonrisa que conseguí cuando le mostré mi agradecimiento fue la foto que más tiempo duró en la cartelera donde siempre estaba colgado el horario de las consagraciones de las oraciones al Espíritu Santo del Cenáculo. Esa noche estuve orando por todas las bendiciones que me daba mi Señor y, antes de dormir, salí a la pequeña terraza a tomar fotos a una ciudad que, año tras año, cambiaba de rostro. Yo quería ser testigo de sus transformaciones. En ese entonces podía tomar cientos y cientos de fotos, sin preocuparme de que se acabara el rollo, o de acumular torres de estuches, sin preocuparme en tener un laboratorio fotográfico en casa, porque podía colocar el *compact flash* a un adaptador de mi computadora y con un programa de fotografía hacer creaciones que ningún experto en el laboratorio podía hacer, aunque con el tiempo una cierta pátina de falsedad comenzó a envolver mis fotos digitales, porque tenía tantas, miles, que no sabía qué ver en el exceso.

Kenia obedeció a mi tío, ella estaba decidida a ser misionera, a mejorar sus estudios bíblicos en los que siempre resaltaba, además de perfeccionar sus conocimientos de teoría y solfeo. Mi principal función dentro del organigrama del Cenáculo era administrar la limpieza, el de Kenia era dirigir el coro; incluso tuvo una banda de música bailable donde ella tocaba la flauta y todos repetían los coros que ella componía inspirándose en el *Cantar de los Cantares*. Era devota, prudente y puntual y también había empezado a profundizar sus estudios de portugués e inglés. Era perfecta, por lo que no le fue difícil tomar la decisión de irse a Texas para estudiar en el Seminario Bíblico de las Américas. No necesitaba dominar el inglés, ya que muchos de sus estudiantes son de Latinoamérica, así como la mayoría de los profesores. Kenia me mostró con emoción el pénsum de estudio que se divide esencialmente en tres partes: la primera estaba relacionada con estudios y lecturas de los sagrados textos bíblicos, con énfasis en prácticas pastorales, la segunda área en estudios psicológicos, veía materias como Historia de la Psicología, Personalidad, Estudios de Parejas, Neuropsicopatología, Terapias Alternativas, *Coaching*; y una tercera área donde se impartían materias relacionadas con los negocios, la administración y el *marketing* de instituciones religiosas, materias en las que en alguna parte de su descripción se leía con claridad el término *business*; todas estas áreas de estudios eran armonizadas con clases de teoría y solfeo religioso.

Mi hermana se fue contenta y lamentó que me quedara estudiando artes en Caracas, sentía que era una mala decisión, que me alejaba del camino del Señor, y aunque yo le dijera que era mi destino, me veía con cierta conmiseración como aquel que mira al testarudo ante sus actos insolentes que presume que lo llevarán a la felicidad. "Quizás es mi destino y mi felicidad está en tomar fotos para mostrar la grandeza de Dios", le dije mientras ella estaba bailando y cantando glorias al Señor, haciendo sus maletas. Así que le pedí, días antes que se fuera, una sección de fotografía. Era un miércoles y ella accedió a dejarse retratar dentro de Cenáculo, pero después salimos por las calles de la ciudad, yo con cierta angustia porque la cámara era grande y todos la miraban como si fuéramos turistas despistadas de los peligros que encierran las calles de Caracas, pero nada nos pasó, tomé fotos de mi hermana en la plaza, con las palomas, con los pedigüeños de turnos, con las diatribas políticas donde todos los exponentes tenían la razón porque todos buscaban la felicidad del pueblo. Caminamos por algunas calles donde aproveché para tomar fotos de las personas ausentes, agobiadas, ensimismadas que caminan sin rumbo fijo. Tomé fotos a perros callejeros, a la basura que se dispersaba entre colores y olores por las esquinas de la ciudad. Traté de tomar fotos de niños, pero no conseguí ninguno, como si todos se hubieran escondido de mi lente para así mantener su inocencia. Fue una tarde maravillosa la que pasamos mi hermana y yo, una tarde de descubrimientos, confesiones y sentimientos, creo que fue la primera y única vez que entendí lo que es tener una hermana, sin estar en oración, sin estar en un barco aterrada al no pisar tierra por días, sin pelearse para demostrar quién canta mejor. Mi hermana se fue a los Estados Unidos poco después y allí logró su felicidad, nunca más estuvimos juntas, con el tiempo ella se casó, tuvo dos hijos que la llenaban de orgullo y cada vez que hacía videos con ellos siempre estaban rezando. Kenia y su esposo fundaron una pequeña iglesia en alguna parte de Los Ángeles, era un edificio que estaba en los límites entre un mundo de miseria e indigentes escondido en las calles y el Hollywood que mantiene las ilusiones a los menesterosos, allí en ese límite mi hermana y su esposo mostraban el camino de la felicidad. Las fotos de esa tarde son las que nunca he guardado en una nube, continúan en el *compact flash* como prueba de que los tesoros existen y se pueden tocar, pero que las siguientes tecnologías nos impedirán volver a ver.

La Universidad de las Artes Visuales de Caracas era una amalgama de infieles, irónicos, transgresores, sincréticos religiosos, desgraciados, mentirosos e hijos de padres con fortunas políticas o trabajadores de cargos gerenciales en las petroleras o en alguna oficina del gobierno, eran los hijos que nunca fueron buenos estudiantes porque argumentaban que tenían un talante artístico y por eso nadie los entendía. Entré a esa universidad porque era la única que enseñaba fotografía en su mención de artes cinematográficas, así que mi título tendría la rimbombante descripción de "licenciada en artes cinematográficas, mención fotografía"; y porque podía ir desde mi casa a ella caminando a través de un trecho olvidado de la ciudad, en ella estaba la única calle de Caracas que no tenía el nombre de un héroe de la independencia, de la política, del deporte o de la farándula, solo se conocía como Avenida Este 2. En el primer año, éramos cuarenta estudiantes de los cuales la mayoría iba a especializarse en pintura, diseño gráfico, artes digitales o en cine y fotografía como yo; apenas había dos que se iban a especializar en artes de fuego y todos los veían raro, como si se hubieran quedado viviendo en el siglo XII, usando tornos de maderas, hornos primitivos en la tierra y mezclando barro con sus manos o piernas, no había nada digital en su formación universitaria y eso era muy raro a inicios del siglo XXI.

Había cristianos que no sabían que eran cristianos, como Walid, que era druso y no creía en Cristo, pero sí en la reencarnación. Para mí era el más cristiano de todos los estudiantes que conocí en la universidad; con respecto a los demás, todos fueron bautizados, pero no iban a la iglesia desde su primera comunión, de esa multitud había creyentes Orishas, del espiritismo más rancio, de arcanos innombrables, así como dos angelólogas que con solo verte sabían cuál era tu ángel protector. Todos creían en Dios, pero a su "manera", desde su individualidad, incluso los que se denominaban ateos por los pasillos también eliminaban a un Dios a su "manera". Todos poseían una verdad revelada distintiva y tan individual que era imposible conciliar una oración, todos poseían su manual de moralina para recibir las bendiciones a sus conveniencias, todos tenían opiniones de lo bárbara que podía ser una u otra creencia, claro; excepto aquellas a las que pertenecían quienes opinaban, por lo que me pareció cruel que fuera yo el centro de muchas de las burlas teológicas. Al principio les hablé a aquellos que se acercaban a mí para conocerme sobre mi culto, sobre la sanación que se hacía en el Cenáculo, sobre las oraciones al Espíritu Santo. Al inicio todos, absolutamente todos, me miraron como si mi alma se hubiera perdido entre mis palabras. Hacían comentarios sarcásticos, irónicos. Ellos no podían entender que todavía hubiera personas que creyeran en un Dios a su conveniencia (aunque todos los creyentes de la universidad concebían a su Dios según sus necesidades y requerimientos), criticaban que fuera fanática (aunque todos mostraban su fe de manera ortodoxa, incluso algunos llevando ropa blanca todo el año, otros creyendo que pisando imágenes de santos se les cumplirían sus deseos, o aquellas angelólogas que llevaban un juego de cartas impresas con las imágenes de docenas de ángeles para leer el futuro promisorio a cualquiera que, entre clases, quisiera saber si su destino era tan común y corriente como lo esperaban, y siempre, curiosamente, se formaban colas para leerse esas cartas y reafirmar que no son especiales ni únicos, sino que amarán, sanarán y tendrán dinero como lo desea cualquier *Homo sapiens* sin enterarse de que lo que realmente nos hace *Homo* es que en el fondo somos *Homo spiritualis*), me juzgaban por dar gracias en las comidas (pues al parecer nadie da gracias por los alimentos que tienen, como si fuera una obligación metafísica divina el saciar su hambre, claro algunos orarán cuando se acerque la muerte, como me dijo un día Walid, porque nadie se acuerda de que va a morir y cuando se lo recuerdan la sangre, el pánico o las circunstancias, lo único que saben hacer es rezar), pero lo más molesto es que no podían entender que alguien como yo estudiara arte, y menos cine y fotografía, todos pensaban que haría películas religiosas como Zaffirelli o comerciales para el Cenáculo de Felicidad, o que tomaría fotografías donde todo el mundo sonriera, o con un predicador blanco rodeado de niños hambrientos, negros y olvidados que lo abrazaban, o fotos con personas llevando mascotas, comida o la Biblia en sus manos. Ellos decían que mi fe, mi fanatismo, mis creencias y mis visiones del mundo no me permitirían ver lo que son las cosas, fotografiar la "real realidad" y menos entenderla, mientras que ellos suponían que discernían el mundo desde ejes racionales y mentalidad científica. Siempre me reprobaron por no estar en la realidad, incluso algunos profesores, pero creo que nadie se preguntaba con seriedad qué es la realidad, todos daban por entendido que la realidad era la que ellos vivían, y pensar que todo esto ocurría entre las aulas y los pasillos de una *universidad* cuyas ideas heredadas desde sus orígenes son hallar lo universal sobre lo particular.

Llegué a pensar que la realidad no existía. Busqué en el diccionario qué significa la palabra realidad y curiosamente no es difícil entenderla, comienza describiendo que la realidad es lo que existe, lo que ocurre verdaderamente, lo opuesto a lo ilusorio y por lo tanto tiene un valor práctico. ¿Es difícil entender esto? Le pregunté una vez a Walid sobre la realidad mientras sentados en el cafetín de la universidad tratábamos de resolver los problemas del mundo. Él, moviendo su vasito de café negro, comenzó a hablar sin mirarme:

—La realidad tiene que ver con lo que tus sentidos dicen que hay, si los sentidos dicen que no está o no saben lo que es, pues ya es la imaginación la que está confeccionando la realidad, así que siempre puedes tener explicaciones sobre lo que te rodea desde la ficción; desde que eres un clon de alienígena hasta que todo está controlado por conspiraciones desarrolladas por corporativas reptilianas, esto es lo que le ocurre a la mayoría de las personas, además son aquellas realidades imaginadas las que los padres y la sociedad enseñan a los niños, porque estos no pueden digerir con sus sentidos lo que les acontece, ni tienen vocabulario para registrarlas, por eso llenamos a los niños de cuentos de hadas, de películas Disney o les "explicamos" a nuestro antojo cómo el Niño Jesús lleva millones de regalos de Navidad por la ciudad, todo sin usar la razón que es el concatenamiento lógico de las cosas.

Walid tomó un cigarrillo, siempre tomaba uno cuando su explicación iba a ser más profunda, como si el humo fuera una vanguardia de ideas etéreas que obtuvieran formas nebulosas, y continuó:

—Siempre te dicen que puedes entender la realidad utilizando la razón más que la imaginación, pero el problema es que ya has construido el mundo con ella, por ejemplo: si le tratan de explicar a una persona que la Tierra es un elipsoide que gira alrededor del Sol y no es aquel conocimiento que aprendió de niño de que la Tierra es un plano sólido sostenido por cuatro elefantes sobre una inmensa tortuga que navega por el universo al azar, en ese momento la persona siente que, si acepta la explicación racional, se le derrumba su realidad, por eso la racionalidad no es del dominio público como la imaginación, porque acceder a ella implica un costo, un dolor, y además debe de tener guías que te expliquen, paso a paso, los procesos o los argumentos que te lleven a comprender esa realidad centrada en causas y efectos; en teoría eso es lo que deberían hacer las escuelas, pero es evidente que los profesores son seres mágicos inundados de fantasías porque es la única explicación que tengo cuando comentan ellos sus realidades del ejercicio docente entre miserias y vocaciones místicas mientras repiten por décadas conocimientos que a pocos les interesan. Por eso muchos se acostumbran a usar la imaginación, años tras años, para controlar su realidad, son pocos los que pueden concebir la realidad con ciertos conocimientos de su funcionamiento, con cierto enfoque de sus técnicas de construcción, porque para muchos sus sentidos y sensibilidad están tan atrofiados con cuentos sociales, maravillas naturales y ritmos con verdades regurgitadas hasta el asco, que no conciben pensar una realidad con dosis de raciocinio, de hecho, para algunos, el uso de la razón puede ser una herejía para sus creencias como que son las personas más buenas y mejores que puedan ser concebidas, además que sus opiniones políticas son las únicas que se ajustan a la realidad del venezolano, y si no entiendes todo lo que te explico te lo resumo: el mundo está lleno de esquizoides paranoicos y nos gobiernan, por los que nos cuesta creer esa realidad, pero es lo único que explica que el mundo siga siendo la mierda que es, luego de tantos años de historia.

Walid terminó su café, yo continué la discusión porque era empecinada, así que le dije que hay realidades que no percibimos como Dios o los átomos, a lo que Walid concluyó:

—Pues un átomo no es una realidad, un átomo es un concepto y podemos entenderlo cuando explicamos fenómenos físicos y comprender que si los átomos se aceleran nos quemamos, Dios no es una realidad, es un concepto que nos ayuda a entender qué hacemos aquí, porque en alguna parte dice que él es quien da la existencia, por lo que no venimos únicamente de un cigoto; ¿tú qué crees que son la meditación, la oración, la lectura?, son formas de salir de la realidad, de lo existente, de lo que ocurre, de lo práctico, porque ese obrar impulsa las fuerzas de la imaginación, dinámica que es la que realmente tiene el control de nuestras mentes porque siempre estamos asustados y nuestra imaginación nos calma, así que a veces esa dinámica nos pide aislarnos de los sentidos para crear otras realidades, más hermosas o más crueles, dependiendo de tus pulsiones; y por cierto, la racionalidad nunca te quita los miedos, las angustias, lo terrible, por eso la imaginación impera en nuestras mentes y no la razón, una construye mundo, la otra lo evalúa.

Parecía que Walid estaba muy entretenido argumentando la realidad como un producto estético, de mostrar que nuestras necesidades solo serán satisfechas si nos encerramos en la hermosura o en la fealdad, de que la imaginación es un arma que podemos dirigirla hacia nosotros mismos y crear los mayores daños a nuestro espíritu, a veces sencillamente no le entendía lo que decía o todo era una sarta de contradicciones y verborrea sin sentido. Le tomé una foto esa tarde y en la computadora escribí al lado sus reflexiones, por eso, después de tantos años me acuerdo de aquel día, de lo que me dijo y de cómo mi vida ha brincado de una realidad a otra, de una imaginación a otra, a veces usando la racionalidad para cortar por lo sano y no caer en ciclos esquizoides paranoicos.

A los meses ya no hablaba del Cenáculo en la universidad, no tenía amigos para realizar proyectos y todos me criticaron por emplear al Señor como si fuera un sirviente que se encarga de mis negligencias, o como si el Señor fuera mi mánager y a través de él consiguiera mis calificaciones, las ventajas del éxito, mi tranquilidad; y sí, era mi Señor, pero ellos no podían entender que tuviéramos esa relación. "Dios no gestiona tu felicidad, la felicidad la hace uno mismo", "Dios solo administra los pecados y la salvación, pero ahora nadie peca, por lo que Dios quedó desempleado", "por ahí se dice que cuerpo es un templo pero en realidad es un parque de diversiones"; y luego las risas; estas eran las típicas frases para comenzar una discusión teológica conmigo al inicio de ese primer año universitario, desde el humor o usando citas de Nietzsche que no se podían comprobar. Una vez alguien se ofendió porque yo pertenecía al Cenáculo de la Felicidad y porque mi tío fuera el obispo, me acusó de que era una estafadora, de que mi familia les quitaba el dinero a los pobres para gastarlo en caprichos, que en definitiva la religión era la droga de los pueblos y desde entonces siempre evitó estar cerca de mí y creo que me escupía desde lejos. Nunca pude explicarle que con el dinero ayudábamos a las madres solteras, que mi tía mantenía una pequeña guardería en la iglesia, que se ayudaba a las familias a conseguir vivienda, se asesoraba a pequeños emprendedores en sus negocios y a veces la iglesia financiaba proyectos como la línea de taxis que se colocó frente al Cenáculo, o pagaba a los profesores del Centro Simja. Cada vez que caía mi fe, no sé por qué, Walid aparecía para explicar cosas, cosas que tampoco entendía bien.

Una vez Walid me dijo que el Cenáculo de la Felicidad no era una iglesia, era un centro de negocios, y cuando estaba a punto de gritarle, me paró. Me explicó con calma mientras íbamos al comedor que el Cenáculo de la Felicidad como iglesia era un centro de negocios como lo son todas las instituciones religiosas, porque en su origen los sacerdotes eran los que distribuían de alguna manera las ganancias y las pérdidas de aquellas "paleocomunidades" usando el concepto de Dios a sus conveniencias productivas y de sobrevivencias, además todos los que participan en ella lo saben, porque una sociedad, sea de feligreses o de nazis arios, es una sociedad mientras produzcan algo: ideas, escapularios o *Mein Kampf* reeditados con anotaciones de Rudolf Hess. Las instituciones religiosas producen fe, que no es tan extraño como que las instituciones judiciales produzcan justicia, porque la fe y la justicia no existen como tal, sino que son ideas que se producen, se negocian para la construcción de una cierta realidad que varios quieren compartir.

Ya sentados en el comedor, me mostró a un estudiante que se había tatuado en el cuello la frase *Dios conmigo, quién contra mí*. Walid apuntó a aquel muchacho diciéndome que ese era el mejor ejemplo del mundo narcisista religioso en que vivimos y donde todos compran a sus dioses, sus ángeles o sus espíritus protectores o cualquier producto que pueda ser negociado desde la fe. Yo recordaba levemente que había estudiado esa frase en el Centro Simja, le aseguré a Walid que estaba en Romano 8,31; y dije: *Deus pro nobis, ¿quis contra nos?* Pensé un rato y le expliqué a Walid que es *nobis* la referencia bíblica: nosotros, como primera persona del plural dativo, y no *mecum,* que se usaría como primera persona en el caso ablativo como lo usa el tatuado y apunté con mayor rigidez mi dedo al cuello de aquel que se siente Constantino venciendo con aquella frase tan individualista los problemas de la vida. Walid empezó a tomar la sopa sin especificidad de contenido que acompañaba un plato de pollo guisado con arroz, para luego decirme con una sonrisa que yo no era la que tenía problemas con Dios.

Pensé en algún momento que no podía ser franca con Walid, no sabía cómo explicarle que desde mi infancia todos mis deseos, todos mis logros siempre evocaban al Señor automáticamente, no como si fuera mi sirviente, como me acusaban algunos y menos que Dios fuera un "colega" como apuntaban otros, pero un día me confesé con Walid acerca de esta relación ontológica-edípica que me centraba en mi mundo, ocurrió mientras estudiábamos las diferencias entre la estética perfecta e ideal de Platón en oposición al placer dado por la ergonomía de las piezas en Aristóteles. Luego de confesarme me preguntó:

—¿En todos tus deseos, en todos tus logros, en todos tus placeres y felicidad has invocado a Dios?

Me miraba Walid a través de sus gafas y en silencio para saber el punto y final de la confesión; en mi imaginación recreé la fuerza centrífuga que me convirtió en mujer, en hallar un gozo fuera del espíritu y solo en la carne, en esa satisfacción y futuros deseos carnales, el Señor no había intervenido, nunca oré antes ni después de esos encuentros con la lavadora, por lo que le respondí a Walid que no, que hay placeres y felicidades tan anclados a la tierra que no se los puedes estar pidiendo a nuestro Señor. Walid me miró extrañado, como si desarrollara un acertijo frente a él, pero simplemente le di un ejemplo:

—Es como mi deseo de comer un postre de fresas, nunca le pido al Señor que me dé uno, ni que me dé dinero para comprarlo, ni siquiera que me indique dónde los venden.

Walid iba a prender un cigarro, pero se volvió y comentó:

—En el mundo griego la palabra *eros* no se simplificaba meramente como un referente del placer sexual como ahora, sino también implicaba la satisfacción de comerse un buen postre de fresa, es el *eros* lo que nos mantiene en contacto con el *Homo sapiens* que queremos abandonar.

A veces a lo lejos, cuando caminaba sola, oía entre los pasillos de la universidad a personas que pregonaban que la institución no debería aceptar a personas como yo: fanáticas. En las clases murmuraban apuestas a cómo reaccionaría yo frente a un argumento en el que Dios estuviera muerto, o cómo me comportaría en el taller de dibujos al ver un hombre desnudo, porque muchas de las prácticas del taller de dibujo se hacían frente a un hombre sin recubrimientos, la imagen de Dios para algunos, que posaba por dos horas para que nosotros aprendiéramos a detallar las líneas que separan la figura de los fondos. El profesor de dibujo me miraba a veces de reojo mientras explicaba en voz alta que aquello era un trabajo como los que realiza un médico con sus pacientes, así que nos pedía que dejáramos el morbo en nuestras casas. En cuanto a las otras clases, ningún profesor decretó la muerte de Dios, o la expulsión de los "fanáticos" o la quema de libros, todo lo contrario, había más creyentes y fanáticos en el personal docente de lo que pude haber imaginado; si alguien me hubiera preguntado sobre las características de un profesor universitario, nunca pensé que entre sus peculiaridades resaltaran sus creencias, sea en Dios, en Marx o en sus opiniones eclécticas que siempre llevaban tildes de contradicción, por lo que en apariencia nunca se equivocan, siempre orgullosos de sus certezas que han sustentado gracias a los años que han investigado sus enunciados para mantener su fe y sus juicios con la "verdad".

El profesor es un ser de fe ciega, que choca con la realidad y no la advierte, la desecha como si de insectos se tratara; eso sí, mucho del personal docente que veía por la universidad hablaba de Dios como si fuera su *personal trainer*, lo que en el fondo fastidiaba a sus estudiantes, que también pensaban que su Dios era su *personal trainer*, así que no entendía por qué me acusaban de fanática, hasta que Walid me explicó que la masa de idiotas que me rodeaban me acusaban de fanática porque me habían visto rezar varias veces en el comedor.

Resultó que mi fanatismo era por exhibir un agradecimiento al Señor por los alimentos, porque había otros que rezaban para salir de sus problemas, orando de pie, orando con las manos hacia el cielo con otros que también querían salir de sus problemas o cambiar el clima, o rezaban a Dios para que les ayudaran a pasar un examen vital, eso sí, todos desde el baño, ocultos y algunos sentados sobre un retrete donde nadie los observara, pero que de pasadas por los sanitarios podía oír las devociones. Rezar frente a un plato de comida se volvió mi marca de fanatismo. Descubrir que, en aquella universidad llena de personas de fe, de misticismos baratos, de individualismo teológico, de oraciones paganas, ser yo la única que rezaba en público frente a un plato de macarrones grasientos era el peligro, era la desviación de la fe, era la fascista teológica. Ya no había que dar gracias por los alimentos, eso ya era un servicio público, no una potestad de Dios.

¿Por qué estudié arte?, ¿por qué Salvador me dijo que la fotografía era un arte?, o ¿por qué cuando iba a comprar libros sobre fotografía iba a la zona de arte? Al comenzar mis estudios de cine y fotografía, tomar una foto implicaba especialmente paciencia, porque debía de esperar a la luz, al momento, a la persona en su tránsito por el mundo, debía conocer que el tiempo se detiene entre la visión y lo fotografiado. Hay un instante al tomar la foto donde uno no respira, donde todo se congela, un intervalo para sentir que no todo pasa, aprendiendo que toda buena foto implica lo mismo para pensar y para ser.

El uso de la cámara me llevó a dominar técnicas sobre cómo jugar con el obturador, responder rápidamente a la relación entre la velocidad y el diafragma y estar siempre consciente del ASA de la película para captar la mejor luz, con estos elementos entrenaba, poco a poco, mis ojos para hallar las armonías o ver composiciones azarosas, o hallar las sugerencias de una imagen que atrajera los sentidos e invocara emociones, porque como todas las imágenes, ellas no llaman a la razón, eso lo hacen las palabras, la oralidad. La imagen busca ser atrapada por los recuerdos, por los sentimientos reprimidos, por las censuras de nuestra imaginación, no es que una imagen tenga mil palabras como dicen por ahí, una imagen no tiene oración, gramática, lógica, historia, se le puede añadir para crear símbolos, sentidos, significados, por eso es del dominio público, pero en esencia una imagen es algo que entra con sorpresa, con sonrisas, con rabia o pudor a nuestra conciencia; aunque la mayoría de mis colegas y bastos profesores pensaban que una imagen dice más que mil palabras y, por lo tanto, todos daban su opinión ante una pintura, una acuarela o una fotografía, la mayoría de las veces dando sentidos a lo que no lo posee, como un atardecer en un mar oscuro con diversos colores de nubes y con un horizonte cortando por la mitad la foto, donde todos opinaban lo lindo que es. ¿Lindo?, es un atardecer como cualquier otro, me decía en silencio, como si ellos nunca hubieran visto uno. Las opiniones siempre han tenido un peso específico en el ego de las personas, porque juzgan bajo la égida de sus emociones y, por lo tanto, las evalúan como sinceras, por lo que siempre evité en mis inicios en la universidad mostrar mis fotos a mis compañeros de clases para que no fueran juzgadas desde una sensibilidad permeable por efímeras venganzas.

Por mucho tiempo, a lo largo de mis estudios, solo veía talleres de dibujo y pintura, composición, estética e historia del arte, del cine, de las ideas y me iba mal porque mis trazos en el dibujo eran las de un niño, mis pinturas no decían nada y tanta historia que teníamos que aprender al final todos la usábamos para crear listas que después podíamos usar para que nuestras conversaciones y opiniones parecieran más cultas y ordenadas; pero lo que más me importaba eran las

clases de fotografía, aunque en ellas se empeñaba en ense-
ñarme lo que ya sabía, el profesor no mostraba nuevos formatos, experimentaciones, temas, siempre eran los mismos
que aparecen en cualquier buen libro para fotógrafos princi-
piantes, y en cuanto al laboratorio de fotografía, la universidad no contaba con papel fotográfico, ni con químicos, no
había presupuestos para enseñar en los laboratorios, así que
cada uno tenía que adquirir su caja de papel fotográfico y sus
reveladores, pero muchos no compraban nada, así que desaparecía el papel de cajas a lo largo de aquel semestre mientras
tratábamos de revelar, ampliar y seleccionar fotos, pero había
tanto caos que al final poco se aprendía o se trabajaba. De
todos mis colegas yo era la que mejor dominaba la técnica,
de todos mis compañeros era la única a la que le gustaba la
fotografía, los demás querían hacer series para las televisoras
o comerciales para las agencias de publicidad, hacer cortos
para participar en festivales de cine y los más surrealistas
querían ir a Hollywood con un buen guion o a una televisora
internacional para hacer una película o miniseries, así que
todos sus esfuerzos eran para tener una cámara de video.
Todos buscaban hacer cortometrajes, entre ellos, actuando,
maquillando, vistiendo; casi nunca me pidieron participar en
algunas de sus creaciones porque solo sabía de fotografía y
no maquillar o actuar y para hacer un cortometraje ya el
director tenía el *ojo fotográfico*, no necesitaba competencia,
así que durante el tiempo que estuve en la universidad nunca
hice un cortometraje, lo más que hice fue ayudar a hacer uno
a Walid. Pensé que para hacer el trabajo de director se necesita tener una personalidad déspota y con el tiempo descubrí

que precisamente esa carencia me hacía antifrágil, lo que me permitía seguir y ampliar mis experiencias estéticas.

De todos yo era la mejor fotógrafa, me repetía como para darme seguridad dentro de un universidad de artes donde todos se creían los mejores de su promoción, por eso, aunque pueda sonar pedante, realmente ser la mejor era un reto para sobrevivir. Lo cierto era que yo era la única que sabía trabajar en un laboratorio fotográfico, la única que tenía cámaras profesionales y la única que podía diferenciar una foto del japonés Tomatsu Shomei de una del austriaco Ernst Haas, porque me había apasionado con la fotografía y mi voluntad hacia ese arte me guiaba, mostrándome que en el fondo la voluntad es una manera de sobresalir que todo *Homo sapiens* desea, pero que todo *Homo spiritualis* huye en la actualidad. Algunos amigos como Salvador se quedaban boquiabiertos al mirar mis álbumes y en la universidad solo Walid y el profesor de Estética Fotográfica y Diseño Digital, que siempre me hablaba de los mismos fotógrafos venezolanos que consideraba los mejores: Alexis Pérez Luna, Nelson Garrido, Antolín Sánchez, Rodrigo Benavides, Alexander Apóstol, Esso Álvarez y Antonio Briceño, de los cuales decía que eran sus amigos, habían detallado mis fotos diciéndome que era un "buen trabajo". Cuando tenía que mostrar a la clase de fotografía mi trabajo, los compañeros siempre conseguían errores en mis fotos: una mala perspectiva, un desenfoque, una composición redundante. Mis fotos por aquella época se focalizaban en los cambios del centro de la ciudad al amanecer, en las personas usando los colectivos que siempre se llenan antes de desayunar, en los niños semidormidos que caminan como zombis hacia las escuelas, pero a veces había una foto de un rostro estallando de emoción en el culto, fotos de personas que hallan la salvación, rostros felices, personas trabajando que apartaban sus miradas, como si el hecho de retratarlos en sus trabajos fuera una ofensa a las miradas de los otros.

—Tomar una foto de alguien feliz después de una oración es un atentado a la estética —me dijo un compañero que siempre vestía de blanco, porque según me contó Walid, quería ser babalao o algo así, por lo que este ser de inmaculada vestimenta seguía sus comentarios explicando que la fotografía debe irrumpir y no complacer, luego mostraba sus fotos de perros atropellados en carreteras donde la figura del animal se mezclaba con asfalto, polvo y sadismo gratuito.

Al ver mi portafolios, los más atrevidos me preguntaban: "¿Quién puede tener tanta felicidad?". Me extrañó la pregunta hasta que me percaté de que una gran cantidad de mis fotos mostraban a personas sonriendo. Desde entonces me pusieron el mote de "la fotógrafa de las sonrisas", precisando que me vestía de payasa para que las sonrisas afloraran frente a las cámaras. En algún momento estallé y les grité a todos en la clase de fotografía que mis sonrisas eran más legítimas que aquellas que se exhiben luego de que alguien en un comercial acabase de tomar una Coca Cola, inhalar una bocanada de cigarro Marlboro o recibir una tarjeta de crédito MasterCard. Mis molestias no potenciaron mi cinismo, para todos yo era la fanática de la felicidad, la que rezaba frente a una ensalada de lechuga, tomate y zanahorias, la que vivía en un templo, la que nunca maldecía, insultaba o vomitaba amarguras por no ser popular, rica o amada. Las clases de fotografía se volvieron opacas, sin ganas de presentar portafolios, sin estudiar las dinámicas donde Ansel Adams o Sebastião Salgado nos mostraban su genialidad, las clases se convirtieron en aburrimiento, en un sin sentido y, además, aquel profesor de Estética Fotográfica y Diseño Digital nunca me defendió, nunca me nombró, quizás porque nunca fui su amiga. Fue la primera vez que me planteé salir de la universidad, aquella institución educativa que edita los fanatismos de las personas para volverlos fascistas de un pensamiento, de una economía, de una política, de un Dios.

Los estudios eran de cine y fotografía, pero todos adoraban el cine, saber las historias contadas y no contadas de una película; durante tres años, todos los viernes vi películas clásicas que daban en la clase de cine y los fines de semana, luego del culto, me la pasaba en mi cuarto viendo películas obligatorias que conformaban la lista de las 100 películas que debíamos ver en ese semestre, porque al final teníamos que hacer un informe o presentar examen sobre una de ellas, al azar. 100 películas que solo se podían ver a un promedio de ocho películas por semana para así, al fin de las catorce semanas del semestre, poder realizar un examen de conocimiento donde explicara que había visto: *Metrópolis* (1927), *Sucedió una noche* (1934), *Tiempos modernos* (1936), *Ciudadano Kane* (1941), *Gilda* (1946), *Ladrón de bicicletas* (1948), *Ultimátum a la tierra* (1951), *El séptimo sello* (1957), *Hiroshima, mon amour* (1959), *Eva al desnudo* (1960)..., casi todas en blanco y negro, muchas eran copias de copias por lo que siempre el audio y la imagen escaseaban de pulcritud.

Todos los semestres siempre tenían la lista de las 100 películas, obras cinematográficas que casi ninguna persona del culto había visto, ni mis tíos, ni Salvador, o amigos, ni siquiera los profesores del Centro Simja. Me estaba creando un mundo fílmico que solo era para mí o para unos cinéfilos que uno pueda hallar en un café en cualquier bulevar cerca de una universidad y donde siempre habrá alguien que te preguntará si has visto *El acorazado Potemkin* (1925), *La sal de la tierra* (1954), *Soy Cuba* (1964), *Senderos de gloria* (1957), *La muerte de un burócrata* (1966), *La batalla de Argel* (1966), *Novecento* (1976), *Apocalypse Now* (1979), *Danton* (1983), *La Haine* (1995), mostrándote a partir de sus listas de conocimientos fílmicos sus intenciones de querer cambiar el mundo con una revolución o mostrar exacerbadamente lo dañino que es el capitalismo y como reitera la exclusión social; o te hallabas con otras personas en ese mismo café del bulevar cerca de una universidad que te hablaban de *Sombrero de copa* (1935), *Un americano en París* (1951), *Siete novias para siete hermanos* (1954), *Oklahoma* (1955), *West Side Story* (1961), *Cabaret* (1972), *El fantasma del Paraíso* (1974), *Grease* (1978), *Footloose* (1984), *Moulin Rouge* (2001), mostrándote el cantante o el bailarín que llevan dentro y no los dejan expresar, o comienzan a nombrar una lista que comienza con *El silencio de un hombre* (1967), *The French Connection* (1971), *Harry, el sucio* (1973), *Serpico* (1973), *Robocop* (1987), *Jungla de cristal* (1988), *Seven* (1995), *Sospechosos habituales* (1995), *Insomnia* (2002) o *Memories of Murder* (2003), exhibiendo al policía que quieren ser desde niños, pero donde perspectivas de una vida burguesa y su odio a la autoridad los alejan de su infantil sueño, aunque a veces en ese café se puede conseguir al más friki de los estudiantes de cinematografía, aquel que te enumera películas como *White Zombie* (1932), *I Walked with a Zombie* (1943), *The Night of the Living Dead* (1968), *Dawn of the Dead* (1978), *Nightmare City* (1980), *The Night of the Living Dead* (1985), *Braindead* (1992), *Cemetery Man* (1994), *28 Days Late* (2002); siempre citando en inglés y, cuando le preguntas sobre un título en español de zombis, te dice *El Santos contra los zombis* (1962), sin al final saber si reír o llorar de estas personas tan encerradas en su presente que siempre piensan que el futuro será lo peor que puede sucederle a la humanidad y se entretienen mientras tanto con apocalipsis y zombis, evocando memorias que son una vuelta a una irracionalidad mítica llena de barbaries o algarabías.

Así pensé que la universidad era un espacio de tiempo donde nos enseñan a confeccionar listas para luego poder conversar con talante intelectual y poder citar y citar, sin remordimientos ante las ignorancias de los otros. Mi tía me consiguió un VHS, luego un reproductor de CD y así durante los cuatro años que estudié cine y fotografía, unas mil películas, que casi nadie ve, empezaron a conformar mi lista, y para recordarlas históricamente le colocaba su fecha de estreno, su director, los principales actores, todas eran resumidas, analizadas y reflexionadas en un gran cuaderno naranja de notas, y lo más curioso de todo es que de las cientos de películas que tuvimos que ver para elaborar nuestras listas de personas universitarias y aprobar los exámenes de Historia del Cine apenas hubo unas veinte de Latinoamérica y solo tres venezolanas: *Araya* (1959), *El pez que fuma* (1977), *Homicidio culposo* (1983), todas terminadas en número impar al igual que el único filme colombiano: *La estrategia del caracol* (1993), todas las demás eran cubanas, más de una docena de esas veinte eran obras del director Tomás Gutiérrez Alea, algunas las vimos dos veces, como ocurrió con *La última cena* (1976) y *Fresa y chocolate* (1993); en cambio nunca hablábamos en clases sobre películas mexicanas, argentinas o de algún país vecino. Eso mostraba lo que el profesor de Historia del Cine opinaba sobre las políticas cinematográficas cubanas a la vez de exhibir su desdén por el ciclo de oro del cine mexicano y los filmes que mostraban procesos sociales que infectan e inundan la filmografía de Latinoamérica que no tuvieran un raigambre de izquierdas, situación que me entristeció mucho y más cuando en una clase hablé de mis películas venezolanas favoritas: *Pequeña revancha* (1985) y *Reflejos* (1987), de la cual apenas comentó con desaire que eran "sobrevaloradas".

Estas películas venezolanas que conseguí ver fueron gracias a encontrar, en uno de los cientos de estantes de copias ilegales de películas que se colocaban por azar por las plazas y en los bulevares, a un vendedor que exhibía películas venezolanas. El vendedor me habló de la época en que trabajó en la Cinemateca Nacional, por lo que, en su tiempo de ocio, copió decenas de filmes nacionales como *La escalinata* (1950), *O.K. Cleopatra* (1970), *Simplicio* (1978), *Solon* (1979), *Manoa* (1981), *Agua que no has de beber* (1984), *Oriana* (1985), *Ana, pasión de dos mundos* (1987), *Jericó* (1990), *Los platos del diablo* (1995), *Tokyo-Paraguaipoa* (1997); y en un lugar especial tenía todas las películas que había realizado Mauricio Walerstein, un mexicano que había logrado tipificar todos los estereotipos masculinos venezolanos en su película *Cuando quiero llorar no lloro* (1972), donde los tres protagonistas de la obra, los tres Victorino, el rico, el de clase media y el pobre, seguían deambulando por las calles del país a principios del siglo XXI, con sus mismos complejos de irresponsables acaudalados, soñadores ideológicos y prepotentes ignorantes.

Le compré esas películas, junto con la más reciente de Walerstein en aquel momento: *Juego bajo la luna* (2000) y que aún no se había estrenado en el circuito de cine, pero que ya aquel vendedor la presentaba como *su exclusiva*. Le pregunté sobre si su particular filmoteca criolla tenía buena salida, que seguramente la gente estaba más interesada en la última de acción de Stallone o la última comedia de Chevy Chase, a lo que me contestó:

—Aunque no me creas, chama, se vende bien porque siempre hay nostálgicos caminando por las calles de una gran ciudad y quieren reconocerla cuando miran un filme, así mis clientes se sienten parte de la realidad que presenta la película.

Fue aquel vendedor quien me recomendó esas películas que formaron parte de mi lista de favoritas sobre el cine venezolano, por aquel entonces a principios del siglo XXI, pero que ninguno de mis compañeros había visto, ni el profesor. Por eso, una vez Walid dijo que no siempre debes mostrar tus listas de conocimientos, porque en lugar de sobresalir te hunden frente a la ignorancia de las masas y te descuartizarán como si te rodearan bacantes guiadas por el furor de sus analfabetismos, quizás por eso Walid nunca mencionó en clase que su película venezolana favorita era *Karibe Kon Tempo* (1994), la cual apreciaba porque pensaba que mostraba que la vida puede ser un poema en sí misma, pero todos entendían sobre la poesía, no sobre los poemas, terminaba diciendo a veces Walid mientras se fumaba un cigarrillo.

En las clases de Historia del Cine, al analizar las películas, siempre algunos compañeros esperaban a que me indignara por alguna escena violenta, blasfema o por oír algún comentario sádico que atentara contra mi fe, pero fue todo lo contrario, vi a colegas levantarse en medio de proyección de películas como *La naranja mecánica* (1971), *El portero de noche* (1974), y una de las angelólogas se ofendió profundamente cuando veíamos la película *El pianista* (2002), justamente cuando lanzan a un inválido por una ventana, pero también uno de los eternos repitientes del curso, quien nunca tenía tiempo para ver películas, un día se levantó cuando, en la película *Tamaño natural* (1973), el protagonista tenía sexo con una muñeca de plástico; no sé si por vergüenza ajena o porque llegaba tarde a alguna cita. Yo nunca me levanté de ninguna proyección, mientras que otros menos "fanáticos" se sentían humillados y ofendidos con algunas escenas de ciertas películas de los grandes clásicos conocidos o marginados de la historia del cine.

Las discusiones se centraban en las emociones o experiencias que tenían los alumnos y el entendimiento del filme, pero a veces eran críticas directas a mí o a otros que pensaran distinto, como aquel que, usando las imágenes de la película *Qué bello es vivir* (1946), me preguntaba qué pensaba de que Dios fuese una constelación y uno de sus ángeles fuera considerado un tonto por aquella corte celestial. "¿Así funciona la oración al Espíritu Santo?", me preguntó entre sonrisas analizando el inicio de la película un gracioso sabelotodo que nunca falta en alguna clase, luego miraba a la banda de los socialistas del salón pidiéndoles que le explicaran: si el protagonista era tan socialista, la película le daba una patada por el culo, y sintetizaba que la bondad y la unión de los pueblos frente al capitalismo es cosa de *milagros*. Yo entretanto me imaginaba que el malo de la película, aquel míster Scrooge de ese cuento de Navidad que dirigió Capra, se llamaba Harry Potter y que ahora todos conocen ese nombre con la imagen de un niño mago. También al analizar *Contacto* (1997), todos me vieron como si yo fuera el teólogo que interpreta Matthew McConaughey, quien le dice a Jodie Foster, en una reunión para la selección del piloto de la nave que hará el contacto, que no posee una condición moral para capitanearla porque no cree en Dios.

Todas las películas se analizaban en busca de distintos matices, los vistos y los ocultos como aquella introducción que hizo el profesor explicando cómo la película más erótica del cine europeo no muestra ninguna teta o pene, porque el erotismo está en la narración de la orgía que le hace Bibi Andersson a Liv Ullman en la película *Persona* (1966), lo que me hizo pensar que todas aquellas películas pornográficas que quemó mi tío eran cintas que mostraban la falta de aquel erotismo que no nos podemos narrar y dejamos pasar como si de un fantasma se tratara, dándome la certeza de que realmente quemamos "pecados", aunque en el fondo fueran escorias de falsos erotismos como aquel que nos busca la atención para vendernos algo que no necesitamos.

A veces nadie entendía si la película era buena o mala o si el tratamiento era adecuado estéticamente como *El prestamista* (1964), donde los arquetipos eran resaltados hasta ridiculizarlos, o quizás era el método para explicar que el dolor solo se puede entender y enseñar desde algún arquetipo que lo sostenga. El profesor a veces se molestaba cuando hablábamos de lo políticamente correcto o no de una película, y aunque a ese profesor de Historia del Cine no le gustaban filmes como *Escuela de vagabundos* (1955), lo cierto es que nos recordaba, mientras veíamos la película *Gracias por fumar* (2005), que el acto de censurar siempre será una visión de un miedo, de una incomodidad, de una obsesión de alguien que tiene el poder y lo paradójico es que desea ese miedo, esa incomodidad, esa obsesión, y para "encerrar" sus incoherencias, temores y gozos profundos, redacta una proclama que la vuelve ley; porque nadie prohíbe lo que no se desea, por eso, luego de años algunos estudiosos del cine entendieron por qué en el código Hays de censura, que invadió durante décadas el cine norteamericano, había un apartado que decía: "Las exhibiciones exageradas están prohibidas y el ombligo también". Se descubrió décadas después, por cartas olvidadas del propio William H. Hays, que a este le excitaba ver un ombligo, por lo que censuró todas las películas desde 1930 hasta 1967 en las que se exhibía esa parte del vientre que nos delata como mamíferos.

Casi siempre aquel profesor de cine nos decía que teníamos que superar nuestra sensibilidad patentada por *Disneyworld* que nos recorría por las neuronas, que nos habían vuelto demasiados frágiles para ciertas imágenes y en especial para el arte —decía aquel profesor que siempre, cuando iba a decir algo importante, miraba el techo—, que se compone de una combinación de destrucción y construcción, de abolir símbolos y de crear nuevos signos y especialmente de hacer metáforas visuales, auditivas, de pensamiento que nos obliguen a tener perspectivas donde a veces nos debe provocar náuseas, éxtasis o dolor y solo después, quizás, tratar de existir con lo que absorbemos en esos procesos.

Walid fue el que siempre me acompañó durante esos años que estuve en la universidad, él también quería ser director de cine, hacía guiones que a veces me mostraba: un mestizaje de estilos, secuencias y emociones. Nuestro único trabajo juntos fue grabar toda una tarde a personas entrando y saliendo de una panadería, luego hicimos un montaje donde en quince minutos se podían ver las diferentes expresiones de las personas cuando el despachador de la panadería les decía que no había pan, porque ese era el asunto del corto, que el panadero, siendo nuestro cómplice, le dijera a sus clientes en primera instancia que no había pan, aunque ellos venían con la seguridad de que había, porque todos sabían que, desde las cuatro de la tarde, salía el pan de los hornos y su aroma se prendía en la acera de la panadería, esperando a que los clientes compraran los bollos, las hogazas y las barras para llevar a sus casas y disfrutar una cena en familia o un sándwich mirando la televisión.

Filmamos los rostros con dos cámaras, una escondida que mostraba de frente al consumidor, la otra en una esquina de la panadería que se podía manejar a distancia, yo tomaba todas las fotos posibles de la situación con un zoom Nikon 24/120 con una abertura de f3.5. Al final algunos clientes se rieron, otros se molestaron, aunque les explicamos que era un trabajo para la universidad, otros simplemente no entendieron y nos dijeron sandeces sobre la televisión y aquellos programas de cámaras escondidas y unos pocos se fueron con su barra de pan sin decir nada. Al final el corto tenía una serie de miradas cansadas, rostros desfigurados y conversaciones con acentos de decepción con el despachador mientras cuestionaban sobre las causas o razones de que no hubiera pan, aunque los clientes olían el aroma de pan recién hecho. Walid quiso mostrar el corto en blanco y negro, insertando algunas fotos mías porque le parecía más artístico. Luego de la exhibición en clase, una cara de decepción y cansancio, similar a las vistas, mostró el profesor al colocarnos una evaluación suficiente, después de por media hora hacernos críticas y poner énfasis en que era una copia mala de *Coffee and Cigarettes* (2003), que por aquel año de su estreno el profesor de Estética del Cine nos obligó a ver dos y hasta tres veces. Así iniciaba mis periplos por la historia del cine, entre un blanco y negro artístico y lo imprevisiblemente inconsciente de los plagios.

Walid sabía muchas cosas sobre mí, inclusive llegó a entrar varias veces al Cenáculo de la Felicidad y contempló el culto, siempre desde lejos y nunca rezando, ni aplaudiendo, ni gritando. Me explicaba que le gustaba mi compañía y lo principal era que yo no quería cambiar su fe, que yo no me parecía a los otros fanáticos religiosos, que cuando se acercan con una sonrisa, al final del saludo, es para decirte que todos los problemas serán resueltos si le entregabas tu alma al Señor, eso sí, a su Señor. Miré en retrospectiva, y sí, a Walid no le obligaba a compartir mis creencias, aunque en la universidad muchos pensaban que sí, pero con Walid no tenía necesidad de ser la sobrina del pastor, de mostrar que sabía algo de latín y que muchos libros de la Biblia los podía citar mejor que cualquier otro estudiante de artes al aprender de memoria la palabra del Señor, porque me preparaba para entrar en la felicidad eterna de estar con y dentro de Él.

Walid me mostraba con exagerada sencillez que yo a veces parecía una persona esquizoide, con dos personalidades, la mística, la que recoge las experiencias de mi fe y que nunca puedo compartir porque son invisibles a los ojos de los demás, y la escéptica, aquella que siempre me hace dudar de lo que me rodea y puedo mostrar, reaccionar y señalar por lo que al final esas dudas y preguntas se vuelven mis reales experiencias, mi verdadero cúmulo de significados. Según Walid, me construía una personalidad dual, por un lado, la religiosa, aquella que no puedo comunicar, y por el otro lado, la incrédula con la que puedo discordar con los materiales significantes para los otros, por lo que tenía dos rostros, y él podía hacer que apareciera uno y enterrar al otro, por eso, desde ese momento le empecé a temer. Walid además casi nunca me habló de sus creencias drusas, apenas me explicó que su fe ponía énfasis en la reencarnación y no en la resurrección, como si el matiz del cambio del cuerpo fuera un principio lógico para cualquier enunciado místico y no el hecho de tener un alma inmortal. En los recesos, en las cafeterías donde íbamos a pasar el tiempo, en la búsqueda de locaciones para filmar, siempre hablábamos de las creencias de los otros, de las mías, de lo ilógico de algunas, de las absurdas de las otras, pero nunca sobre la fe drusa o cómo se estructura o cómo se llama el lugar donde se reúnen para su culto, aquella fe se estancaba entre sus fieles, quizás por eso Walid nunca me invitó a su culto, de hecho nunca he sabido si existen otros como él, ni qué libros usan, tampoco llegué a conocer a alguien de su familia o amigos fuera de la universidad, ni siquiera ir a comer a alguno de los restaurantes sirios que hay por la ciudad y que seguramente él conocía los mejores, ni siquiera llegué a saber dónde vivía o tener su número telefónico en caso de una emergencia. Walid era un paranoico que pensaba que le arrebatarían su fe si daba señales de cómo encontrarla. Después de cuatro años compartiendo la universidad, descubrí que no sabía nada de él, de su fe, de sus amores, de sus preferencias gastronómicas, de sus aficiones, solo intuía que le gustaban las películas de Alan Parker, en especial *Birdy* (1985), porque casi todos sus ensayos fueron para el director británico, aunque nunca supe si era por ese "hacer sin concluir" de director con el que quizás se identificaba Walid y que se percibía en tratar de realizar un musical sin mostrar un musical como en los casos de *Fama* (1980), *Pink Floyd* (1982), *The Commitments* (1991), *Evita* (1996); y sabía sin dudas sobre el particular interés hedónico de Walid por los cigarrillos Marlboro, porque siempre tuvo una cajetilla a su alcance.

Entre las clases de teología y latín en el Centro Simja y las del cine, no tenía tiempo para pensar sobre la felicidad, por lo que pasaba más horas en la pequeña terraza del edificio con la cámara, tratando de robar algo del misterio con que se viste la noche. Así, durante un tiempo usé un trípode apuntando a la calle frente al Cenáculo con la apertura del diafragma en 1.2 mientras el obturador lo fijé a un cuarto de segundo, pensando que, con esta combinación y un ASA 800, podía capturar aquellos fantasmas que se mueven por las aceras cerca del Cenáculo. Mientras tanto fumaba. Walid me introdujo en el mundo del tabaco, sabía que yo lo consideraba como un pequeño pecado, como algo impuro. Al principio Walid comenzó a fumar cuando tomábamos un café y es cierto que en algún momento un aroma a madera y hojas mustias quemadas me empezó a seducir. Luego, mientras él echaba humo como un dragón milenario perdido en un recinto tropical, me preguntó algunas veces si la Biblia prohíbe fumar. Yo le hablé de que en Deuteronomio se prohíbe comer cerdo, es decir un sándwich de jamón y queso, ya que esto se puede considerar un pecado venial, así como hartarse de paella porque tiene camarones, langostinos y, según dice el libro sagrado, solo puedes comer animales que vivan en el agua y tengan aletas y escamas. Pero… ¿nada sobre el tabaco?, sentenciaba sonriendo Walid.

—No —le respondí mientras me agarraba mi coleta y la veía como para saber que había algo fuera de mí que me pertenecía, porque sabía que Walid se enfilaba un lanzamiento para poncharme con un tercer *strike*, por lo que finalmente preguntó casi sonriendo, haciendo esa mueca que en algunos casos certifica que odias lo que más quieres:

—Por aquella época, donde los profetas eran profetas y no un loco de atar como en la actualidad, ¿no había tabaco en Canaán?, raro, ¿no? —luego de dar una bocana a su cigarrillo se respondió—: sabes, por aquellas tierras solo había adoradores, dátiles, camellos y arenas, el tabaco nació por aquí, cuando las expediciones vieron a los taínos chupar un cohíba, que era hojas de tabacos enrolladas de forma cilíndrica, era un gran descubrimiento de las culturas prehispánicas que todos olvidan o quieren menospreciar; pero por aquel entonces, la Biblia ya estaba escrita, alguien se olvidó de mencionarla entre las prohibiciones eternas que el Grandísimo promulgaba, si hubiera habido tabaco en Canaán, a lo mejor el rey David no se hubiera entretenido con su vecina, sino con algún narguile compartiendo con Urías mientras miraban a lo lejos el templo de Jerusalén.

Una tarde luego de lluvia inclemente quedó un paquete de cigarros en mi mochila, era de él, esa noche comencé a fumar, sentí como se agrietaban mis bronquios, pero también aprendí a jugar con las volutas de humo, tratando de hacer el círculo perfecto para que, al final, un sabor pastoso quedara en mis labios.

Aquellas noches que pasaba en la terraza, esperando el momento oportuno para tomar una foto a la calle, comencé a leer libros de cine, aquellos que no eran obligatorios, con la complicidad de una bombilla que instalé cerca del piso de la terraza. Allí, entre foto y foto, entre cigarrillo y humo, leía libros básicos y entretenidos que había seleccionado yendo a las librerías, como si fuera a una panadería para saciar un antojo particular, así leí *El cine según Hitchcock*, de Truffaut, o *Borges y el cine,* de Cozarinsky, pero mi mayor gozo fueron las 400 páginas de *Slapstick,* de Buster Keaton, porque ese actor y director de cine me hacía pensar si la felicidad siempre tiene que estar antecedida o seguida por una sonrisa. Buster Keaton era aquella felicidad sin sonrisas que se diferenciaba de Charles Chaplin con sus muecas melancólicas, como si acabara de perder algo y no lo aceptaba, pero también separándolo de aquella felicidad pícara que expresaba Harold Lloyd, que siempre parecía estar esperando las dádivas del futuro, así que, para mí, Keaton era la felicidad del ahora, aquella que no se relaciona con el tiempo que nos hace cambiar nuestros rostros, sino con la contemplación que nos deja estáticos en el instante, haciéndome pensar si era verdad aquella frase del filósofo de Elea que había aprendido recientemente en las clases de estética: *Pues, jamás se impondrá esto: que cosas no son sean.*

A veces leía libros recomendados por otros, escritos que habían satisfecho los caprichos de los demás, pero que, a mí, me daban dolor de cabeza como *La imagen movimiento,* de Deleuze, libro del cual no entendí nada porque nunca nadie me habló de las teorías de Bergson acerca del movimiento y por supuesto su continuación: *La imagen tiempo,* nunca abrí sus páginas por miedo a perderme en una vorágine de ideas e historias que no tenían asidero para mi día a día. ¿Quién puede satisfacer su hambre de ignorancia con escritos tan refinados que se evaporan al solo tocar el alimento?, pues yo no.

Por años me cubrí de misterios: nadie me debía ver fumar, nadie me debía atisbar cuando iba al cuarto de lavandería a medianoche a prender la lavadora, nadie debía de observarme cuando tomaba las fotos a los paseantes ebrios, a las prostitutas olvidadas, a los asaltos que se cometían en la esquina de Marcos Parra, esquina que nadie sabe por qué se llama así, aunque siempre hay un erudito que usa el comodín de que, en un lejano pasado de la ciudad, alguien con ese nombre tuvo una casa allí. Aquella terraza fue mi santuario donde reflexionaba sobre el misterio de mi sexualidad, de mis creencias, de mis pensamientos, comenzaba a tomar conciencia de mis emociones y en esos momentos pedía más iluminación a mi Señor, pero también aquellas noches comencé a temblar porque una duda de la inefabilidad del Señor comenzaba a apretar mi espíritu.

Luego de unos tres años tomando fotos a escondidas y fumando a medianoche, Salvador vio mi carpeta que había titulado *Si autem ambulaverit in nocte, offendit, quia lux non est in eo*, en la que había unas cien fotos, todas con nombre en latín, todas con referencias a los cuatro evangelios. Salvador tomó algunas de esas fotos y le llamó la atención que todas tuvieran una visión cenital que mostraba como fantasmas a la fauna nocturna que merodea por el centro de la ciudad.

—¿Y qué significa eso en latín? —me preguntó Salvador.

Le respondí que era un pasaje del Evangelio de San Juan: 11,10. Él me miró con respeto y comenzó a seleccionar unas treinta fotos. A las semanas me dijo que había hablado con un amigo para que me alquilara una sala de una galería en el lugar más pudiente de la capital, allí donde se concentran las tiendas de marcas, para que hiciera mi primera individual y otro amigo de él se encargaría de los marcos dejándome un buen precio por todo. Mi tía pagó, se emocionó mientras me miraba con esos ojos que cada año perdían brillo, mi tío solo movió la cabeza y dijo que iría. Salvador llamó a la exposición *Cenital Nocturno*, explicándome que, si bien el latín era interesante, a muchas personas les parecería extraño que titule exposiciones y fotos en latín, no entenderían nada y era pesado tener que explicar por qué las titulaba así. La muestra quedó con treinta y cinco fotos, cada una tenía un número romano y no sus títulos en latín, así que sus mensajes y mi sensibilidad narrativa fueron diluyéndose en las opiniones y criterios de los que veían la exposición.

La primera noche la galería se llenó, fueron todos los que yo sabía que irían, mis tíos con un aire de orgullo por su sobrina fotógrafa, la esposa del alcalde, que me aseguró que si necesitaba un trabajo podría hacerlo en la alcaldía, así como el jefe de fotoperiodismo del periódico donde trabajaba Salvador, convenciéndome de que a veces necesitaban fotógrafos para cubrir eventos o noticias, aunque la política de la empresa, desde hacía años, era no tener trabajadores fijos en el área de fotorreportaje sino *freelance*, y si me interesaba, que le dijera a Salvador y me daría uno que otro trabajo. Durante los siguientes quince días apenas aparecieron cinco personas, entre ellas Walid, diciéndome que tenía mucho talento mientras fumábamos cigarrillos a las afueras del recinto. Hubo días que estuve sola en la galería, detallando hasta el cansancio mis propias fotos, buscando nuevos significados, y durante ese tiempo nadie de la universidad fue, ni siquiera luego me preguntaron sobre la recepción de mis obras en la comunidad, o cuántas fotos vendí, mostrándome cómo el desinterés era una materia que se aprendía en los pasillos de la *alma mater*, en aulas atestadas de gente, entre las clases de Historia del Arte y Psicología Evolutiva. Materias que hay que aprender rápido, porque así aseguras a los otros que uno sabe lo que quiere. De la venta siempre me llamó la atención que solo vendí un cuadro, el número XII, una foto cenital de un hombre que caminaba por una calle paralela y estrecha cerca del Cenáculo, luego de una lluvia, por lo que todo parecía limpio y cuya curiosidad era que le seguían una docena de perros de distintos tamaños y pelajes. No sé quién la compró, pero para aquella persona el número romano XII significaba algo que a mí en ese momento se me escapaba.

Comenzaba mi cuarto año en la universidad, me faltaba uno para concluir mis estudios y no sabía qué hacer al finalizar aquella licenciatura, por lo que empecé a trabajar como *freelance* para el periódico. Mis primeros trabajos fueron para las páginas de sociales. Tuve que asistir a las bodas de aquellos que eran bendecidos con la prosperidad de la política del país o por el dinero acumulado de sus apellidos o bienes, a la vez que promulgaban a los cuatro vientos que había felicidad en el devenir del país, en esos momentos trataba de hacer mis mejores fotos: las novias en éxtasis, los novios entre sus amigos, las familias congratulándose mutuamente, los invitados mostrando la moda para distinguirse de un grupo y pertenecer a otros, los besos infinitos que se daban los esposos frente a copas de cristal rebosantes de champán, a veces, retrataba a los niños enfundados en ropas para adultos mientras hacían de pajes en ceremonias.

Fui a bodas, a fiestas de cumpleaños, a homenajes institucionales y a más bodas. Las personas se casaban a cada rato, repitiendo sus votos de fidelidad y amor, se casaban en iglesias llenas de flores y luego iban a una casa antigua restaurada con gustos rococó y llena de colores pasteles, con una iluminación artificial disparatada, plantas ornamentales brillantes y estatuas de yeso de Eros, para realizar allí celebraciones donde todo era un ir y venir de emociones: novios mirando a todos como si guardaran secretos, padres de los novios que miraban el cielo como buscando escapar del momento, amigos que contaban anécdotas que luego terminaban entre gritos o golpes, niños corriendo entre las mesas tumbando copas y botellas, pasteles de bodas que se desmoronaban en el medio de la decoración, salidas al amanecer de ebrios que tomaban sus autos para dirigirse a la playa. El periódico contrataba un taxi para la redactora de la nota y para mí, así que nunca me perdí, nunca llegué tarde o salí ebria, siempre estaba a la caza para tomar la mejor instantánea mientras la reportera siempre buscaba a algún hombre alto que estuviera solo por esa jungla de mesas. Mi mayor pecado era en algún momento fumar en los márgenes de la recepción, ir a los bordes y allí encontrar ceniceros y otra fauna de invitados, la de los envidiosos, la de los iracundos y la de algunas malvadas que buscaban los errores de la boda, de la pareja, de la vida de las familias que se unían y a veces me permitían tomarles una fotografía mientras imprecaban a Dios.

Durante mis primeros meses de trabajo, el laboratorio que revelaba las películas se cubrió de fotos de niños sonriendo mientras jugaban y de novios emocionados. Muchas fotos alimentaron las páginas de sociales y todas mostraban a personas satisfechas, pareciera que todos vivían en la felicidad, las fotos que tomaba en los márgenes, en el área de fumadores, las guardaba en otra carpeta para quizás exhibirlas en otro momento. Sentía que buscar el rostro de felicidad de Buster Keaton o pruebas sobre la verdad de Parménides en algunas fotos me guiaría el resto de mis días porque esa búsqueda se volvió uno de mis objetivos como fotógrafa. Una vez mi tío me dijo que no eran completas aquellas felicidades que aparecían en el periódico y que yo fotografiaba, porque no estaba esa felicidad en las manos del Señor:

—Solo tener el espíritu de Dios en nuestro corazón hace que nuestra felicidad sea eterna y no circunstancial como muestran tus fotos —sentenció una vez mi tío luego de ver varios trabajos míos en la prensa.

En ese momento mi carpeta de rostros marginales se estaba llenando, así que comencé otra carpeta tratando poner en ella a personas hinchadas en la felicidad de Dios, pero no tomadas en el Cenáculo, eso era muy fácil, sino en otras iglesias, cultos o espacios abandonados, pero nunca llegué a tomar una, porque apenas unos días después de empezar aquel proyecto, asesinaron a Salvador mientras cubría una de las tantas protestas que se hacían por la ciudad, protestas que persiguen nuestras psiquis año tras años automatizando el miedo y sus respuestas. Protestas que nacían porque todos sabían qué cambios queríamos, pero no cómo ejecutarlos, protestas que terminaban con gente huyendo por callejones lechosos por el humo de las bombas lacrimógenas, con ráfagas de tiros que solo se oían como truenos cercanos, pero que nunca se sabía de dónde provenían, con trazos de sangre a lo largo de una avenida, en paredes o en puertas de edificios, a veces se veían balas amontonadas en un borde o casquillos en el otro, y ese día yo estaba en el laboratorio, revelando unos rollos de fotografía que había tomado de una fiesta de quince años que se desarrolló en el sector más exclusivo de la ciudad, aquel al cual no se puede llegar si no tienes un automóvil lleno de pegatinas en el vidrio que, como visas, te llevan a un lugar diseñado por las fantasías más bizarras.

Desde que había llegado de Caicara, la situación era muy incómoda porque nadie quería al gobierno, aunque casi todos habían votado por él. Una contradicción que nunca he podido entender: elegir a aquel que te hará daño. Sabíamos los peligros que se corrían por las calles, pero ninguna manifestación atentó contra el Cenáculo ni contra sus miembros, era como si toda esa violencia quedara allá, lejos del reino de Dios. En la universidad había siempre protestas: por los servicios sanitarios, por la mala comida que servían, por la falta de buenos profesores, por los presupuestos para las actividades artísticas…, siempre había días para el caos, para traer a la policía hasta la entrada de la universidad y respirar un poco de gas pimienta y llorar como si el mundo se acabara. A veces me arriesgaba para tomar fotos de personas corriendo con un pañuelo tapando su ira, de policías disparando como si estuvieran en una feria de circo, tratando de apuntar a las cámaras y quizás, así, ganar un premio de consolación. Más de una vez me vi rodeada por rostros inundados de indignidad, desesperación, rabia, que no pude fotografiar porque un recodo de respeto quedaba en mí. Pero aquellas fotos de protestas universitarias nunca las revelé, quedaron en su carrete, y las que estaban en el *compact flash* nunca las descargué, siempre tuve miedo de que mis tíos las descubrieran y me prohibieran ir a la universidad, a las calles, a la vida. Durante tres años y algunos meses del cuarto año de la carrera de arte que estudié en la universidad, llené un pequeño balde de plástico con todas esas experiencias no reveladas, no descargadas. Cada vez que la situación se volvía más rebelde, más revolucionaria, más inestable, en el Cenáculo orábamos por el país, especialmente cuando venían las esposas de los dirigentes políticos que a veces pedían reunirse en una sala para personalidades que mi tío mandó a construir para ocasiones importantes.

Mi tío explicaba la violencia a la congregación porque el pueblo no le daba sus corazones al Señor, no participaba en las obras del Señor, no permitía que el Señor les guiara. Durante años la iglesia creció, venían las amigas de la esposa del alcalde, o del diputado donador de la infraestructura de la iglesia, se acercaban para pedir a mi tío curaciones para sus dolores de cabeza y cuello, consejos para sus inseguridades, opiniones para una economía que, cada día, crecía entre sus familiares y allegados. Fue una de ellas la que consiguió todos los dólares que necesitaba Kenia para pagar su colegiatura en Estados Unidos, también fue ella la que le consiguió los dólares para que viajara y tuviera suficiente dinero para sus años de estudios, porque por aquella época el gobierno comenzó a controlar el cambio de divisa, y sí, eso me afectó porque todo lo que usaba para tomar fotos era importado, por lo que con el tiempo cada vez se volvía más difícil conseguir papel, rollos fotográficos y químicos de revelado, pero mi tío, ante mi congoja, compró una computadora con programas y un *scanner* de negativos para que mis días fueran más felices en la tierra.

Salvador murió un martes en la tarde, fue detrás de una escalera en la avenida Libertador, una avenida de dos plantas, de dos horizontes, en la parte baja de la avenida un grupo de jóvenes protestaban contra el gobierno, gritando cada cierto tiempo el motivo: inseguridad, falta de trabajo, hambre, fallas eléctricas, pensión, cupos universitarios, corrupción..., pero ningún periodista pudo precisar el porqué de la protesta. En la parte superior llegaron otros jóvenes con reiterada aprobación al gobierno, aplaudiendo las obras del presidente, hablando de los éxitos de la revolución en educación, salud y vivienda. Según me contó el reportero que acompañaba a Salvador, en algún momento comenzó una lluvia de piedras, mientras que desde las entrañas de la avenida salían cohetones. Comentó aquel flaco reportero, que no dejaba de gimotear, que Salvador estaba detrás de una escalera protegiéndose de la lluvia de piedras, por lo que quería subir para evitar que lo hirieran. Luego las piedras y los cohetones cesaron para dar paso a balas de diversos calibres y trayectorias, y fue una bala "perdida" la que atravesó el ojo a Salvador, aquel que mantenía cerrado para que el otro enfocara la realidad. En el periódico hubo una pausa cuando se supo la noticia y yo estaba en el laboratorio cuando la oí, pude percibir el silencio en un lugar que siempre era una olla de ajetreos, gritos y silbidos como si algo profundamente metafísico cambiara para siempre.

Reunidos por la tristeza, algunos colegas reporteros aseguraron que fueron las fuerzas represivas del gobierno, otros que fueron los jóvenes simpatizantes con el gobierno porque, en el momento del impacto, Salvador miraba hacia arriba. Otros creían que eran los protestantes contra el gobierno porque habían visto a algunos llevar armas entre sus manos, como si debieran desarrollar el apocalipsis aquel día. Un osado que tomaba café en aquella improvisada reunión mortuoria insistió en que fueron unos vulgares ladrones, porque la cámara del compañero Salvador desapareció y con ella sus últimas fotos, quizás aquellas que tenían el o los rostros de sus asesinos. En el Cenáculo hubo oraciones por su alma y un culto especial que realizamos algunos de los miembros que más lo conocimos. Todos lloramos por Salvador porque su generosidad no tenía límites, pero para mí, además, él había sido mi tutor en una etapa crucial de mi vida, aquella donde hay que decidir qué hacer para obtener la salvación eterna, pero también qué hacer con la vida, y fue aquella cámara Nikon FE la que me abrió las puertas de mi destino para que mi salvación eterna no fuera mi única preocupación.

Pensé que la muerte de Salvador era un duro golpe para mis creencias, haciéndome la pregunta infantil: ¿por qué a él? Lo cierto es que su muerte encajó la tristeza en mis sentimientos. La ida de Salvador me afectó tanto que no pude llorar como le ocurría a un protagonista frente al cadáver de su madre de una novela de Camus que leía por aquella época; no solo perdí a mi tutor, el que me veía como fotógrafa, sino que nació una extraña relación con la cámara, una relación de miedo que hacía temblar mi pulso al tomar una foto, por lo que desde entonces siempre usé una alta velocidad para que mis temblores en las tomas pasaran desapercibidos. Luego del funeral de Salvador, mi tío me prohibió trabajar en el periódico explicando que no eran tiempos perfectos para la obra del Señor y terminando su sermón con un llanto, porque mientras me prohibía mi particular profesionalización como fotoperiodista, mientras yo no le podía contar de mi miedo que se manifestaba como temblor al tomar una instantánea con la cámara, Mauro confesó que mi tía tenía cáncer en estado de metástasis y me dijo que yo debía pasar más tiempo con ella. No entendí eso de la metástasis, pero sí había algo raro en la sonrisa de mi tía Martha, porque cada vez que la veía su rostro adelgazaba y su cuerpo disminuía de tamaño, ya casi no asistía al culto, no la veía en reuniones, no atendía la guardería, no acompañaba a su esposo a eventos en otros Cenáculos que se inauguraron por el país. Ella se alejaba, pero paralelamente había más esposas de políticos y gente feliz asistiendo al culto, hasta que un fin de semana vi tantos autos de lujo y tantos guardaespaldas que supe que algo nuevo iba a cambiar la felicidad de muchos.

RAZA DE CAÍN, DE PECHO ARDIENTE, GUÁRDATE DE ESOS APETITOS

Cuidaba a mi tía en un cuarto que teníamos para invitados y que fue pintado de rosa para darle paz, además se llenaba diariamente de flores, peluches, sábanas con estampados donde sobresalían el color lila o girasoles diseñados con esmero, siempre había un escuadrón de muñecas de compañía con sonrisas infinitas, algunas con la palabra "superviviente de cáncer" bordadas en el pecho y otras muñecas con bandanas en aquellas cabezas de plástico sin cabellera, también había una mesa que se llenaba de cientos de postales con buenos deseos para una luchadora contra el cáncer que enviaban los hermanos en la fe del Cenáculo de la Felicidad; en una esquina un difusor de aroma despedía un sutil olor de "fresas salvajes" como indicaba la etiqueta y en la otra mesa más cercana a su cuerpo, un tanque de oxígeno verde estaba siempre listo para cualquier emergencia. En la medida en que la enfermedad avanzaba, el cuarto de mi tía se volvía más infantil, llenándose de muñecos de diferentes tamaños o colores de felpas, fotos de personas dándole ánimo con grandes sonrisas y decenas de libros donde expertos y supervivientes del cáncer explicaban que una buena actitud y el optimismo eran las mejores medicinas que una persona podía tener para superar las desgracias, así como entrenamiento mental, un constante meditar en nuestra salud y alegrías para subir la serotonina y, antes de dormir, imaginarse batallas donde las células buenas destruyan las malucas, solo así se supera la tragedia, decían los expertos. Lo cierto es que la persona más optimista, positiva y alegre que había conocido era mi tía. Siempre sonreía cuando hablaba, en el culto se podía reconocer porque su sonrisa siempre iluminaba las oraciones al Espíritu Santo, con los niños fluía optimismo, así como cuando ayudaba a los más desfavorecidos.

Para mi tía Martha no había obstáculos, todo era superable: la miseria, el deshonor, los escándalos, incluso la muerte de los demás. Durante años la esposa del obispo, como la conocían en el Cenáculo, sentada en el medio de la antigua sala del cine pornográfico, de pie o de rodillas, rezaba sin pena frente a alguna persona que estuviera sufriendo una desgracia o un simple dolor de muela. Cada vez que hablaba con mi tía, ella me decía que no podíamos desesperarnos por nimiedades, que lo importante es vivir en la llama ardiente de nuestro señor Jesucristo y superar las pruebas que nos daba nuestro Dios Eterno para conocer nuestros talantes hacia la justicia y bondad. Mi tía manejaba una fórmula sencilla: realizar el bien, vivir en la verdad y apreciar la belleza, estas tres máximas sumadas daban la felicidad y las bendiciones de un Dios de sabidurías, así como leer la Biblia y estar atento a las necesidades de los otros.

Cuando supo que un cáncer comenzaba a invadir su páncreas, vio en esta enfermedad una señal para fortalecer su fe, para entregarse sin restricciones a la obra del Señor y, con su particular energía de hallar esperanzas, comenzó las quimioterapias, las radioterapias, las oraciones fuertes al Espíritu Santo, las reuniones con supervivientes de cáncer y así había estado actuando hasta que sus médicos le dieron una fecha de caducidad, un día, un mes, un año, en fin, un número que nadie quiere saber: la suspensión de nuestra conciencia dentro de un cuerpo que volverá a la tierra en forma de polvo, en materia fina, en fragmentos; desde entonces no pudo levantarse más de la cama, apenas comía, vomitaba a cada rato, le dolían todos los huesos, existentes o no, dejó de sonreír para mostrar sus labios inmóviles y resecos como si anduviera perdida por un desierto, temerosa de emitir alguna mala palabra, miraba hacia la ventana tratando de encontrar algo de belleza entre los muñecos y las flores que enmarcaba aquella entrada de luz. Al observarla en esos días me enfrenté a la idea de que nuestro fin en la tierra no será necesariamente feliz.

Mi tía sufría y no sé por qué cada vez que veía la palabra "superviviente" en los muñecos, en las postales, en las cartas, me acordaba de la escena de la película *Ven y mira* (1985), donde una anciana y un niño son los supervivientes ideales para comenzar la repoblación del pueblo, o por lo menos así lo dice entre risas uno de los grupos nazis que destruyeron la aldea. A veces me preguntaba, si hubiera sido mi tío el que hubiera tenido cáncer, ¿le hubiéramos pintado el cuarto de azul y llenado de carritos y trencitos de juguetes la habitación mientras leía libros de aventuras o alguna revista *Playboy* que se le dejaría cerca de la cama cubierta de sábanas con estampados de Superman o Batman?

Había algo en la enfermedad de mi tía que la acosaba para que fuera la niña que nunca fue. Decenas de personas se acercaban a su cama entre la semana para rezar juntas, para que el Espíritu Santo revocara el cáncer, lo despidiera del cuerpo, a la vez que mi tío pasó cientos de horas buscando el milagro entre oraciones y murmullos. Muchos aseguraban que todo era mental, otros que era una prueba divina como la de Job. Dejé de asistir a la universidad, no terminé la última lista de 100 películas, no concluí de leer aquellos ensayos que me ayudarían a desarrollar una actitud crítica con la imagen, el poder o el mercado, no pude hacer los seminarios finales; todo era un abandonar donde en el medio quedaba un proyecto de tesina de grado que nunca se concluirá sobre el fotorreportero José Sardá, aquel hombre de prensa que marcó un estilo fotográfico en el periódico, especialmente con sus fotos de partidos de béisbol, porque todas ellas las tomaba dentro del *dugout* de la tercera base. En esos tiempos le habían dado un premio de arte y cultura, yo estuve en su celebración porque lo veía por los pasillos del periódico contando anécdotas y chistes, y, cuando me encontraba, me invitaba a ver un partido de béisbol y me enseñaba cómo enfocar un *home run*. Me había dado dos entrevistas serias para el preámbulo de mi proyecto de grado y recordaré con cierta nostalgia cuando me explicó que lo único que lamentó no fotografiar en su vida fueron las calles de la ciudad que caminó por más de cuatro décadas y que año tras año cambiaban para que, en algún momento cerca de sus setenta años, no pudiera reconocer lo que lo cautivó cuando era un joven de dieciséis años recién llegado de la costa oriental de país; así que me animaba para que no dejara de tomar fotos, todo el tiempo, en especial por las calles que transitaba diariamente, como había visto en mi exposición *Cenital Nocturno*.

Walid me llamó un par de veces pensando que estaba enferma, luego nunca más supe de él. Dejé mis estudios para cuidar a mi tía, para ayudar a mi tío en el culto, dirigir el coro con muchas incongruencias, gerenciar la guardería y el centro de atención a los necesitados, administrar el Centro Simja, en otras palabras, todas las obligaciones de mi tía me fueron dadas; ya no tenía que leer historia del arte, libros de estéticas o pasear por la ciudad con una cámara oculta para hallar alguna lucidez entre los juegos de los niños en los parques, o en el deambular de personas solitarias que murmuran mientras caminan "ahora es ya demasiado tarde, siempre será demasiado tarde, ¡gracias a Dios!"; o pasar horas dibujando a un hombre desnudo, aunque nunca pregunté por qué no hubo modelos femeninas en todo aquel tiempo que pasé recreando el cuerpo humano en las clases de Dibujo Artístico que me obligaban a ver como materia electiva, así que veía películas en mi escaso tiempo libre, en las noches; películas que veía solo por placer y no para aumentar listas para mi erudición, porque pareciera que del placer nos inhibimos por estar haciendo aquellas enumeraciones eruditas para sorprender a los demás y engañarnos a nosotros con creer que llevamos un cuerpo de conocimientos ordenados, sistemáticos y digeribles, por lo que a veces realmente solo repetimos listas de lo más deseado, de lo establecido como canon, de lo aceptado en el ámbito del placer de los demás que esperan que al recitar nuestras listas de conocimientos puedan quedar estupefactos y agradecernos por nuestra colaboración al acervo cultural de los rapsodas del saber.

Mi cuerpo se levantaba a las seis de la mañana para abrir la guardería a las siete y, sin proponérmelo, me introducía en un tren de actividades hasta la tarde, cuando en un respiro iba a la habitación rosada de mi tía, a quien cada día veía más pequeña. Ya hacia la noche revisaba la página web del Cenáculo y actualizaba noticias, incluso, a veces, comentaba los progresos de mi tía con viejas fotos. Cerca de la medianoche, solo tenía ojos para ver sin pensar películas y algunas se introdujeron en mis sueños. Ahora tengo pesadillas donde estoy en una plataforma petrolífera aislada del mundo, a veces sorda, quizás fue debido a las noches que me quedé viendo películas como *Breaking the Waves* (1996) o *La vida secreta de las palabras* (2005), otras veces tengo sueños recurrentes en los que escribo oraciones con mis uñas en una madera sucia para luego recitarlas al Señor para que me proteja, quizás este sueño provenga de haber visto durante tres noches seguidas *The Pillow Book* (1996).

Mi tía luchaba contra el cáncer, como si de dos ejércitos se tratara, pero yo veía la lucha dispareja porque eran dos campos de batallas, mientras en uno el cáncer eliminaba sus células buenas en su realidad biológica, en el otro, el de sus pensamientos, mi tía se volvía una comandante optimista para futuras escaramuzas exitosas para su salud, rezando para su éxito. No solo debía llevar al hospital a mi tía, sino ayudarla a bañarse y ver, día tras día, cómo su cabellera se iba por el desagüe. La quimioterapia cambiaba la tonalidad de la piel de un blanco agraciado a un gris aguado, agrietado, generando a la vez un aroma de papaya podrida sobre su piel; adelgazó hasta el umbral de los treinta y cinco kilos y lo único que se agrandó fueron sus ojos, que solo transmitían miradas vidriadas sin profundidad.

Pensé en hacerle fotos durante el proceso, pero me pareció que me perfilaba una mirada sádica, me envolvía con un morbo propio de los impotentes, como si quisiera documentar su muerte, para después agradecer que no me hubiera tocado a mí. Solo una vez saqué la cámara y le tomé una foto, de perfil, ella viendo el techo como si esperara una respuesta del Señor, con una pañoleta fucsia cubriéndole la cabeza y edredones rosados protegiéndola de la humedad del cuarto. Luego de tomar la foto, ella me indicó el armario al lado de la puerta de entrada y apuntó a la última gaveta, allí había un sobre grande dentro el *Libro de los Proverbios* que una vez me enseñó y que había pertenecido a mi padre, junto con unas cartas y algunas fotos.

Martha.— ¿Sabes? Ese *Libro de los Proverbios* se lo regalaron a tu padre cuando salió del Seminario.

Nina.— No sabía que mi padre hubiese estudiado en un Seminario, aunque me has dicho que era predicador y que últimamente se había convertido en un ganadero y que tenía una hacienda a las orillas del Caquetá.

Martha.— Bueno, no está exactamente al lado del Caquetá, está selva adentro, un espacio abierto donde hay algunos cerdos y vacas.

Luego vino un ataque de tos, como si con ese ataque quisiera evitar seguir hablando, tomó agua, me miró a los ojos y yo le pregunté:

Nina.— ¿Sabes por qué dejó el Seminario?

Martha.— Fue después de una tragedia. Oye bien y entiende: ocurrió que a un tío tuyo llamado Ananías lo asesinaron y tu abuelo Funes se suicidó.

Fue una noticia inesperada, o quizás esperada, porque había oído algo de una marca de Caín que mi hermana y yo llevábamos y que mi tío agradeció cuando medio continente nos separó. Pero todo era una intuición que se comenzaba a transformar en conocimiento y como toda aceptación de un saber me sorprendí.

Nina.— ¡Qué!, nunca me han hablado de un tío asesinado ni de que mi abuelo se hubiera suicidado, de hecho, me habías dicho que se llamaba Fernando y que murió de cáncer, nunca Funes, ¿qué clase de nombre es ese? Y... ¿mis tías a las que nunca he vuelto a ver se llaman Camila y Jacinta, o es parte de otro drama?

Martha.— Sé que cuesta entender, te dije que tu abuelo se llamaba Fernando porque si un día querías saber algo de tus ancestros era más difícil de encontrar a algún Fernando Jaramillo que a un Funes Jaramillo, con ese cambio de nombre pensé en cerrar su historia, una historia de muertes, traiciones y asesinatos, pero creo que ya no es mi deber ocultar nada, te toca enfrentarte con tu pasado. Sabes, tu madre, Séfora, te quiso sacar de una familia maldita, envuelta en los escrotos de Satán. Por eso nos dejó a Kenia y a ti con nosotros para que las protegiéramos; y sí, tus tías existen, una se llama Camila, que acompañó a tu abuela Luisa lejos de aquel pueblo, se fueron a las playas de Santa Marta, a vivir ellas solas en una casa que estuviera frente al mar, escondidas de la furia de tu padre porque ellas fueron las que ayudaron a tu madre a huir del pueblo y fueron ellas quienes las ayudaron a que llegaran hasta nosotros mientras tu madre huía de la furia de tu padre. Tu abuela y tu tía apenas me escribieron unas cartas hace muchos años diciendo que estaban bien, viendo atardeceres marinos. En cuanto a tu otra tía, que se llama Jacinta, debes saber que se unió a la guerrilla hace tiempo y es pareja de un excomandante guerrillero que tuvo el total control de los departamentos de Caquetá y del Guaviare y que ahora es un honorable diputado del congreso.

Nina.— ¿Santa Marta?, ¿guerrilla?, ¿me hablas de una novela?

Martha.— ¿Suena a novela?, lo cierto es que todos somos personajes de alguna obra que otros crean, y en nuestro caso somos los protagonistas de un folletín que narra las aventuras y desventuras de tener la marca de Caín, una marca distintiva en nuestras vidas; signo que indica a todos los demás que somos los primeros en traicionarnos, en matarnos, en huir de la gracia del Señor.

Nina.— ¿De qué hablas?, ¿cuál marca?, ¿traicionar a quiénes?, ¿matar?... y mi madre... ¿vive?, y mi padre, ¿quién es en realidad? ¿Todo es falso? ¿Existen en el mundo un Gersón y una Séfora o por lo menos una Ana y un Juan?

Martha.— Sí, ellos existen, pero a veces hay existencias que no deberíamos conocer y creo que eso es lo que acepté por mucho tiempo.

Nina.— Entonces, ¿cuál es la verdad?

Martha me miró sabiendo que su hora frente al Señor llegaría antes de que acabara ese año. No podía seguir protegiéndome de aquella historia de Caín, yo debía saber de dónde venía mi sangre para poder hallarme en el mundo, por eso, tragando poca saliva, comenzó a dialogar conmigo, la sobrina a la que siempre había visto como su hija, porque Martha nunca tuvo hijos, por más rezos fervientes que le hiciera al Señor.

Martha.— ¿Has oído hablar del Cartel del Caquetá?

Nina.— No.

Martha.— Claro, Mauro dice que las noticias tóxicas perjudican el camino de la felicidad, por eso evita que leamos la prensa o veamos noticieros, pero el Cartel es una organización de narcotráfico que tiene poderosas conexiones con la guerrilla colombiana y, como ahora están desarmando a las guerrillas en un proceso de paz, allá en Colombia, el Cartel se ha vuelto más peligroso, más inquietante porque no quiere perder su cuota de poder.

Nina.— ¿Qué tengo que ver yo con un cartel de drogas?, ¡no entiendo nada!

Martha.— Déjame ir paso a paso, desde el principio, y trata de comprender, creo que ya tienes edad, por eso no te lo había dicho antes, pero es hora de que lo sepas porque yo me estoy muriendo y solo por mí sabrás la verdad, porque solo yo te la he ocultado, y solo cuando la muerte se asoma por el horizonte de nuestra finitud, la verdad se presenta como siempre: gratuita; quisiera también contársela a tu hermana, pero como ahora vive en California… Realmente ella no me preocupa, ella hará su vida allá con la voluntad de Dios, pero tú aquí estás muy cerca del poder de tu padre y aún puede hacerte daño. Quizás algún día tú se la cuentes a Kenia si lo crees conveniente, yo estoy convencida de que ella está en las sendas del Señor y nada le impedirá su felicidad, pero tú eres otro caso, el Cenáculo te necesita aquí, pero debes decidir si aceptas la responsabilidad o no de esta verdad… porque si aceptas esta responsabilidad, sabrás que también aceptarás un gran poder que te cambiará y luego no podrás abandonar, porque aunque mientas con alevosía, siempre sabrás la verdad y aunque puedas alejarte de la responsabilidad que lo trajo debes saber que eso es el peligro que contiene todo poder, el olvidarse de la responsabilidad que lo empujó, este es el carácter del poder que nadie te describe y es más peligroso hallarse con un poder, con una verdad y no responsabilizarse por ella, y lo sé bien, porque a mí me pasó y veme ahora como toda esa irresponsabilidad me consume. Todo poder se inicia al aceptar una responsabilidad, pero muchas veces se abandona esa responsabilidad para disfrutar del puro placer del poder, como los padres abusivos, como de alguna manera fue mi fruición al sentir que eran mis hijas de mi vientre y no dos criaturas que protegía, y eso ocurre cuando olvidas al Señor, solo Dios puede ayudarte porque él siempre te recuerda la responsabilidad y la humildad a través de la oración.

Se detuvo para volver a tomar agua. Tosió de nuevo como para limpiar sus vías respiratorias y seguir narrando su testimonio como si fuera el último profeta de una larga lista de videntes y temerosos de Dios.

Martha.— Cada día me duele el cuerpo para hablar, nunca pensé que hablar me iba a doler... Óyeme bien, Nina, llevo meses sin ir al culto, casi no puedo rezar y estas náuseas que me producen todas esas medicinas que me saben a metal oxidado aumentan mi asco al disfrute de la vida... Este sufrimiento es peor de lo que oyes, además no hay milagro para mí y eso que he presenciado cientos de ellos, solo tengo esperanzas que cada noche pierdo, porque el dolor nunca acaba y es el dolor quien me suplica a desear descansar en la gracia del Señor, mis últimos rezos son para que Él me lleve a su reino… Te quiero contar todo, porque estos secretos de irresponsabilidades no me ha hecho feliz… hay secretos que queman el alma, que nos apartan del camino de la felicidad y eso me ha pasado, me he traicionado a mí misma y siempre le pido perdón a nuestro Señor… Oye, escucha bien, siempre te he dicho que tus padres eran buenas personas y sí, lo han sido, buenas y temerosas de Dios, tu padre estudió en el Seminario varios años y tu madre fue criada por una familia recta y temerosa del Señor, ella y yo fuimos amigas desde el instituto y estudiamos juntas para ser maestras de preescolar. Séfora Villamizar es tu madre, siempre ha sido una mujer inteligente y devota. Mi hermano se enamoró de ella cuando tuvo que dejar el Seminario para encargarse de la hacienda que se llama Campo Rico, que es el nombre que siempre ha tenido, pero ahora nadie la llama así, le dicen la hacienda de "El Ahorcado", porque a tu abuelo lo encontraron un día colgado de un árbol en la entrada de la hacienda y desde entonces no volvió a ser un lugar para obtener los frutos de la tierra y hacer los diezmos al Señor, sino un lugar para elaborar las sustancias que necesita el maligno para controlar a personas enfermas de fe; sé que es difícil de entender, pero meses antes de que se ahorcara tu abuelo, tu tío Ananías fue asesinado brutalmente cerca del río. Ese tío del que nunca te hablé iba a ser el alcalde del pueblo de Curillo, donde naciste. Todo se veía prometedor, tu padre quería aumentar las hectáreas de labranza, la producción de cerdos y su familia, todo dentro de una normalidad que nunca ocurrió porque un día la señal de Caín brotó de nuestra sangre y tu padre se volvió un asesino, fue una época donde se esparció a lo largo de los ríos el mito de que Gersón había matado a su hermano, a tu tío Ananías, claro sin pruebas; pero desde entonces no ha parado de asesinar. ¿Te acuerdas del pueblo donde naciste?, ¿qué te acuerdas de tu infancia?

¿Cómo alguien puede absorber una verdad revelada? Los textos sagrados nos narran que algunas personas quedan ciegas, otras fallecen y la mayoría quedan mudas y ese fue mi caso, estuve en silencio mientras oía toser a mi tía continuamente como si quisiera sacar de su cuerpo un espíritu maligno. Pero intuía que aún faltaba, que mi tía me quería ver tranquila, por lo que cuando dejó de toser le respondí.

Nina.— En partes, me acuerdo mucho del río, de la casa con paredes amarillas, de mi abuela en su silla de ruedas y de mi madre cantando… claro, pero me acuerdo de que un día nos montaron en unas camionetas, creo que tenía cinco años y Kenia tres, nos sentaron atrás, no reconocía quien nos llevaba y solo veía cómo cientos de árboles se mostraban por la ventana a toda velocidad mientras Kenia lloraba, y cuando se abrieron las puertas, tú estabas, nos abrazaste y nos recogiste para montarnos en un barco, pero te abracé con miedo porque te reconocí como alguien de la familia, pero no sabía realmente quién eras. No me acuerdo adónde fuimos primero, durante días solo vi la selva a los lados de la embarcación, como si el mundo fuera un laberinto de incontables vías de aguas arcillosas y maderas podridas navegando. Me acuerdo de que lloramos y pedíamos a nuestros padres y tú solo nos decía: "Todo estará bien". Pero ¿por qué nos alejamos de nuestra madre?

Martha.— Yo no las alejé, fue tu madre con la ayuda de tu abuela y tu tía Camila quienes las enviaron a través de un amigo de fe hasta nosotros. Ella estaba muy preocupada porque ocurrían cosas horribles cerca de ustedes. Todo ocurrió en menos de una semana, primero una balacera en tu casa, luego un atentado a un grupo de misioneros y finalmente tu familia desmembrándose por diversas rutas, como si de alguna manera todos perdieran sus brújulas de vida. Así lo primero fue que una noche un comando, creemos que fue de la guerrilla, asaltó la casa donde dormían, quizás no te acuerdes, pero hubo ráfagas de disparos de parte y parte, oí que murieron unas dos o tres personas que trabajaban como guardias para mi hermano, así tus padres, tías y abuela se salvaron, pero desde ese momento supo tu madre toda la verdad, porque ella jamás había creído que tu padre hiciera negocios con la guerrilla o quizás nunca quiso aceptar lo obvio porque generalmente lo evidente no consuela... después del ataque a tu casa un comando atacó la vivienda donde vivían los misioneros gringos, todo el mundo comentó que tu padre lo hizo, claro sin pruebas y se regó por los ríos y sus ramales que él asesinó a varios misioneros que ayudaban a los indígenas dentro de la selva, esos misioneros hacían su proceso de cristianización, pero también hacían fotos y películas de los abusos que sufrían a manos de los narcos, cómo los torturaban y cómo los usaban como peones para la fabricación de drogas, en algún momento comenzó a circular fotos en los que supuestamente tu padre hostigaba y maltrataba a indios. Quizás esas especulaciones fueron el detonante, quizás su asociación con la guerrilla se quebró, como se rompen todos aquellos lazos que se basan en un crecimiento sin límites, por eso desde esa semana mi hermano, entró en la selva y no se ha sabido con exactitud más de él, excepto cuando la prensa habla de narcotraficantes, de paramilitares, de guerrilleros y aparece su foto. Cierta prensa muestra los "laboratorios" de drogas, los "ejércitos" así como las bajas que se dan cuando tu padre se encuentra con la guerrilla, aquella mística que siempre se ha vendido a escritores soñadores, como revolucionarios por la paz y la justicia, como si de un escuadrón de superhéroes se tratara, cuando en el fondo, y según otros reportajes, aquella guerrilla heroica lo que quiere son esos laboratorios y los terrenos que tu padre lleva año cultivando y cuidando. Gersón se ha vuelto un cacique sin adjetivos para muchos, un paramilitar que lucha por un mundo que nunca existió antes de los desmadres de las guerrillas, de las políticas democráticas, de la modernidad del consumo..., tu madre lo intuyó y luego lo confirmó, por eso ella me pidió en una llamada desesperada que cuidara a Kenia y a ti, lejos de esas llamaradas que comenzaban a crecer por la selva.... Bueno, aquí aparece este dolor que está volviéndose mi amiguito, Nina, me traes las pastillas marrones chiquititas... Este sabor a metal es asqueroso, bueno, creo que también te tengo que confesar que tu madre siempre me ha escrito cartas, ves ese paquete azul en la cómoda, pues son sus cartas, ayer las saqué de su escondite para que ahora las leas. ¿Las leerás?

De repente me percaté de que había un paquete de cartas donde nunca había habido un paquete de cartas, no sé con cuál fuerza ni en qué momento mi tía logró salir de la cama, caminar hacia el escondite, sacar las cartas y colocarlas ahí, al alcance de mi mano, pero sentía que había sido su último esfuerzo por revelar la verdad, para asumir su responsabilidad y quizás resarcir parte de su poder hacia mí. Cerrando sus ojos luego de tomar aquella pastilla que le controlaba el dolor, siguió hablando, más suave, como en silencio.

Martha.— Bueno, luego de todo ese desastre que ocurrió en el pueblo en que naciste, de que tu madre las enviase hasta nosotros para que las sacáramos de la región, no he vuelto a ver a nadie de mi familia. Ustedes llegaron con un paquete, adentro había algo de dinero, inclusive para comprar una casa si quisiéramos y, dentro de aquel paquete, una carta de tu madre que nos pedía a Mauro y a mí que las lleváramos lejos del Caquetá, hacia el Amazonas o el Orinoco donde las manos de Gersón Jaramillo no las pudieran tocar.

Nina.— Pero ¿qué le pasó realmente a mi madre?

Martha.— Luego de aquella noche en la que dispararon a tu casa, y a los días siguiente de la masacre de los misioneros, tu madre en lugar de huir con tu padre como él exigía, se alejó en el caos que se esparcía por las riberas del río, asegurando primero el porvenir de ustedes al despedirse en un cruce a las afueras de un pueblo para que llegaran hasta nosotros salvas. Luego ella comenzó una peregrinación durmiendo en lugares sagrados por Neiva, durante semanas, en fin, ella me escribió una carta para decirme que vivía en escondían en la iglesia de un párroco amigo de padre Mosquera, en una pequeña habitación anexa a la casa parroquial. Pero tu padre la buscaba, por lo que tuvo que seguir su peregrinación hasta Bogotá y desde allí huyó a España. Comencé a recibir cartas de tu madre en las que me contaba que tu padre la había engañado por años diciendo que no tenía nada que ver con el mundo de las drogas, ni con los laboratorios que crecían como hongos por la selva, ni con los carteles, ni con la guerrilla, que sus únicos oficios eran el cuidado de la hacienda y su deber con Dios, pero también le mintió sobre su fe, no era un buen cristiano, ella incluso llegó a pensar si alguna vez lo fue. Tu padre cada día se volvía más violento y paranoico, entre las primeras cartas que envió tu madre desde España, recibí una donde escribía que tu padre había jurado a las personas del pueblo que encontraría a sus hijas para que volvieran al hogar, ese fue su juramento, me escribió tu madre…, así que imagínate los miedos que recorrieron el cuerpo de la pobre Séfora. Ella quería estar en contacto con ustedes, pero Mauro me dijo que cuando ustedes tuvieran la edad para discernir la realidad, ese era el momento para que supieran la verdad y decidieran comunicarse con su madre o su padre, lo cierto es que Mauro no quiere hablar del asunto, no quiere desenfocarse de su misión, además insiste en mi recuperación milagrosa. Creo que en el fondo Mauro no quiere que ustedes sufran, porque las alejará de la felicidad, del camino del Señor, de estar bendecidas por haber aceptado al Espíritu Santo en sus corazones, pero no sé, mi cuerpo se quiebra, aparecen otros dolores, otros medicamentos, otras penas. Mauro dijo al principio que mi sufrimiento era para llamar la atención porque casi no pasaba tiempo conmigo por sus ocupaciones, por el mantenimiento del culto, pero cuando supo que era cáncer de páncreas y no indigestión, cambió algo, igual se ha mantenido terco en no decirle a ustedes que sus padres están atrapados en las garras del maligno.

Nina.— ¿Mi madre vive en España? ¿Por qué no nos llevó con ella de niñas?

Martha.— En aquel tiempo era imposible, no podía sacarlas del país legalmente porque necesitaba el permiso de tu padre y él se volvió loco cuando tu madre lo abandonó, principalmente porque tu padre no podía conjugar el verbo *abandonar*. Gersón supo que ustedes estaban conmigo y llegó una carta cuando aún estábamos navegando por el Vaupés antes de llegar al lugar donde se comienza a nombrar río Negro, donde constantemente citaba Efesios 5,22, ¿sabes?, sobre los deberes de las esposas con sus esposos, pero esa carta la perdí. Así que decidimos venir por los ríos que conocía bien Mauro porque pasó años navegándolos, llevando la palabra de Dios, y fue en Caicara del Orinoco, gracias al alcalde, donde pudimos darle una nueva identidad a tu hermana y a ti, para despistar a tu padre, donde forjamos falsas patrias potestades para ustedes, para que Gersón no las encontrara caminando por el río y las secuestrara, llevándolas por la selva hasta el infierno donde reina, porque sabía que tu padre siempre preguntará por Jemima y Kesia Jaramillo, nombres que ya no existen en este país..., así ustedes se podían perder en un destino diseñado por nuestro Señor Jesucristo... ¿Sabes?, a veces tenía miedo y soñaba que una noche mi hermano aparecía por Caicara, disparando a todo el mundo, llegaba con su ira porque había oído en el fluir del río dónde estaban sus hijas. Realmente no sé si tu padre pudo seguir el rastro de ustedes por los ríos, creo que lo logramos perder cuando estuvimos en San Fernando de Atabapo, porque siempre los que nos cuidaron dicen a todos los que preguntan por nosotros que viajamos hacia Brasil, hacia Manaos con su más de dos millones de habitantes donde cualquiera puede volverse anónimo, y creo que eso despistó a tu padre por completo, porque fue un indicio de dónde podían estar, y siempre es difícil descartar lo primero que aseguras en tu cabeza que es cierto y creo que para mi hermano lo irrebatible es que ustedes estaban en Brasil. Él sabía que ustedes iban por los ríos, por los pueblos fluviales, por las iglesias con nosotros, pero no sabía la dirección exacta que tomábamos, también supo que su madre salió del país abandonándose en España…, me imagino que Gersón solo necesita más paciencia para hallarlas, por eso estás aquí y tu hermana en Los Ángeles, para estar a salvo de él, pero lo conozco, soy su hermana y sé todo lo que ha hecho por ser él quien es, así que conozco su insistencia, es tan larga como los brazos de algunos ríos. Ahora puedes tener un pasaporte, puedes conectarte con tu mamá y preguntarle todo lo que quieras y si lo deseas, incluso irte a vivir con ella.

Nina.— Y ¿Kenia?

Martha.— Creo que ella no debería saberlo por el momento, ella está feliz, está con su iglesia, tu hermana está entregada en la fe como te he comentado y, a diferencia de ti, casi nunca preguntó por sus padres. Seguramente nada de esto le afectará, porque ella está segura de que su camino a la felicidad es posible, cierto, real; mientras que tú, mi pequeña Nina…, siempre te veo apagada, llevando tu cámara hacia arriba y hacia abajo, como si quisieras fotografiar la verdad descuidada, creo que el arte te ha abierto otros caminos que te pueden llevar lejos en la senda del Señor, por lo que siento que la verdad debe ser revelada para ti como una foto. Te percibo anciana de espíritu, como ahora está el mío, tengo una vejez que se cuestiona por las decisiones que ha tomado en la vida y quizás por eso me vuelvo circunspecta, mientras veo en ti una vejez inocente que no se ha cuestionado ninguna decisión y por eso puede sonreír aún. A veces me pregunto cuántas de estas dolencias nacieron por ocultar la verdad...

Mi tía murió a las pocas semanas después de ese encuentro y las últimas palabras que le oí repetidamente fueron: verdad y responsabilidad. Los siguientes meses sentí que una vida se puede llenar de rutinas, de sonrisas, de llantos sin sentir nada, haciendo meros protocolos donde los otros sepan que estás en duelo.

Una tarde me atreví a ir al periódico, los colegas pensaron que iba a buscar trabajo, que ya había superado la pérdida de mi tía, la de Salvador, que mis manos temblaban menos al tomar una instantánea, aunque aún temblaban, inclusive el técnico de laboratorio pensó que venía a revelar fotos o a buscar otra entrevista con Sardá para culminar mi proyecto de tesina de grado, pero se sorprendieron cuando le pedí que me informaran sobre los carteles de las drogas que están instalados en la selva colombiana.

Fui a una sala llena de máquinas que podían enseñar páginas y páginas de noticias envueltas en un microfilm. Pasé días leyendo varias pautas informativas que explicaban el origen, el desarrollo y la actualidad del comercio de las drogas en la selva. De cómo era una región sin ley, sin habitantes, donde todos aprenden a ser buitres. Históricamente aquellos lugares siempre fueron invadidos por personas con problema mentales, los primeros eran megalómanos que, extrayendo el caucho de sus profundidades, eliminaban a los indígenas que no podían entender por qué era tan valiosa una pelota de látex, luego se instalaron asentamientos donde los indígenas descubrieron que se podía pasar el día embriagados, que solo necesitaban la suerte para mantener un estilo de vida beoda mientras los megalómanos construían teatros de ópera, como lo revive la película *Fitzcarraldo* (1982); luego llegaron los narcisistas con nuevos conceptos de vida "progresista", por lo que con el tiempo aquellos lugares selváticos se llenaron de mineros ilegales: garimpeiros que se multiplicaban a lo largo de la selva en la medida en que los países de la cuenca amazónica se volvían pobres; había miles de almas buscando en las entrañas de la tierra aquel oro y diamantes que se les olvidaban extraer a los gobiernos de turno, por lo que la selva se llenó de esquizofrénicos paranoicos que veían grandes vetas de oro en medio de los ríos, en bosques tupidos y en el centro de alguna aldea indígena o por seguir a algún mono lanudo en sus correrías entre ramas de inmensos árboles, por lo que a veces pasaban días o semanas sin moverse, sin comer, sin dormir, por lo que se conseguían cuerpos de garimpeiros muertos, sentados sobre piedras, como si de una maldición advirtieran; ahora son los ganaderos prepotentes y honestos que habían estudiado en las universidades, o eran herederos de ideologías políticas los que determinaban las nuevas zonificaciones de la selva junto con cultivadores de soya que se volvían miembros filantrópicos, sin olvidarse de los empresarios egocéntricos de la industria maderera, aquellos que devoran los paisajes antiguos llenos de vegetación y misterios que siempre han acompañado a la selva amazónica por zonas barrosas y fáciles de catastrar para algún "bien común"; pero con este conjunto de personas con problemas mentales también se unió el de los productores de drogas, seres neurotípicos cuyo único problema era comprender una pregunta filosófica: ¿qué es el poder? Por lo que todas sus prácticas y esperanzas de vida eran por entender, ejecutar y saborear el poder. Ahora todos sabían que los cultivos de coca en las tierras altas de la selva y los laboratorios que se movían entre los meandros de los cientos de riachuelos que alimentan la selva pertenecen a grupos armados que buscan dominar territorios que solo les importan a ecologistas inocentes o misioneros insistentes en llevar la palabra del Señor a lugares vaciándose de vida.

Leyendo y leyendo, conseguí la historia de Jacinta Jaramillo, la comandante Tina, una mujer que era la lugarteniente de una fracción de la guerrilla en la selva, era también la mujer del comandante Urraca, durante años habían controlado los innumerables pasos de barcos que llevaban estupefacientes desde la selva hacia los centros poblados, depositando aquella droga en las calles inundadas de estrés, vendiéndose en las esquinas más insólitas del planeta, en los lugares donde la gente confunde el Amazonas con la compañía de compraventa *online*. Leí varios artículos actualizados que describían, según la óptica del periódico, cómo aquel mercenario de nombre Bienvenido Atúnez, alias comandante Urraca, había dejado las armas y, junto con su mujer, la comandante Tina, había podido lanzarse al ruedo democrático para adquirir un curul en el congreso representando a los pobres de los departamentos selváticos de Colombia, argumentando en sus discursos que mantendría a salvo a sus habitantes de esos guerrilleros que ya no son guerrilleros, sino disidentes, transmutándose con esta nueva designación en otra supuesta sustancia que aterra a las poblaciones fluviales en la espesura de Colombia. En esos momentos no me interesaba la política, pero ¿a quién le puede interesar una política dirigida por asesinos embriagados de poder, dirigiendo el tránsito de drogas por ríos, con historia de holocaustos en campos de fútbol, de crímenes en pueblos fronterizos, de cometer tantos estupros hasta que la palabra perdió sentido?, como se podía leer en cientos de reportajes sobre el comandante Urraca. Toda la prensa decía que aquel exguerrillero era un prospecto de sátrapa escondido entre argumentos divinos y democráticos, doble cara que han aprendido a llevar líderes políticos latinoamericanos entre abrazos populares y soluciones económicas antediluvianas; pero lo que más curiosidad me causaba era qué habría llevado a mi tía para estar en connubio con aquel hombre que en todas las fotografías siempre ladeaba la vista.

Reflexionando incongruencias del pensamiento político que leía mientras buscaba información de mi padre, pensé que ni los mejores, ni el más fuerte, ni los empresarios, ni siquiera la tradicional política de los corruptos, han enseñado a los habitantes de una nación a diferenciar políticas de fantasías. El populacho sueña con un Paraíso mientras las clases pudientes planifican el Edén con maquinarias prestadas. Al final pareciera que todo se reduce al gobierno de los pobres, de los ladrones, de los ungidos, donde alguien como el comandante Urraca gana un curul en un sistema político que él ha querido destruir por décadas. En el fondo Colombia, Venezuela y otros países similares están repletos de personas a las que no se les ha enseñado a diferenciar entre imaginarse volando en un avión y, para ello, tomar en consideración los recursos materiales y científicos que se necesitan, y fantasear volando sobre cabezas de dragones, ya que nuestros gobiernos solo saben estimular las ganas de volar.

Luego de un rato buscando en los microfilms apareció el nombre de Gersón Jaramillo, a quien apodaban "Caín". Era mi padre. Gersón "Caín" Jaramillo se declaraba como paramilitar, navegaba por lo largo y ancho de varios ríos para capturar a guerrilleros, pero también a todos aquellos que colaboraban con ellos. Algunas organizaciones declararon que había cometido múltiples asesinatos. Leí sobre el ataque a los miembros de una iglesia misionera donde murió una norteamericana de nombre Olga Khemonorova y dos indígenas armados con fusiles que la acompañaban. El origen del crimen para algunos medios de comunicación, que simpatizaban con la acción de Gersón "Caín" Jaramillo, era que aquella organización misionera llamada *Preachers to the Lord* construía pistas clandestinas para sacar la droga de la región con rumbo a Nicaragua, que además esos misioneros y sus feligreses habían atacado con morteros a la hacienda Campo Rico varias veces, hasta le habían lanzado granadas a la casa de mi infancia que en una foto se veía media destruida aunque reconocí los árboles de mango, que habían descuartizado parte de su ganadería, quemado hectáreas de siembra de yuca y matado a cinco peones inocentes que trabajaban allí. En una cita, Gersón "Caín" Jaramillo dijo que fue la norteamericana la que había pagado para que hicieran esos desmadres porque se quería quedar con la hacienda, quería que dejaran de sabotear las construcciones de las pistas de aterrizaje, quería que dejaran de disparar a los aviones que supuestamente traían ayuda a los indígenas. Gersón "Caín" Jaramillo siempre aseguró tener pruebas, testigos, fotografías, pero nunca se pudo llevar a una corte para enjuiciar el caso porque de diversas maneras prohibieron a mi padre que pusiera un pie en algún pueblo civilizado. Pude leer otros artículos que completan aquella información, como el apoyo de las autoridades de la región a los paramilitares, empezando por el alcalde del pueblo de Curillo, un tal Jairo Barazarte, pero este había muerto cuando el barco en donde vivía fue destruido al recibir un cohete antitanque lanzado desde alguna playa cercana. El nuevo alcalde se hizo enemigo de la guerrilla, de los paramilitares y militarizó la región, ahora se veían aviones y helicópteros norteamericanos como si se filmara una película de la guerra de Vietnam cerca de Curillo.

Otros reportajes aseguraban que más del ochenta por ciento de la cocaína que se extrae de la selva terminaba, vía Nicaragua, en las calles de Las Vegas, Los Ángeles, Portland, Seattle e inclusive en lugares tan absurdos a la idea de concebir una selva como en Whitehorse, la capital del departamento del Yukón en Canadá. Para algunos articulistas, Gersón "Caín" Jaramillo controlaba más del cincuenta por ciento de aquel negocio que terminaba en la frontera con Alaska, por lo que era buscado por narcotraficante y por el asesinato de incontables indígenas y ciudadanos comunes y corrientes. Había fotos de él en la prensa, pero me llamó la atención una donde aparecía con una barba rala, sombrero y ropa de militar. Usaba unos lentes Ray-Ban y un reloj Rolex que brillaba por el *flash*, como un faro en el medio de la foto. Era una pose, una foto sin profundidad, una cortina sobre la personalidad para no hallar sus pensamientos, aquella foto podía ser de un cantante de rock olvidado en una taberna de algún pueblo fluvial de Sudamérica, la de un poeta insatisfecho en cualquier bar de Buenos Aires, o el de un padre agobiado por el trabajo de soldador en una chatarrería; labores incomprendidas por la sociedad, por sus familias y por sus hijos. Era una foto sin carácter, sin aspavientos, por lo que parecía mostrar frialdad, solo el Rolex trataba de dar un contexto, una simbolización de alguien que trata de mostrar su buen gusto usando uno de los relojes más caros del mundo, a la vez que decía visualmente que cualquier revolucionario, soldador, poeta o cantante de rock, y no necesariamente un emprendedor burgués, podía usarlo, destacando sutilmente que el dinero solo es importante cuando se es pobre: lo que era curioso en la foto era el uso de unos guantes negros que escondían las posibles cicatrices de un verdugo.

Durante un tiempo hice los trabajos de los cuales se había ocupado mi tía, ayudé a mi tío Mauro a que el Cenáculo de la Felicidad tuviera otras instalaciones, más modernas, más lejos del centro, hacia las periferias que abrían nuevas oportunidades a las personas que existían en los bordes entre las opulencias y las mentiras. Él consiguió un terreno donde se construyó una estructura en la que cinco mil almas oraran al Señor. Se finalizó un edificio moderno en menos de un año, con anfiteatro, oficinas, guardería y diversas salas para reuniones y encuentros, y dentro del terreno, un gimnasio para mantener nuestro cuerpo donde reside el Señor que se llamaría "El Templo Cenáculo de la Felicidad" o simplemente el Templo. La idea era dejar aquel original cine pornográfico para transformarlo en una sala de teatro. Las esposas de varios diputados iniciaron la campaña para la compra de lo que era el edificio en cuyo frente se apreciaba en letras doradas su nombre: "El Cenáculo de la Felicidad". Al final fue el gobierno el que adquirió aquella vieja estructura para transformarla en una sala de entretenimiento donde se destacarían los valores que cristalizan nuestra idiosincrasia, la moral revolucionaria, y exhibir, en teoría, las obras perdidas de decenas de dramaturgos de los que nadie sabe de su existencia, porque sus obras eran viejas, escritas cuando la televisión empezaba a dominar la mirada pública.

La nueva estructura para "El Templo Cenáculo de la Felicidad" era de hormigón y vidrio, la diseñó un arquitecto gratuitamente para mi tío Mauro y lo hizo muy feliz. En esa época yo mantenía un poco el orden administrativo en los inicios de esa idea constructora del Templo que agobiaba mi fe. Una noche, meses después de dejar el centro de la ciudad, fui a la inauguración del nuevo teatro en lo que había sido mi hogar para ver una obra titulada *El extraño viaje de Simón El Malo*. Al caer el telón, solo aplaudimos las diez personas que nos reunimos para verla, porque ni mi tío, ni los políticos de turno o las damas de los congresistas así como sus hijos, tenían tiempo para ir al teatro, mientras que la mitad de los asistente, la mayoría jóvenes soñadores que llegaron con entradas gratis, murmuraban no entender por qué había payasos en la tarima.

Una noche viendo la cercana finalización del Templo, pensando en los payasos de la obra, en la cantidad de tareas que a diario coordinaba para mantener la felicidad de los demás, decidí contactar a mi madre. Habían pasado dos años de la muerte de mi tía y veintitrés de mi existencia y tres generaciones de penurias y ahora tenía un *e-mail* y una cuenta en Skype para... ¿seguir mi vida?

RAZA DE CAÍN, POR LOS CAMINOS LLEVA A TU GENTE ACORRALADA

Fue raro cuando Jemima me contactó, al principio no creí que mi hija buscara conectarse por Skype para tener algunas respuestas de su vida o quizás para descubrir mi rostro. Ya las cartas digitales no satisfacían su curiosidad de cómo era yo, quería saber más de mí y yo quería saber más de ella frente a frente.

La muerte de Marta enlutó nuestras vidas y a mí me produjo una culpa que creo no podré cancelar. A mi cuñada la recuerdo como una mujer alegre, no le gustaba hacer maldades a las más débiles como era la norma en la escuela de señoritas donde la conocí, siempre estaba impávida y hablaba pocas veces de su familia. Nos caímos bien desde el principio en ese internado porque ambas nos parecíamos, llevábamos el mismo corte de pelo, éramos de la misma estatura y ambas creíamos en Dios con pasión. Fue ella la que me invitó a su pueblo, a ver los atardeceres que se desvanecen sobre el río, a disfrutar de los jugos, los pescados fritos y la yuca con queso. Fue allí donde me presentó a su hermano, donde nacieron un amor y mis dos hijas, y fue Marta la única que comprendió la situación de Jemima y Kesia y se embarcó hacia otro país para alejarlas de la violencia que se acercaba a nuestras vidas. Ella las cuidó, las educó, les dio un hogar y una iglesia mientras yo solo podía pensar en ir a lugares donde las manos de mi esposo no pudieran agarrarme. Aquellas manos que en algún momento cambiaron de hacer tiernas caricias a ahorcarme, de exhibir la manicura que yo le hacía todas las noches a usar guantes negros de piel, guantes que en algún momento nunca más se quitó, que acariciaron mi intimidad. Cuando le preguntaba por qué, Gersón solo daba respuestas vagas acerca de que mezclaba la pulcritud con el poder.

Los últimos meses de vida familiar que experimenté en Curillo fueron los meses que me adentraron al infierno, meses de miedo, de pavor, de desprendimientos; dejé mi casa, mis hijas, mi estabilidad, para huir, no podía llamar hogar a un lugar donde vives con miedo, fueron meses inquietantes, donde solo veía entrar y salir a aquel hombre con guantes negros, a veces acompañado de hombres armados; yo trataba de concentrarme en la lectura de la Biblia, pero las ráfagas de ametralladoras te hacen olvidar cualquier capítulo o versículo que intentas aprender.

Le expliqué a Jemima, mi pequeña paloma, que me era difícil decirle Nina, para ella también le era difícil llamarme mamá, o Séfora o ¿Ana? Le dije que me llamara Chachi, como lo hace todo el mundo en el pueblo en el que vivo, y ella insistió en que la llamara Nina. También me era difícil recordar que había vivido los últimos dieciochos años sin ella, toda una mayoría de edad envuelta en recuerdos. Me costó explicarle quién y cómo de generoso había sido su padre, de cómo tuve que dejarlas a cargo de su tía Marta, que últimamente también trataba de comunicarme con Kesia, mi pequeño árbol de canela, pero ella se negaba a comunicarse conmigo, no entablaba ningún tipo de relación. Kesia está en su obrar, con su familia, con sus proyectos, por lo que dejé de insistir, quizás alguna vez me necesite y tendré que estar allí para oír sus quejas, sus protestas, sus quiebres, como los tuve yo una vez que dejé el pueblo de Curillo.

El primer encuentro con Jemima o Nina vía Internet fue cerca de una Navidad, ambas estábamos nerviosas, ambas nos reímos como si fuéramos dos adolescentes cómplices de una travesura. Al principio no la reconocí, aunque dijo con una sonrisa: "¡Feliz Navidad, Chachi!". Ya no lleva el pelo largo ni aquellos cachetes redondos que le daban forma de muñeca. Se veía una mujer correcta, con una voz que a veces sonaba ronca, carrasposa, como si hubiera cantado o fumado mucho. Ella me aseguraba que era su voz natural. Toqué la pantalla como si estuviera actuando para otros, pero en el fondo de mi ser deseé besarla, abrazarla, que fuera mía de nuevo, volverla a meter dentro de mí; toda esa emoción se sintetizó en el gesto de tocar la pantalla, visto a lo lejos: falso, visto con mis ojos: eran reflejos de impotencia. Jemima me explicó cómo se había enterado de la verdad, me dijo que me perdonaba, que entendía mi dolor y las penurias por las que pasé.

Le hablé del perdón, de aquella frase en el *Libro de Pro-verbios* que dice: "El que perdona la ofensa cultiva el amor", que la había leído en aquel libro que ella me mostró en ese primer encuentro, aquella edición bilingüe que guardaba en su escritorio. En momentos de ociosidad, repasaba aquel latín que pocos sabían y que estaba en la base de su mundo, libro eslabón entre la adolescencia de su padre y su devenir en

Caín. Ella me habló de su labor en el Cenáculo, de sus cientos de actividades, entre las que tuvo cuidar la etapa final de la enfermedad de Marta, por eso, debió renunciar a la universidad y a la fotografía. Mi hija me mandó archivos de fotos que me costó abrir porque no sabía que tenía que haber en mi computadora un *software* especial para verlas; luego de unos días aprendiendo tecnología, al final pude ver calles en blanco y negro iluminadas después de una lluvia formando espejos en el suelo que ampliaba lo ignoto de nuestra visión, rostros de personas en éxtasis en sus rezos, niños con aquella mirada que perdemos cuando nos enteramos de la verdad, gatos y perros que posaban frente a la cámara como intuyendo que alguien los cuidaba o que guardaban secretos de profetas. Todas en blanco y negro, todas bordeada de grises y brillo; jamás pensé que mi hija tuviera ese talento. Le pedí fotos de ellas, de Kesia, de Marta, me dijo que eran pocas. Las de Kesia cantando o hablando a los niños en la guardería del Cenáculo, caminando con una sonrisa por las calles de Caracas un día antes de dejar aquella ciudad para siempre. Las fotos de Marta eran variadas, pero siempre acompañada con personas: su esposo, las mujeres que colaboraban con el Cenáculo, los niños y los humildes que buscaban ayuda, siempre había un rostro cerca del de Marta, menos una, la última que le tomó Jemima, de perfil, en contraste donde parecía que veía su futuro sin lograr generar una expresión. Mi hija solo me mandó una foto de ella, pude apreciar su rostro ladeado y de fondo un extraño piano. Parecía la foto de una pianista consagrada como si hubiera logrado su sueño, luego me explicó que fueron unas fotos que tomó en el Museo del Teclado, como una práctica, como un ejercicio más y un amigo que la acompañaba le tomó esa foto que, según ella, era la única donde podía atisbar algo de su personalidad. Pero solo veía un medio rostro en la penumbra, un rostro con una mirada hacia el piso, mientras la madera del piano y sus formas redondeadas le daban un marco de líneas en movimiento que parecían no querer detenerse nunca.

Me habló de todos sus cumpleaños en los que no estuve, me habló de Caicara del Orinoco y de los petroglifos que calcó de niña, de su llegada a Caracas para vivir en un viejo cine pornográfico que con la ayuda del Señor transformaron en un templo de oración; de cómo descubrió la fotografía por vivir en el medio de la ciudad, por ver, año tras año, cómo todo lugar poblado en la tierra muda, cambia, se desplaza, por lo que quiso atrapar esos momentos sin una finalidad específica. Me hablaba animada de sus estudios universitarios, me mostró dos cuadros que había hecho en el taller de pintura y un juego de tazas que hizo en el taller de cerámica, me envió un archivo de un corto audiovisual donde solo se veía a hombres y mujeres discutiendo con un panadero porque no había pan y las posible causas de su ausencia, me habló de películas y más películas, pero apenas podía reconocer algunas de las que enumeraba, porque han sido pocas las veces que he ido al cine y cuando he ido es porque todo mundo habla de esa película y de lo buena que es, como ocurrió con *Titanic* (1997). La vi con unos amigos del pueblo, todos decían que era la mejor película del siglo y además que había ganado todos los Oscar, así que ¿quién podía dudar de que era la mejor película de todos los tiempos? Cuando le comenté esto a Jemima, ella me empezó hablar de otra película, de otro Titanic, me dijo que la versión de 1997 era un refrito de otra, escribió su título original en inglés y me recomendó que la viera, demoré en entender de qué me hablaba; ¿de otro Titanic que se vuelve a hundir?, me había escrito: *A Night To Remember* (1958), pero ¿dónde verla, cómo verla?, por eso dejamos de hablar de películas porque simplemente no veíamos las mismas.

Me habló de Salvador, de José Sardá, del fotoperiodismo, de sus idas y venidas en bodas y recepciones y de lo peligrosa que se había vuelto la ciudad que no daba pausas para reinventar la maldad. También me dijo que estaba muy alejada de Kenia, me costó entender que hablaba de mi otra hija porque cada vez que decía Kenia a mi mente venían jirafas y elefantes. Me dijo que ella casi no le escribía, pero se percibía que vivía feliz predicando la palabra de Dios en medio de un cinturón de Los Ángeles que separa la miseria de la riqueza. Luego habló muchas horas de su tía, de su enfermedad, de su ejemplo como servidora del Señor, de explicarle que, con los años y conociendo a un enorme número de personas, su tía le dijo al final de su vida dos "verdades": la primera que las personas son mucho más infelices de lo que creemos y la segunda, que no hay personas extraordinarias, y sin pensarlo mucho comencé una oración por el alma de Marta.

> *Oh, Dios, que concedes el perdón y quieres*
> *la salvación de los hombres: te rogamos que,*
> *por la intercesión de la Santísima Virgen*
> *María y de todos los santos, concedas la*
> *bienaventuranza a tu hija Marta, a quien*
> *llamaste de este mundo. No la abandones*
> *en manos del enemigo, del olvido, de la*

impiedad; recibe a tu hija Marta con tus
santos ángeles y llévala hacia ti, su patria
definitiva. Ella creyó y esperó todo de ti, por
lo que concédele para siempre las alegrías del
cielo. Por Cristo nuestro Señor. Amén.

Luego de un rato de silencio, Jemima oró.

Espíritu Santo, tú que me aclaras todo,
que iluminas todos los caminos para que
yo alcance mi ideal. Tú que me das el don
Divino de perdonar y olvidar el mal que me
hacen y que en todos los instantes de mi vida
estás conmigo. Quiero en este corto diálogo
agradecerte por todo y confirmar que nunca
quiero separarme de tu inmenso amor, y
que sepas que mi tía Martha fue una devota
sincera por tu causa, por lo que deseo que
ella esté contigo, así como todos mis seres
queridos en la Gloria perpetua. Gracias por
tu misericordia conmigo. Gracias por tus
bendiciones, mi Señor. Amén, amén y amén.

Jemima nunca me habló del velorio ni dónde fue enterrada mi cuñada, parecía que esos recuerdos no existieran en su memoria.

En una reunión a mediados de febrero, Jemima me contó que Mauro le exigía cada vez más, que la bendecía dándole más responsabilidades, por lo que se encargaba de la administración del Cenáculo, de las funciones benéficas, del coro, de la atención VIP a las esposas de los jerarcas políticos que los ayudaban y protegían, así como de una mujer que lentamente se acercaba al corazón de su tío. Me hablaba del traslado de la iglesia a un nuevo lugar, más grande, más luminoso, con más recursos, pero sentía cómo día tras día se agotaba y se cuestionaba si el Espíritu Santo necesitaba sus sacrificios.

El Cenáculo de la Felicidad crecía, cada vez había más personas en el culto, en la oración, Jemima hablaba de tiempos de éxito, por lo que me atreví a prevenirle que tuviera cuidado en esos tiempos de felicidad porque muchas veces se vinculan con la facilidad de las complacencias, con los éxitos de los injustos o con el dinero que promueve soberbias y anarquías y no con el éxito que nos enseñan las constricciones de los deseos, los límites de nuestro ego, las purgas de las malicias y de las miserias que debemos hacer por nuestra fe, de leer la Sagrada Palabra y orar para descargar ignorancias y hallar la senda de Dios nuestro Señor. Le recordaba todo esto porque yo también tuve un tiempo de éxito, de felicidad, donde no me faltaba nada de lo humano, pero carecía de todos los frutos del Señor. Fue en ese momento cuando comprendí que algo no iba por los senderos del Señor, que algo molestaba a Jemima, que su inclinación a buscarme traía dudas, inseguridades, perezas y fue entonces que Jemima me preguntó cómo era vivir en España. Supe de inmediato que esa pregunta no era la realizada por una niña que descubre el mundo, sino por una mujer que quiere emprender un viaje.

Jemima aplicaba paráfrasis para decirme de vez en cuando: "Suelo pensar en visitarla". Me preguntó mi vida por estos lares. Me fue difícil responder que llegué a Barcelona porque en aquel tiempo de abandonos y desesperaciones, tiempo en que oía constantemente a conocidos decir que Gersón me buscaba para matarme porque lo había abandonado y quedarse con ellas, época en que lo único que quería era huir lo más lejos del mal revestido de paz como sentía que era mi vida, tiempo en que evité a mis padres y hermanos porque sabía que Gersón los atacaría, por lo que no era posible vivir un poco más allá, sino poner un océano entre aquel hombre que me sedujo con sus palabras y yo comprendí desde entonces que la paz no es la anulación del mal, sino una extensión neutra de la maldad que usa el diablo para esconder lo que siempre está dividido. Era el miedo, el pánico presentado de forma cruda al corazón lo que me hizo huir. Luego de dejarlas en un auto que las llevaría hasta Marta, la tía de su abuela Lucha, que tenía los ojos de dos colores, me presentó a un amigo de ella que manejó horas sin hablar y llevarme hasta Neiva, allí estuve escondida unas semanas, luego aquel mismo hombre me dijo que los perros de caza de mi marido estaba cercan, que alguien le había dado el aviso que me escondía entre casas parroquiales, así que una noche, aquel hombre manejo sin parar hasta Bogotá y me dejó en el aeropuerto de El Dorado, me dio un sobre con dinero que la abuela Lucha le había dado y me aconsejó que tomara el primer avión que saliera. Había un vuelo que despegaba a pocas horas hacia Barcelona.

Tenía pesos que me dio Lucha y en mi cartera llevaba otro sobre con dólares que tenía escondido entre libros piadosos para algún caso de emergencia, por lo que tenía dinero para estar los primeros meses alejada esperando que la situación se arreglara. En la cartera también tenía mi pasaporte y los de las niñas, pero me advirtieron que era imposible sacarlas del país sin un permiso de Gersón, todos los pasaportes tenían la visa Schengen, porque Gersón siempre insistió en estar listo para ir a Europa con las niñas, para hacer un viaje por España y Portugal, países de los que había oído tanto en el pueblo. Quería ir a Portugal porque alguna vez vio fotos de sus ciudades mostradas por un hombre que venía de Funchal y que llevaba mercancías a lo largo del Caquetá en su barco, y siempre dentro de su embarcación tenía libros de fotos de Portugal, en especial uno sobre la isla de Madeira. Aquel hombre, luego de mostrar aquellos libros de fotografías y luego de haberse tomado varias cervezas y copitas de anís con Gersón, de repente sacaba de su cartera una pequeña foto de una ecografía fetal de un hijo que nunca nació, que fue abortado, pero que lo había convertido en una parte material de su memoria, además de transformarlo en un capitán nómada por aguas colombianas; cuando no hablaba con aquel portugués, se iba al bar Tom y Jerry, allí oía a veces una canción, año tras año, que siempre decía: *disco, Ibiza, locomía; moda, Ibiza, locomía; loco, Ibiza, locomía; sexo, Ibiza, locomía...*, a veces la musitaba y en una ocasión me propuso que si íbamos a España, nos fuéramos directo a Ibiza, y si íbamos a Portugal, a Madeira, quería tener la experiencia de vivir completamente rodeado de agua, sin fronteras de árboles, carreteras interdepartamentales o pueblos transitorios y por eso, cada año, preparaba los pasaportes y las visas de todos, aunque luego he pensado que eran mamparas de realidad que construía para escapar del país por algún estado de emergencia que se produjera si se descubría la verdad. Llegué a Barcelona y todo aquel dinero sólo sirvió para pasar una depresión en la cual duré unos tres años en salir, de tener una enfermedad que parecía irreal, aquella que te quita la vida con la desesperanzas porque ya no puedes soñar, aquella enfermedad de la voluntad que te llena de dolores pero sin heridas físicas, que te hunde en los cuartos con las cortinas cerradas para no reconocer lo impotentes que somos frente a los días soleados.

La primera vez que vi reír a Jemima por Skype fue cuando le mostré su foto de aquel pasaporte que traje conmigo, con sus cinco años, sus seis rizos como los de Shirley Temple y sus ojitos cerrados como si quisiera entrar en el sueño de los justos.

Yo quería decirle la verdad a mi hija, pero ni siquiera yo la sabía, porque la verdad que suponía apenas explicaba parte de mí. Debo reconocer los errores frente a mi hija, además de explicarle que nosotros, los buenos cristianos, somos vencidos no porque somos buenos, sino porque somos muy débiles para aceptar lo que sucede, lo que alienta al pecado y a veces nos desorienta de la voluntad de Dios. Cuando pensaba cómo decirle la verdad que atañía a mi hija, pensé en que debía hablarle de cosas menudas porque la mentira no se desliza entre las menudencias, las mentiras siempre buscan las generalidades, lo supremo, lo inimaginable, lo sagrado, por eso no le debo hablar sobre la verdad de su tío, ni de su padre, ni sobre las certezas de su abuelo, o de todos los hombres y mujeres que somos descendientes de Caín, como Henoc, que subió a los cielos sin morir, o Matusalén, que vivió para recordar las grandezas de Dios, y hasta Noé, a quien Dios le dio las herramientas y el conocimiento para salvar a la humanidad; por lo que desde entonces la única raza que deambula por el mundo es la raza de Caín a la que tanto yo como mis hijas pertenecemos.

De lo que hablo por lo general con Jemima es sobre mi trabajo de ayudante de cocina en un pequeño restaurante en Tremp, de cómo hago tostadas con pollo, con hongos y mantequilla de hierbas finas o tostadas simples, usando solamente jamón serrano y tomates frescos espachurrados sobre el pan, para luego cubrirlo con una capa de aceite de oliva y sal, pero también le comento sobre la cantidad de horas que paso moviendo arroz en una sartén para elaborar risottos de diversos sabores, que es la especialidad del restaurante. Una vez pasé toda una noche explicándole a Jemima los pasos para hacer el risotto acompañándolo con videos que conseguía en la web para no aburrirla tanto, le expliqué cómo se hace el sofrito de cebolla al que le colocamos arroz arbóreo y un tanto de vino blanco, luego dependiendo de lo querido por el cliente se le añade salmón, hongos, gambas y a veces experimentamos con aguacate o calabazas, después de unos veinte minutos revolviendo, se le añade la mantequilla, el queso parmesano y la pimienta negra y cómo el secreto del risotto, al contrario de la paella, es mover y remover el arroz. He pasado horas hablando de recetas, de cómo reconocer los hongos, de cómo hacer una salsa holandesa o saber que el punto del risotto siempre debe estar "al dente" o de cómo voy bendiciendo a Dios por su gracia y misericordia. Empezamos a hablar de cómo hacer mayonesa casera y conocer trucos tontos como echar un poco de leche en la realización de una tortilla de patata para que esponje mejor. Pero sabía que ella no quería hablar de cocina, sino de la verdad.

Pienso que no tiene sentido conectarnos para hablar de una verdad que no sea fecunda, de demostrarle que mi vida disciplinada en la palabra de Dios cayó en la sumisión de la palabra de los hombres allá en Curillo. No puedo decirle a mi hija que me perdí en medio de grupos explotadores de conciencias, donde lo útil para ellos era que los pobres siguieran siendo pobres, también fue en aquel lugar de represión, de guerrilleros embriagados con utopías, de muertes que sirven para las estadísticas de guerras absurdas, de personas que reúnen esfuerzos para comprar armamentos, conciencias, pero nunca la libertad. Fue en aquel pueblo donde las múltiples visiones de Cristo ungido se regaban en suelo yermo, donde las opiniones de todos esos cristianos no poseían ningún mínimo común, por lo que todos, luego de dar sus opiniones sobre la verdad en Cristo, entraban en una carrera de infamias hacia los otros cristianos, como si fueran las mejores armas para estar allí, al borde de ríos sin fin. Y también fue el mejor lugar para aprender a pensar porque: ¿adónde ir para aprender a reflexionar sobre las miserias humanas?

Una noche conversando lejos de la verdad, mi hija me comentó que ya tenía comprado un boleto para venir a verme. Abrí los ojos por una emoción que esperaba, pero que no sabía cómo manejar. ¿Visitarme? ¿Qué piensa Mauro? Jemima empezó a decir que ya casi no dormía por las responsabilidades que tenía en el Templo del Cenáculo de la Felicidad. Desde que comenzaron a operar en el nuevo edificio, todo se triplicó: los problemas, los fieles, las ayudas, los milagros. Al principio le pareció que podía con la carga, pero progresivamente comenzaron a llegar otras órdenes, no de Mauro, que pasaba su tiempo aconsejando a líderes políticos, o yendo a cenas benéficas para conseguir recursos para su obra así como un ir y venir constante a Brasil, o estar presente en las innumerables reuniones con otros diáconos, presbíteros y obispos que merodeaban por el Templo, donde unas cinco mil personas podían asistir al culto, con la habilitación de un enorme estacionamiento de un centro comercial cercano, al lugar de culto, gratis para todos, así podían asistir a la oración sin tocarse, sin asfixiarse, sin conocerse, sin mirarse y, ocasionalmente, comprar alguna chuchería del momento en alguna de las tiendas laberínticas del centro comercial después de las asambleas de los fieles.

Lo anterior quizás era manejable, pero las impotencias de Jemima fueron creciendo por una competencia con la nueva compañera sentimental de Mauro. Habían pasado apenas unos meses de la muerte de Marta cuando apareció Ximena, primero como una fiel creyente del proyecto del Cenáculo, luego como una servidora constante, casi convirtiéndose en la primera mujer diaconisa después de Marta, acto que llenó de coraje a Jemima porque su tío no había visto la oportunidad de hacer diaconisa a Jemima, con la excusa de que era muy joven y a veces expresaba pensamientos impuros. Al principio Ximena le ayudaba a poner orden en las cosas para el culto, luego quiso ayudarla a poner orden en las finanzas, luego le estaba dando órdenes a Jemima de cómo hacer las cosas para evitar que el maligno invadiera con su pobreza el Templo. Jemima me contó que vivía en un cuarto ubicado en el edificio con otras servidoras, mientras su tío y Ximena, al año de estar juntos, se fueron a vivir a una casa a las afueras de la ciudad, lejos de todos los conflictos urbanos del tráfico, de la contaminación, de los atracos que esparcían paranoias por las avenidas de Caracas, donde cada uno de sus habitantes cambiaban su mirada, su forma de caminar, su manera de interactuar con los demás en aquella ciudad. Jemima apenas conocía aquella casa, ya que solo fue una vez para que Ximena le mostrara cómo su felicidad crecía día a día con las bendiciones del Señor. Me contó Jemima que en aquella casona había más habitaciones que habitantes, más autos que conductores y más fantasías que oraciones. También le pareció a Jemima que algo empezaba a molestarla y era que el culto se había vuelto un mero espectáculo para la fe, en lugar de ser un centro de aprendizajes y constricciones.

Me describió cómo uno de los diáconos casi hacía magia sobre el altar mientras otros se dedicaban a vender aceites bendecidos en el Monte Sinaí con diversas estrategias publicitarias y que eran aprobados por las personas más santas del Templo del Cenáculo de la Felicidad, o el Gran Templo, como comenzaban a conocerlo, pero que también era su nombre del registro comercial, así como el nombre de la escuela que decían que inaugurarían en unos años con la ayuda del alcalde de la zona.

El Templo del Cenáculo de la Felicidad pasó al año siguiente a denominarse el Gran Templo de la Felicidad, cambiando de objetivo, de culto, ahora los sábados eran los días dedicados a orar por la salud y la sanación, y los domingos para tener éxito económico, llamar al dinero a que entrara en la vida de los fieles así como la felicidad eterna en sus existencias por la gloria del Espíritu Santo, luego cada día se hacían oraciones precisas para obtener alguna bendición: lunes, sobre el amor, y allí se veía a cientos de jóvenes solteros, tímidos, sin habilidades sociales o personas maduras que no dejaban de quitar la vista de los cuerpos magros de experiencia, todos centrados en su fe; martes, sobre los estudios llenándose el lugar de adolescentes con uniformes escolares y madres deseosas de que sus sueños sobre sus hijos se cumplieran; miércoles, para el trabajo, allí hombres y mujeres intercambiaban tarjetas de presentación y relataban experiencias que no tenían; jueves, para juntar a la familia donde siempre se notaba que alguno de sus miembros no sabía rezar y pareciera que tampoco le importaba y, finalmente, los viernes eran oraciones especiales donde se untaba de aceite sagrado en la frente a las personas que pudieran pagarlo, realizando posteriormente todos juntos en el Templo una oración fuerte al Espíritu Santo.

Jemima pensaba que su tío sencillamente se adaptaba a las nuevas exigencias de los integrantes de su grey, quienes querían obtener más felicidad, más prosperidad, más bienes y más poder para ayudar a la obra de nuestro Señor, para ellos oraban profundamente mientras visualizaban su prosperidad. Los feligreses buscaban llegar a tener el pensamiento positivo que les permitiera la instauración del éxito en sus vidas y se asentara en sus corazones, a la vez que alejara a Satanás de sus existencias, retirar al maligno que trae pobreza, miserias y vicios a la vida y cuyo único fin es caer en los fracasos. Jemima organizaba el coro en cada culto, así como el sistema de micrófonos y, en algún momento, vigilaba la recaudación de los diezmos en sobres que se entregaban anónimamente. A veces eran tantos sobres que Jemima me contó que pasaba toda una tarde contando el dinero, depositándolo en distintas cuentas, así como cancelando algunas deudas a diversos proveedores, por lo que en algún momento se compró una máquina contadora de billetes que resultó beneficiosa cuando la inflación subía a tal ritmo que con cientos de billetes de la más alta denominación del país apenas podía comprar una caja de cereales.

Jemima pensaba que cada vez el culto iba dejando de ser una asamblea de fieles que oraban al Señor y seguir el sendero del bien, para transformarse en un escenario para filmar una película de baja calidad, donde el argumento era un simple *quid pro quo*, un sustituir la mala fe de la conciencia por bendiciones divinas. A veces me comentaba Jemima entre reunión de Skype y reunión de Skype, que participaba con fe al iniciar el culto en el nuevo edificio, pero había notado, mes tras mes, que aquella fe que la hacía orar por horas para que todos los miembros de la congregación obtuvieran abundancias en sus vidas se transformaba en un espectáculo, en un entretenimiento donde ya no se rezaba por los miembros del culto, sino por el éxito de algunos pocos. Jemima observaba, día tras día, cómo los milagros de sanación que provenían por una oración fuerte al Espíritu Santo mermaban por la venta de aquellos aceites traídos del Sinaí y que curaban cualquier dolencia: desde un dolor de cabeza hasta una depresión. Aún veía, de vez en cuando, los milagros de su tío con enfermos, indigentes, con aquellas personas que equivocaron sus caminos con drogas o malas parejas y tratan de obtener del Espíritu Santo la sanidad, el bienestar, el amor, las bendiciones que han escaseado en sus vidas, pero también veía cómo Mauro, año tras año, participaba menos en el culto, solo asistía como obispo, aquel que ve desde arriba, como era el origen de la palabra.

La decisión de querer venir a España nació cuando ya su tío no le hablaba, no la buscaba ni siquiera para que le dijera cuáles canciones se iban a interpretar ese día, todo tenía que fluir a través de Ximena, que en algún momento se coloreó el pelo de un platinado falso sobre su piel morena, como un signo que la distinguía de todas las demás asistentes del culto, según Jemima, resaltaba como una luciérnaga en la oscuridad.

Jemima no entendía por qué Mauro la trataba a distancia, como si no quisiera reconocerla como familia, fue entonces por esa época que le dio los documentos necesarios que guardaba para que sacara su pasaporte, así como también un "préstamo" que necesitaría para pasar una temporada conmigo y obtener la visa con facilidad, dinero que luego devolvería al Templo con trabajo. Mi hija me mandó una copia de su partida de nacimiento: Nina Jara Villa, hija de Juan Jara y Ana Villa. Ni siquiera mi nombre aparecía en su partida de nacimiento, quizás por eso mandó la copia, para que tuviera conciencia de que no era mi hija como yo pensaba, sino una sensación de hija, por lo que no me debería extrañar que jamás me llame mamá, sino simplemente Chachi. Lloré el día que recibí aquella copia, me mostraba que no había ninguna relación legal entre ella y yo; y la relación afectiva que se creaba era bastante precaria porque a veces dependía del Internet que usara ella, allá en Venezuela, donde muchas veces se perdía la conexión por apagones esperados después de una tormenta política.

Sabía que Marta había cambiado los nombres de mi hija para que no tuvieran problemas con su escolarización, para tener una ciudadanía, para tener papeles, porque en el fondo todos los que emigran no lo hacen por la libertad, ni por una mejor vida, ni por el "sueño americano" como dicen cuando los entrevistan luego de sobrevivir a los mares o los desiertos que separan sus países de aquellos donde tienen depositados sus esperanzas, todos lo hacen para obtener documentación, son los papeles lo que promueven las migraciones, papeles que te aseguran una identidad jurídica desde la cual puedas hacer una vida, puedas opinar, puedas protegerte; por eso mis hijas obtuvieron esos documentos para que pudiera andar libremente sin preocuparse que alguien las reconociera como las hijas de Gersón "Caín" Jaramillo. Al principio pensé que Marta las había hecho pasar como sus hijas, pensé que las llamaría Gema Concepción de Albes y Cecilia Concepción de Albes, como habíamos acordado una vez, pero no, terminaron llamándose Nina y Kenia con sus nombres recortados; según me contó mi cuñada, la persona que le hizo los trámites, quien forjó deliberadamente los documentos necesarios pero ilegales como la patria potestad, le explicó que la manera más fácil de hacer sus registros civiles legales en el municipio era usando nombres cortos, porque se podía escribir testimonio de nacimientos entre pocas líneas que dejaban entre los folios; así en diez líneas y usando un número imaginario se podía redactar una partida de nacimiento, un nombre, una nacionalidad para aquellos que las pudieran pagar. Así de franca y estable fue la verdad que trajo a mi hija a España con un pasaporte en el cual no había ningún vínculo legal entre ella y yo, tampoco se parecía a aquella niña de la foto con rizos y mirada soñadora, ahora usaba el pelo corto, unos lentes muy finos que ocultaban las tonalidades nogales de sus ojos y lo que más resaltaba de su rostro: una frente lisa, a veces brillante, que no se quería esconder ni del viento ni del sol. Solo reconocí que había algo mío en ella cuando la abracé en El Prat, y sí, definitivamente ella había salido de mi vientre y era el mayor regalo que Dios me había concedido junto con Kesia.

Jemima llegó en julio, cuando comienza el verano y las vacaciones. Barcelona le impactó. Las personas, las ramblas, las comidas. Quiso tomarle fotos a toda la ciudad, a todas las personas que veía, a las palomas de la Plaza de Cataluña. Lo primero que comió fue un bocadillo de butifarra, aunque me aseguró que se parecía a un perro caliente pero más grasiento y salado, y lo primero que bebió fue una horchata de chufa en el mercado de La Boquería, luego tomamos el autobús al pueblo para que se instalara conmigo en esta casa hecha de piedra en Talarn, cerca de Tremp, construida por los abuelos de Joan. En principio no entendió Jemima que era mi pareja porque él no creía en Dios y blasfemaba a cada rato, quizás por eso no nos casamos y además porque legalmente seguía siendo la esposa de Gersón Jaramillo. Le expliqué que Joan es un buen hombre que conocí en la época más solitaria de mi vida y, aunque no rece, ha hecho más cosas maravillosas por los demás que algunos predicadores y sacerdotes que he visto por ahí. ¿Por qué nunca le hablé de mi relación a mi hija? La respuesta que siempre me he dado es que ella nunca me preguntó si vivía sola o acompañada, tampoco yo le pregunté sobre su vida afectiva, si tenía novio o no, creo que tanta distancia entre las dos hizo que partes de nuestras vidas se quedaran suspendidas, como obvias, como si aún papá y mamá se amaran y nuestras hijas fueran dos muñequitas para atender y vestir. Joan es un hombre amable, se había casado con anterioridad, su exmujer e hijos vivían en Lleida, y a veces los visitaba, manejaba unos cuarenta minutos hasta Balaguer y de ahí tomaba el tren hasta Lleida, por práctico, ya que su exmujer e hijos vivían a metros de la estación, luego regresaba, siempre cansado, como si hubiera dejado un peso existencial en alguno de los vagones del tren.

Joan llevó a mi hija a conocer las zonas del alrededor, inclusive un domingo fueron hasta Andorra, él a comprar cigarrillos, ella una cámara de fotografía y cigarros porque descubrí que mi Jemima fumaba. Joan le explicó que allí sería más barato porque en Andorra no hay tantos impuestos como en Catalunya, pronunciando con su particular acento la región donde nació. Todo pareció funcionar bien al principio, pero Joan sabía que se acabarían las vacaciones de agosto y desde entonces cada vez pudo entretener menos a mi hija con paseos y yo no tenía tiempo, porque él volvería a manejar camiones y se perdería por días, a veces por semanas llevando piedras o arenas a construcciones y yo continuaría trabajando en el hostal Buenos Aires en Talarn, yendo y viniendo en una vespa que acortaba las distancias de aquellos parajes que se alejaban de las abundancias verdes de la selva, en aquel viaje diario de treinta minutos, los diversos tonos de colores que puede producir la tierra seca y algunas aves de rapiñas volando por todo lo largo de la sierra eran mi distracción mientras iba al hostal o venía a la casa.

A veces mi hija me acompañaba, paseaba por el pueblo, a veces tomando fotos, otras veces sentada en la plaza, viendo pasar a las personas que seguramente se inquietaban por la presencia de la extraña. Siempre al terminar mi trabajo en el hostal nos veíamos en el bar Llac Negre, porque allí trabajaba una ecuatoriana de la misma edad de mi hija, que nunca le hablaba en catalán ni le preguntaba cosas innecesarias, como hacen los residentes a las personas de paso. Yo bebía una cerveza mientras mi hija fumaba. Ella no tomaba mucho alcohol, solo en ocasiones especiales, por lo que, cuando nos reuníamos en el bar después de mi trabajo y sus paseos, la veía fumar frente a un vaso de Coca Cola con una rodaja de limón dentro de aquel líquido oscuro y burbujeante, me percataba en esos instantes de que aún era una chiquilla que no había madurado totalmente en la vida.

Cuando nos reuníamos en el bar, la ecuatoriana siempre tenía un cuento a mano, una vez nos dijo que el abuelo de ella se llamó Adolf Hitler Pineda. ¿Adolf Hitler? Sí, dijo ante nuestro asombro a la vez que preparaba una caña para mí y un vaso de Coca-Cola para Jemima; su abuelo había nacido en 1939, y su bisabuela había oído que aquel alemán era un hombre maravilloso, que era candidato al premio Nobel de la Paz. Justo unos meses del nacimiento de su abuelo, llegó a Guayaquil una revista *Time* a las manos de su bisabuelo que tenía un quiosco de revistas y siempre le llevaba una copia a su bisabuela para que se inspirara en buscar un nombre con los personajes que harán historia. A la bisabuela se encantó la historia de aquel canciller que, en aquella portada, mostraba toda la envergadura de líder, sabio y levantando su mano, como jurando ante un Dios que lo bendecirá. Durante muchos años los habitantes de Guayaquil ponían nombres de personas importantes para sus hijos, por aquellos años no era extraño encontrarse con Roosevelt José Muñoz, Stalin Antonio Colina, Lenin Uliánov Suárez e inclusive Mussolini Castillo García o Winston Churchill Granados en el patio de recreo de una escuela. Había tantos niños que jugaban por aquellas calles, por aquella época de conflictos que, cuando eran llamados por sus nombres, alguien desprevenido podría pensar que estaba cerca de la conferencia de Yalta o alguna otra cumbre de mandatarios, inclusive ella nos dijo que conoció a un Patton Junior Acosta en una pescadería de Guayaquil. Claro, con el tiempo su abuelo evitó usar el nombre de Hitler, todos lo conocían como Adolfo y así se colocó en su lápida: Adolfo H. Pineda, el nombre de Hitler desapareció y, cuando les preguntaban cuál nombre correspondía a la "H", contestaban Hilario. Ahora todos esos nombres de niños cuyas madres homenajearon al canciller pensando en un futuro promisorio a sus retoños desaparecieron, claro quedaron algunos Stalin y Lenin en el país y uno que otro Trotsky, pero ahora nadie usa esos nombres, la historia los absolvió, ahora buscan nombres de deportistas como Platiní Aguirre o Maradona Puentes, o exóticos y originales como Jordanairnike Sierra. Así contaba Marilyn sus cuentos ecuatorianos a mi hija y a mí. Luego precisó que su nombre, Marilyn, proviene de la admiración o las ganas que tenía su padre hacia la Monroe. Y... ¿Nina?, preguntó Marilyn como si de un secreto se tratara. Jemima solo dijo que fue el nombre que le gustó a su padre, pero que no sabía de dónde lo había tomado. Yo no podía decir nada, porque Chachi era una tía de su tía y no conocía bien los orígenes genealógicos de Nina.

Traté de que mi hija consiguiera trabajo en el hostal, que tuviera una visa laboral por uno o dos años, que consiguiera amigos, comencé a ingeniármelas para que lograra quedarse conmigo. Al principio comenzó a limpiar habitaciones, luego en las tardes a ayudar en la cocina. Allí se volvió fanática del risotto que preparaba con hongos que se recogían en los bosques cercanos como los ceps, a veces tan grandes que con uno solo se podían hacer tres platos para satisfacer el hambre, también empezó a enamorarse de las cerreretas acompañadas con trozos de jamón serrano y de los camacrocs que se servían en el hostal en una salsa de ajo con una base de mantequilla y vino; cuando quedaban en la cocina, mi hija los hacía desaparecer con una sonrisa pícara. Jemima amaba comer, pero no cocinar, se cansaba del ajetreo, de la preparación de platos y de limpiar cada día la cocina, la nevera, los platos, los utensilios, por lo que decidió pasear en su tiempo libre a lo largo de Mont Rebei, rutina que aumentaba en la medida en que pasaba el tiempo en España, primero por un día, luego se quedaba por la sierra hasta unos tres días. Casi siempre iba sola o con Marilyn, siempre con la cámara digital que compró en Andorra y una Nikon FE mecánica que usaba carrete. Llevaba algunos paquetes de cigarrillos y una Biblia en catalán que le regalé, porque sabía que en algún momento y por necesidad empezaría a usar aquella lengua que, cuando la oyó por primera vez, pensó que era un portugués mal hablado.

Con el tiempo, mi hija adquirió una rutina con la que las personas de los pueblos como Talarn y Tremp la conocían. Le hablaban y le preguntaban cómo adaptaba su vida lejos de su patria. Algunos no creían que fuera parte de mi familia, decían que no nos parecíamos en nada. Jemima sacó cientos de fotos en sus viajes por el Mont Rebei, las primeras fotos fueron de la naturaleza, de los animales, de las casas de piedra que se hallaban por senderos olvidados del Pallars Jussá. Participó en concursos de fotografía que veía en los periódicos, llamados para presentar fotos con temas sobre la naturaleza o con particularidades artísticas, pero nunca pudo entrar a un concurso, siempre era rechazada y nunca le decían por qué.

Jemima empezó a tener problemas con las personas del pueblo cuando una tarde comenzó a fotografiar a un grupo de niños jugando. Yo sabía que a mi hija le gustaba tomar fotos a los niños mientras corrían y mostraban aquella libertad que perdemos cuando comenzamos a contar, ella buscaba su sonrisa eterna cubierta con la inocencia de la época. No intervenía, trataba de tomar la foto dentro de la naturalidad del juego, por lo que a veces se escondía detrás de un árbol cuando los niños jugaban o hacían maromas en las horas de la tarde, cuando ya nadie esperaba algo nuevo del día. Jemima buscaba tomar los instantes que los propios actores nunca recordarían. La tarde del problema había hecho varias fotos a un grupo de niños jugando en una plaza, hasta que llegó uno de los padres exigiendo con gritos la cámara a mi hija. Ella no se extrañó por la petición, sino por la violencia y la cantidad de insultos que el padre le propinó mientras le agarraba el brazo exigiendo la cámara, por lo que mi hija se negó. Aquel padre que le gritaba le dijo a mi hija que ella no tenía derecho a tomar fotos de los niños sin el permiso de sus padres y, mientras más gritaba, más personas se acercaban para presenciar el careo. Mi hija argumentaba que eran fotos con contenido artístico, en medio de la discusión mi Jemima les habló sobre un fotógrafo francés que le gustaba mucho y que dedicó parte de su vida a tomar fotos de niños de la posguerra, ella a veces me lo mencionaba: Doisneau, decía que sus fotos mostraban la esperanza, después de los horrores que había traído la segunda guerra mundial, con los niños jugando y las parejas besándose. Los padres de los niños no entendían nada y uno pensó que sus fotos las utilizaría para promocionar pederastia y que el tal "duanó" era alguien que le pagaba a mi hija para que tomara fotos a los niños, porque no era la primera vez que veía a mi Jemima tomar fotografía por las plazas del pueblo. Cuando mi hija, en medio de tres padres y dos madres, trató de mostrar las fotos para que vieran su contenido, Josep, uno de los padres que agitaba el avispero contra mi hija y que manejaba camiones por la zona al igual que mi Joan, y que se distinguía por llevar un escudo del Barça tatuado en su cuello y varias cruces y vírgenes en su brazo derecho, tomó la cámara de mi hija y la lanzó al suelo y, luego, pisándola como si de un antiguo baile se tratara, la destruyó. Al final llegaron los mozos de escuadra. Tuve que ir a buscar a mi hija a la comisaría junto con Joan. Todo estaba muy revuelto, los padres querían que mi hija se fuera a Venezuela, decían que era ilegal, que debía volver a aquel país donde violan a los niños y todavía usan taparrabos, además aseguraban que no era familiar mío porque no nos parecíamos en nada y que los pasaportes no mostraban ninguna filiación, uno colombiano y el otro venezolano, con apellidos distintos, por lo que seguramente había una mentira allí. El tal Josep insistió que no podía seguir en el país, aunque la visa se había renovado por dos años con la excusa de hacer trabajos fotográficos por el Pallars Jussá y de prestar servicio de hostelería, además de que tenía un contrato de trabajo con el hostal donde yo cocinaba todos los días risotto y una dirección fija de residencia, pero para Josep no era suficientes papeles para deambular y tomar fotos en Tremp.

Al finalizar la querella en la comisaría, Josep comenzó un cántico de imprecaciones mientras se alejaba con su mujer e hija y nos tildaba de sudacas mal agradecidas. Mi hija tuvo que pagar una multa de 500 euros por tomar las fotos sin permiso a los niños mientras Josep tuvo pagar una multa de 200 euros por actitud racista y restituir la cámara a mi hija valorada en 850 euros, este último pago jamás lo hizo. A Jemima se le prohibió tomar fotos a personas sin su consentimiento y a Josep que se acercara a ella, siempre tenía que estar a doscientos metros como mínimo. Los días siguientes mi hija no salía de la casa de Talarn. Se la pasaba todo el día en la cama, ni siquiera rezaba. En su cuerpo había un miedo que le crecía, un temor que no había conocido, o por lo menos eso creía, hasta que una tarde me habló de sus leves temblores de manos.

Jemima dejó de tomar fotos, ya no se le veía por las calles con sus cámaras, aquella digital que había comprado en Andorra y fue destruida sin sentido, ni con aquella Nikon que usaba rollos que se acumulaban en su cuarto porque ella quería revelarlos algún día y no pagar en una tienda. Sentía que el trabajo del fotógrafo era realizar todos los pasos que se exigen para conseguir la revelación que se esconde en el movimiento. Jemima pensaba que todo el proceso que nos lleva a ver una foto debía hacerlo el fotógrafo, desde la composición de lo que se quiere fotografiar, pasando luego por el laboratorio para hacer los revelados, obtener los negativos y los copiados, hasta el resultado final. En cada paso, decía Jemima, la foto atrapa alguna magia y, si se logra, luego puede narrar a los ojos de los espectadores aquellos encantos atrapados que no se desvanecerán jamás. Creo recordar que hay unos cincuenta carretes en la casa, desde hace años, desde que mi hija se fue del pueblo; la visito cada vez menos desde que vive en Barcelona.

Fue en el bar donde Marilyn le presentó a Remei, ella había oído hablar del incidente con Josep, a quien también detestaba porque era uno de aquellos hombres que justifican la violencia bajo el argumento de protegerse de los otros. Ella era de un pueblo de la zona que pocos conocían, pero había estudiado arte en algún lugar de Murcia y había obtenido un apartamento en Barcelona, luego de cinco años esperando una vivienda de protección oficial que el ayuntamiento da a aquellas personas menores de treinta años. Le habían otorgado el apartamento, pero buscaba dos compañeras para juntas pagar los gastos y divertirse y se lamentaba que aquel pueblo le hubiera dado ese trato a mi Jemima, por lo que hizo una propuesta.

Tuvieron varias reuniones, en las que tomaban cerveza y charlaban sobre artes plásticas y cine. Remei siempre hablaba de sus dos películas favoritas: *Nunca en domingo* (1960) y *Zorba el griego* (1964); ambas coproducciones griegas, ambas en blanco y negro porque para ella eran las que respondían con verosimilitud a la cultura clásica mediterránea y que todos quieren olvidar: que frente al fracaso hay que aprender a bailar como enseña Zorba; y que frente a la obra de Eurípides, Medea, la interpretación es tan libre que ni la muerte de sus hijos existieron, como enseña Ilya, la gran Melina Mercouri, al pseudofilósofo que la agobiará en la película por la precisión de pensar; actriz de la cual seguramente Freddy Mercury, nunca conocido como Farrokh Bulsara, admiró en secreto cultural por lo que no solo se acuñó su mismo apellido con una leve variante, sino que quizás fue la griega la auténtica *Queen* y nunca lo fue Elizabeth II, y cada vez que Remei daba una de sus teorías culturales, sus ojos verdes brillaban más.

Luego de varias reuniones se consolidó la propuesta con la que invitó a mi hija y a Marilyn a que vivieran juntas en su apartamento de cincuenta metros cuadrados. La última noche que mi hija pasó en mi casa, no hablamos de nosotras, ni del futuro, mi hija habló de Remei y me contó una curiosa historia. Según lo que le había dicho su nueva compañera de apartamento, a su abuela Montsé, quien había nacido en Pobla de Segur, cerca de la represa de San Antonio y donde también había nacido Puyol, el capitán del Barça —precisó después, porque por esa época Jemima se empezaba a interesar por el fútbol—, a principios del siglo XX la habían mandado a Barcelona para trabajar en una fábrica de azulejos. Allí se dio la casualidad de que un día Antonín Gaudí fuera a esa fábrica para buscar desechos y hacer sus trencadís, que por aquella época a pocos le gustaban. Comentó Remei que allí se conocieron, luego él la convenció para que limpiara su casa y estudio, con los años ella le comenzó a ayudar a hacer las maquetas, porque a Gaudí no le gustaba mucho dibujar, pero a la abuela de Remei sí, parece que tenía algo de talento, incluso pintó por muchos años, algunos de sus cuadros se vendieron y otros estaban en la casa de su madre en Pobla de Segur, como una colección de olvidos, tantos que a veces no podía caminar por la casa. Según Remei, su abuela también le ayudó a Gaudí a hacer bocetos y planos, pero especialmente trencadís, o por lo menos eso lo decía ella, de hecho, Remei hacía trencadís artesanales que vendía por la rambla y en algunas tiendas donde los turistas buscaban recuerdos de su paso por la ciudad, *souvenirs* que rápidamente caían al olvido luego de perder su novedad, según confesión de Remei.

Con el tiempo, contaba Remei, y aparentemente luego de conocer a su abuela Montsé, Gaudí cambió de ser rubio y de ojos claros, tener una figura apolínea que mostraba en su juventud, a ser casi un vagabundo, desprolijo con una larga barba y a veces irreconocible; según aquella abuela, esta transformación se debió a una epifanía divina, a una visión del futuro que nunca precisó con claridad en palabras el arquitecto, pero que intentó representar en las fachadas de su iglesia, aquella que construía para los pobres, dejando incluso proyectos e ideas para la finalización de su basílica después de su muerte. Desde aquella epifanía, Gaudí se volvió lentamente un eremita, un santo, un profundo creyente que iba todos los días a confesarse.

Según Remei y el recuerdo que le dejó su abuela Montsé sobre Gaudí, esta le ayudó en todos los proyectos en la última etapa de su vida, incluso en administrar las limosnas para construir el Templo Expiatorio de la Sagrada Familia, la obra a la que otorgaba Gaudí todas sus fuerzas, una iglesia diseñada para los hombres y las mujeres que buscan la gracia de Dios en su corazón. Montsé no solo era la mano derecha del arquitecto, sino que también le preparaba alimentos para que continuara su misión. Gaudí nunca se casó ni tuvo hijos, pero Remei dijo que su abuela, con dieciséis años regresó al pueblo para parir una hija y le aseguró a su madre que era de Gaudí. La madre de Montsé aceptó cuidar a su nieta siempre y cuando ella enviara pesetas para su manutención.

Al principio ocurrió así, pero luego la abuela de Remei desapareció, justo el 10 de junio de 1926, con veinticinco años, el día en que un tranvía atropelló a Gaudí. Al verlo como un vagabundo cualquiera, nadie le ayudó, hasta que un policía tuvo algo de conmiseración y lo envió a un hospital donde nadie le atendió hasta que murió, porque, ¿para qué atender a un miserable vagabundo que lo que busca es morir?

Desde entonces nadie supo nada de Montsé, hasta que terminó la guerra civil y con treinta y siete años regresó al pueblo de Pobla de Segur para dedicarse a pintar y, con el tiempo, tener un estanco donde vendía tabaco y billetes de lotería, decían que participó activamente en la guerra civil, pero nunca se pudo precisar por cuál bando, nadie la recordaba en acción. A veces Remei le preguntaba a Montsé sobre Gaudí, pero en algún momento ya no quería hablar de él. La última vez que Montsé le comentó a Remei algo sobre Gaudí, aseguró que, como todos querían olvidarlo o volverlo un ser que nunca fue, lo mejor que ella podía hacer era abandonarlo también. La madre de Remei siempre creyó que era la hija de Gaudí porque, al dejarla en el pueblo recién nacida, Montsé también dejó una carpeta de bocetos y dibujos sobre casas, remodelaciones e inmuebles que llevan la firma de Gaudí; cuando regresó después de la guerra civil, ella los escondió. Cuando Montsé murió, la madre de Remei halló aquellos bocetos y dibujos y pensó que podía ser rica, quiso vender aquella herencia de un romance imposible entre una joven de dieciséis años y un hombre santo de cincuenta y nueve años, pero nadie los reconoció como verdaderas obras de Gaudí, solo Remei y su madre aseguraban y juraban que eran obra de aquel santo hombre. Al final tuvieron que volver a guardar esos bocetos en el mismo lugar en que los había escondido Montsé. Remei me dijo que piensa que realmente es la nieta de Gaudí, o por lo menos que ahí había una historia y toda historia al final es una estadística falible. Le dijo esto sonriendo a Jemima, a la vez que celebraba por anticipado que en dos días se mudarían a Barcelona, y finalizó su historia de que lleva en su ADN los genuinos genes de la genialidad catalana y que nadie sabe apreciar.

RAZA DE CAÍN, TU TRABAJO NO ESTÁ DEL TODO CONCLUIDO

Los primeros meses que vivimos en aquel apartamento ubicado frente a los Jardines del Baix Guinardó parecían mágicos. Tenía un hogar por la *carrec* de la Marina, una larga calle que, al caminarla hacia el mar, llegaba a las puertas del subterráneo de la línea 2, aquella de color lila que tanto buscan los visitantes para llegar, desde lugares curiosos, a ver la obra epifánica de Gaudí, porque la magia de esa entrada subterránea es descender o ascender mientras desaparece o aparece la Sagrada Familia en el horizonte del espectador. Cerca de esa entrada al subterráneo, hay un KFC desde cuyas ventanas se puede apreciar la iglesia, así que a veces desayunaba un bísquet con un jugo de naranja mientras veía la fachada de la Natividad con sus tres portales: Esperanza, Caridad y Fe. Entradas rodeadas de esculturas dedicadas al nacimiento de Jesucristo y lo que aconteció aquellos días a partir de los cuales la humanidad cristianizada se percató del primer año de su historia.

Desde un lugar privilegiado frente a esas ventanas, podía ver cómo casi todos los días llegaban autobuses llenos de turistas que, como niños en un recreo, salían de esos armatostes con cámaras en mano, para tratar de tomar todas las fotos posibles de la obra, especialmente con ellos adelante, como para comprobar en algún momento de sus vidas que fueron felices, viajaron, tuvieron dinero, porque creo que Dios no significaba nada para ellos en esos momentos de dicha cuando se es el protagonista de su propia foto, de su propio éxito, de su imaginado superego rompiendo todos los pesimismos aprendidos. Todos buscaban los mejores ángulos, otros iban con guías que con sus dedos señalaban las cúspides de las torres o apuntaban a las tortugas en sus bases que soportan las columnas de la entrada, preguntándose quizás en cuál parte de la Biblia aparecen; y otros visitantes usaban gorras para que los rayos del sol no interfirieran con sus descubrimientos de los Reyes Magos, o del burro o del buey rodeando a la Sagrada Familia. Muchos utilizaban sus manos como viseras, como ocultando su rostro al creador, y otros con lentes oscuros seguían el dedo de algún guía que, en lenguas no bíblicas, como el coreano, les explicaba los simbolismos que saturan la entrada, como lo que significa el ciprés que está en la parte superior del pórtico con algunas palomas entre sus ramas. ¿Verán el ciprés? ¿Cómo se dirá ciprés en coreano? Me pregunto qué siente alguien lleno de fe, que vive cada versículo y palabra de Dios, de aquel que toma fotos y ni siquiera se sabe el padrenuestro que está grabado en un bloque de bronce, donde resalta el catalán sobre cualquier otro idioma y que está en el interior de la fachada de la Gloria, la que se espera que algún día sea la entrada principal, porque su frente da en línea recta hacia al mar, según comentan, aunque yo nunca he podido ir en línea recta desde ese punto hasta la playa debido al tráfico, el urbanismo y las personas.

Me pregunto a veces qué siente el ignorante de fe, aquel que no puede creer en una entidad superior y creadora de su efímera y casi siempre inútil existencia cuando entra a una iglesia, mezquita, sinagoga, templo o cenáculo. ¿Sentirá algo que no sea su ego o una curiosidad infantil por adivinar lo que esconden los sitios sagrados? Las personas que van a la Sagrada Familia se maravillan por la creación del hombre, de Gaudí y su genialidad, pocos de aquellos que la visitan saben que está enterrado en la cripta de la iglesia; y pocos también saben que el mismo Gaudí dejó establecido que su iglesia no debía superar los 172 metros de altura, porque la altura del Montjuic, que es la montaña más cercana a la iglesia, mide 177 metros, por lo que la obra del hombre no debe superar a la del Señor. Ahora todos se maravillan de los grandes edificios de hormigón y luces artificiales y pocos de las montañas y de la fauna que los rodean, por lo que a veces me pregunto: ¿realmente se maravillan? O ¿ahora nos hemos acostumbrado a maravillarnos solo por las cosas que hacen los hombres, como una torre de papel higiénico en un supermercado? Quizás en el futuro muchos museos se llenen de torres de papel higiénico mostrando así la fragilidad de los estómagos de las personas y su sensibilidad anal, por lo que en esos museos no solo te mostrarán las torres de papel escondiendo quizás a un *caganer* entre sus laberintos, sino también se hallarán las especificaciones, usos, calidades, nombres, colores y aromas de lo que nos maravilla cuando defecamos.

A veces almuerzo en KFC, me gusta sentir el aceite entre mis dedos, es como si mis manos se volvieran de seda, no hay roce, todo es liso, aunque Marilyn me dice que es asqueroso, que lo que como tiene mucho aceite y me matará. Marilyn desayuna todos los dulces que se acumulan en las pastelerías, en los bares, en la repisa de la cocina, ¿el azúcar no la matará? Además, sus manos siempre tienen callos por sus repetitivas tareas de usar la escoba y el trapeador mientras limpia las habitaciones en dos hoteles de Barcelona. Me gusta sentir mis dedos lisos, por lo que a veces almuerzo allí y, entre un trozo de pollo frito con una Coca-Cola y una papita frita en la boca, trato de entender aquel barroquismo de la entrada y aquella escasez que decoraba el pórtico de la Pasión.

La primera vez que entré al KFC estuve toda la tarde pensando en aquel cuadrado con números que se ve en la fachada de la Pasión, no fue hasta que Remei me dijo que era un cuadrado mágico: sumándolo como lo sumaras siempre daba treinta y tres, también pensaba por qué varias personas no reconocían "la pasión", siempre hablaban de aquel pórtico como la fachada de "la resurrección". ¿Qué es ahora "la pasión" que parece un concepto alejado de nuestro Señor? Reflexionaba viendo comer a otros seres humanos pollo frito, ahora muchas de esas personas que comen *chicken sandwich* con papas extralargas perciben la pasión como aquel esfuerzo que las hará resaltar, sobresalir, ser las mejores y así deslumbrar a lo demás, o por lo menos es lo que enseñan algunos padres y los profesores cuando hablan de la falta de pasión en nuestros estudios, en nuestras vidas, en nuestros proyectos; además durante los años ochenta la pasión se transformó en una vitalidad para llegar a una meta, como contaban películas como *Flashdance* (1983) o *A Chorus Line* (1985). Por aquellos años algo ocurrió, era el gobierno de Reagan, en ese entonces quizás se comenzó a concebir "la pasión" no como un padecimiento, sino todo lo contrario, como una acción, no como lo vivió Cristo nuestro Señor de estar en un estado pasivo, tolerante, de aceptar el dolor frente al exceso de las injusticias, para que nosotros sepamos sobre las congojas que produce el abuso de poder, la acción del déspota; ahora se concibe "la pasión" como fórmulas de triunfo, de energizar a las personas hacia un movimiento perpetuo, en luchas improbables, yendo sin frenos tras el éxito, hasta que oyes ahora que "nadie sin pasión triunfa", una forma agradable de decir que nadie sin sufrimiento será reconocido o que la pasividad, la paciencia o los pacientes no son rentables.

A veces me ponía a tomar fotos de la multitud que se agolpaba frente al pórtico de la Natividad, donde todos llegan y tratan de que sus expectativas estéticas se cumplan, llegan con ansias de maravillarse y creo que lo logran. Desde aquel encuentro con Josep en Talarn, solo puedo tomar fotos a multitudes y con un gran angular de 35 mm para así no sentirme vulnerable, como si quisiera eliminar lo individual de mis fotos. A veces he tratado de saber de dónde venían, por qué les interesa aquella iglesia sin concluir, lo difícil que es verla de cerca, pero aún más desde lejos porque son pocos los puntos donde se observa su majestuosidad, inclusive tuve la idea de hacer un documental entre aquellos que llegaban a la iglesia sin fe, pero con deseos de fascinarse, pensando que las personas con fe no buscaban extasiarse, que es lo más fácil de acceder a una emoción estética, sino de obtener una epifanía que certifique sus sacrificios, sus peregrinaciones, sus abandonos; pero durante el tiempo que estuve merodeando las aceras de la basílica creo que no vi ningún síntoma de epifanía.

Yo comencé a buscar mi epifanía, la fe en el Señor que aprendí en el Cenáculo me llevó durante varios días a buscar algún candelabro de siete o nueve brazos en aquella obra inconclusa, en cualquiera de los pórticos, o algún candil como los que adornaban el Cenáculo por todas partes, pero no hallé ninguno. El monumental templo de Gaudí no tiene ningún *menorah* tallado, así que siempre en mis encuentros con aquella obra no hubo epifanías ni momentos de asombro. Solo preguntas que no podía responder. Si lograba obtener alguna respuesta, a veces no la podía oír dentro de mí, la basílica y sus alrededores están saturados de ruido, de cámaras, de zoqueteadas por la cantidad de personas que sienten que aquella iglesia ha sido construida para ellos. Hastiada de ver turistas, pasaba largo tiempo por la parte de atrás, en la Plaza de la Sagrada Familia, desde donde se puede observar la Pasión de Cristo, la Última Cena, los legionarios jugando con la túnica del Hijo de Dios. Algunos turistas pasan, toman fotos y se van y ciertos grupos acompañados de un guía demoran un poco más, pero a veces no se ve a nadie, a veces pareciera que solo nos podemos maravillar en dos dimensiones, en algo que nuestros ojos capten, y no en tres dimensiones, en el recorrer aquellos espacios con los brazos abiertos. En esos momentos, sin gente y viendo a Cristo crucificado, me preguntaba cómo realmente estaba constituida mi fe, lejos del espectáculo del Cenáculo, lejos de mis lecturas bíblicas y a veces levantaba mis brazos y los estiraba hacia el cielo.

Hacia el atardecer, cuando los autobuses desaparecen, los habitantes de la zona llevan a sus hijos a jugar entre las sombras de los árboles mientras una luz suave, casi ocre, pinta el pórtico de la Pasión despacio y donde algunos parecen hallar su epifanía, lejos de la multitud, entre las risas de los niños. Ciertamente estuve tentada a tomar fotos a los chicos en sus juegos, de escapar a la masificación en la que había caído mi trabajo fotográfico, niños jugando con la iglesia como telón de fondo, pero ya las experiencias previas y la desconfianza que esta época perfeccionan en las personas hacían que pasara el tiempo leyendo en aquella plaza, hasta que la iglesia comenzaba a iluminarse artificialmente.

Barcelona en las noches se convierte en un paraíso artificial, donde aparecen los sueños inquietantes que nunca afectan a los turistas. Lo primero que brota en ese paraíso artificial son los manteros, aparecen con sus manteles y sobre ellos colocan mercancías. De repente una calle se llena de aquellos jóvenes que en sus países no pudieron lograr aquel sueño de modernidad que veían por la televisión. Luego entre las callejuelas una Sodoma caleidoscópica aflora a lo largo de Barcelona, cualquier droga, cualquier tipo de mujer u hombre se puede comprar para hacer la noche más larga. Los jóvenes invaden la ciudad con sus vespas, con sus pequeñas motos que no dejan dormir porque a lo largo de la madrugada aquellas motonetas y *scooters* rompen el silencio. Cuando vivía en Talarn, aquel silencio era lo que me agobiaba, después de las doce de la noche solo se oían algunos pasos y voces hablando cosas ininteligibles entre personas que regresaban a sus casas luego de departir con amigos unas cervezas. Desde el balcón de aquel apartamento que compartía con Remei y Marilyn, no se oían pasos, ni personas hablando, solo ruidos de motores rompiendo el silencio, gritos e insultos, a veces se oía el sonido de botellas quebrándose y te despertaban del sueño con grietas. Otras veces había cánticos de fútbol o sirenas de policía que se detenían frente del edificio, a veces unos minutos, a veces unas horas, extrañamente toda la noche. A veces les decía buenas noches a mis compañeras y en lugar de oír sus buenas noches, oíamos entre risas: "A ese hijo de puta lo mataré, lo juro, tío, lo mataré".

Una vez liando tabaco y fumando mientras tomaba unas cervezas con las chicas, me preguntaron cómo era Caracas de noche, porque Marilyn venía de un pueblo cerca, muy cerca de Guayaquil, comentando que desde la ventana de su cuarto veía al rio Babahoyo, por lo que solo había conocido el silencio y las sombras que trae las olas del río en su ir hacia el Pacífico, por lo que antes de llegar a la "ruidosa" Barcelona con su tía para buscarse un futuro lejos de aquellos hombres con nombre de líderes y que habían desdichado las vidas de muchas mujeres de la zona por creerse destinados a grandes cosas, no había conocido la esencia del alboroto. Me acordaba de mis fotos, de la atalaya desde cuya cima, en aquel cine pornográfico, había construido para ocultarme de los paseantes nocturnos. Les conté que Caracas era una ciudad de fases, entre el silencio profundo que puedes hacer en algunos momentos, hasta el sonido de disparos que te levantan exaltada, como si salieras de una pesadilla de guerra. Había momentos en los que podía salir y no ver a nadie, o solo algún coche o moto andando, en otros momentos había dos o tres alcabalas móviles de policías o militares que detenían a cualquiera que circulara, les pedían documentos personales y a veces dinero. A mí solo me detuvieron una vez cerca de la iglesia, una noche que había ido a una boda para realizar un fotorreportaje y que me dejó el taxi, a las dos de la mañana, cerca del Cenáculo de la Felicidad, no pudo acercarme al frente porque esos días estaban reparando algunas aceras y habían cerrado algunas calles en el centro de la ciudad. Justo al cruzar la esquina había una alcabala con tres policías armados, me pidieron mis documentos y uno comenzó a hablar de la cámara, de que le gustaba la fotografía y si tenía la factura de compra de la Nikon D1 que curiosamente había sido un regalo de mi tía Martha. ¿Quién lleva en la cartera facturas de las cosas que compra? El policía me decía que podía ser robada e insistía en que se la diera. Quizás porque comencé a llorar, quizás porque comencé a orar, el policía se calló mientras el otro me regresó mis documentos diciéndome que todo estaba en orden y que tuviera cuidado, porque ahora en cada esquina puede haber alguien que te quiera hacer daño, por el simple hecho de mantener la maldad que nos han hecho lo que somos, y luego de estas extrañas palabras me dejó pasar la alcabala improvisada que los policías hacían, desde entonces siempre traté de estar en la casa antes de las ocho de la noche o llegar luego de la siete de la mañana después de una noche de trabajo *freelance* para el periódico.

En este apartamento a las ocho de la noche es cuando Remei sale con amigos, era también la hora en la que Marilyn se va a trabajar para limpiar habitaciones de un hotel, hasta la diez de la mañana del día siguiente. Yo pasaba aquellas primeras noches oyendo ruidos, fumando, leyendo una Biblia en catalán que no podía pronunciar, buscando versículos que sabía de memoria para comparar, para saber si podría algún día hablar con la lengua suelta como creo que hablan los catalanes, una lengua que pareciera no tocar nunca los dientes ni los labios. Leí un pasaje de Mateo: *Aleshores Pere preguntà a Jesús: —Senyor, quantes vegades hauré de perdonar al meu germà les ofenses que em faci? Set vegades? Jesús li respon: —No et dic set vegades, sinó setanta vegades set.*

Por aquellos años necesitaba entender el perdón, porque algunas noches en las que me quedaba sola, sacaba de un sobre unas fotos que mi madre me había regalado, casi todas de ella en diversos momentos de su vida, de mi hermana y yo cuándo éramos pequeñas, de ella con mi padre mostrando sonrisas típicas de una pareja enamorada que no sabe nada sobre el mañana, pero había una foto particular, una donde descubro que el perdonar es una elección de tiempo, que perdonar es setenta veces siete porque se necesita que las acciones o las personas que nos perturban devengan en algo que ya no son. Para poder perdonar debe haber un transcurso, un salir de los inicios, de los porqués, de los motivos y ver hacia dónde surcan aquellas emociones y pensamientos, elaborar visualizaciones de los fines, de los apocalipsis, de las pérdidas. Se requieren coyunturas para contar, para pensar, para hablar, se precisa tiempo para mirar desde diversos ángulos aquello que trastoca la confianza, la felicidad, el amor. Hicieron falta edades para ver a mi padre en esa foto, sentado en una silla de mimbre, con una hamaca de fondo. En la foto se puede percibir una sonrisa, no usa lentes, y me acuerdo de aquellos ojos pequeños, punzantes, que reposan tangencialmente sobre una nariz gruesa que está sobre unos labios carnosos. Lleva puestos unos guantes de cuero, ropa blanca que contrasta con su cabellera negra, larga, encrespada y su piel de color de un río, de los tantos que vi. Tiene en su regazo dos gatas que miran a la cámara, dos gatas que parecen controlar cualquier salida violenta que pueda hacer mi padre desde la silla, gatas de tres colores, sin pedigrí, sin opinar sobre la realidad de la vida, solo se dedican a ver la cámara, como si supieran que ellas son lo justo y necesario que hacía falta para tener una foto completa.

He visto cientos de fotografías de artistas como Lewis Hine o Robert Doisneau, son mis fotógrafos favoritos, ellos retrataban aquel momento que hace que las personas tengan ganas de conocer y comprender lo que ocurre en la foto, sin dramatismos ni morbos. Me gustan sus imágenes porque sus fotos gritan, pero nunca hieren. La foto de mi padre fue tomada por mi madre, es una foto centrada, sin profundidad.

Recuerdo la única clase que me interesó del seminario de estética que dio un profesor gordo que se veía quizás él mismo como un exatleta olímpico y siempre apretaba su vientre cuando iba al pizarrón, como si modelara, pero al sentarse aquel vientre abultado aparecía fláccidamente como si de un monstruo gestante se tratara, él comenzó a hablar de Barthes y de la fotografía, del ensayista francés que, viendo una foto de su madre cuando era niña, elaboró toda una teoría de la fotografía con una foto que lleva el título *La foto del invernadero*, la cual, excepto Barthes, nadie ha visto. El profesor de estética comentaba, entre guasa, que toda esa teoría sobre el arte fotográfico, desarrollada por Barthes, fue construida sin una foto real, como todas aquellas teologías, teodiceas o deísmos que han sido fundados sin la real existencia de un Dios; finalizaba aquel profesor diciendo que las mejores teorías son aquellas que se elaboran en torno a una entelequia que nunca se desvela. Aún no sé por qué comparó la teoría fotográfica de Barthes con un tratado teológico, quizás porque en ambas cosmovisiones del hacer humano, fotografía y teología, pareciera que su fin es discurrir sobre la belleza del mundo, así que cuando se habla de lo bello, siempre nos debemos de alejar de cualquier percepción real, agarre o control.

Ahora veo el retrato de mi padre, es adulto, está sentado, en un solo plano se presencia su porte de hombre hecho por sí mismo, es el *"studium"*, aquella palabra que acuñó Barthes para hablar de lo general de las fotos, del buen gusto, del interés cultivado de la fotografía, y lo contrasta con el *"punctum"*, lo que punza la mirada, lo que dentro de una foto general resalta y enciende los circuitos subjetivos porque afecta las emociones, por lo que cada persona verá distintos *"punctum"* en una foto. En la foto de mi padre veo dos *"punctum"*, son las gatas que están en su regazo. Las gatas son grandes como si fueran dos rocas que impedirán a mi padre levantarse alguna vez de esa silla. Mientras mi padre mira la cámara, los ojos de las felinas la traspasan, sus miradas llegan rápidas, como una advertencia de que siempre algo nos adelanta: el miedo, la suerte, la muerte. No me acuerdo de niña de tener mascotas, solo compañía de animales circunstanciales, como una tortuga o un perro que al final dejábamos o nos dejaba, nunca he tenido una mascota como tal y quizás por esto nunca he pensado en la importancia que puede tener para algunas personas.

Le pregunté tiempo después a mi madre sobre esas gatas, aclarándole que eran gatas porque aquellas mininas tienen tres colores en su pelaje, lo que las vuelve genéticamente hembras. Me dijo que no recordaba a esas gatas, que a lo mejor eran espíritus reencarnados. Mi madre me indicó que nunca hubo mascotas en la casa de Curillo, había muchos perros por la zona, abandonados, famélicos, buscando compañía, también se veían caballos y cerdos por allí, pero muy pocos gatos, casi todos eran fantasmas. Al ver la foto con más atención, mi madre decía que aquellas gatas eran más grandes de lo normal, más pesadas de lo normal, parecían diosas desamparadas o diosas cobrando una deuda. Ahora, años después veo de nuevo la foto y he aprendido a perdonar a mi padre, me es ya indiferente.

Esa foto de mi padre con las gatas me acompañó varias noches de soledad en el apartamento buscando aprender a ser indiferente a lo obvio; en aquella soledad no existía el silencio, siempre estaba el ruido incesante de los *scooters* como si recitaran un rosario, también decenas de jóvenes que no esperan por un mañana y gastan toda su energía en ese momento entre gritos de botellones que hacen en la plaza frente del edificio, una noche sí y otra también. Pasaba horas liando cigarros, porque comprar cigarros liados es demasiado costoso y si los compras, los demás te perciben como una mujer que quiere separarse del grupo y no como una amiga de corridas. Liaba cigarros para hacer tiempo mientras miraba por la ventana las noches en Barcelona.

Miro fotos, fumo y recuerdo el versículo de Mateo, aquel que trataba de aprender en catalán, me lo había aprendido en latín en las clases del Centro Simja: *Tunc accedens Petrus ad eum, dixit: Domine, quoties peccabit in me frater meus, et dimittam ei? Usque septies? Dicit illi Jesus: Non dico tibi usque septies: sed usque septuagies septies.* Pero no puedo decir a las personas que sé algo de latín y puedo citar partes de la Biblia en aquel idioma que muchos creen que no sirve para nada. Tampoco puedo hablar del Cenáculo porque en España no está establecida esa iglesia, por eso, poco a poco me olvidaba de sus doctrinas, a veces por aburrimiento, a veces porque creía encontrar los engaños que me hicieron rezar en algunas oportunidades, no por la gracia del Espíritu Santo, sino por la salvación de algún político o de algunos de sus familiares. La mayoría de las personas que conozco se contentan con ir a misa católica de vez en cuando, ir a las procesiones en Semana Santa y disfrutar la Navidad entre roscones, turrones y los regalos en día de Reyes. Solo he visto rezar a personas mayores en la iglesia y tres veces a mi Chachi desde que llegué a Barcelona, pero siento que yo rezo a un *"punctum"* mientras los demás rezan a un *"studium"*, aunque a veces doy gracias por los alimentos al Señor, frente a unas piezas de pollo frito con ensalada de col en KFC, en silencio, sin mover las manos, sin devoción, por costumbre.

Lo que hago ahora es caminar por las calles, fumar y desentrañar el versículo de Mateo. Llego a la conclusión de que el perdón y su cara opuesta: la venganza, están fundadas en una especie de sombría justicia. Ninguna de las dos actúa en el momento del agravio. El vengador racionaliza aquella injusticia y prepara un plan meticuloso para castigar al victimario mientras el que perdona busca insensibilizarse por lo ocurrido. Por eso, a veces, parece que el perdón es una atribución del poderoso, de aquel que puede olvidar, insensibilizarse, por lo que solo el Señor y "los señores" perdonan y nunca los creyentes, los siervos, los pobres, los esclavos, estos solo pueden vengarse porque no pueden dejar de sentir. Cuando el creyente, el siervo, el pobre o el esclavo no pueden vengarse, es porque no pueden racionalizar el agravio, ni pueden perdonar porque sus memorias se alimentan de las ofensas, por lo que aparecen el resentimiento, la envidia y el suicidio a veces, siendo la autoinmolación un recurso para salir de un ciclo de injusticias. Ya se ha dicho que "los hombres mueren y no son felices", pero algunos piensan que, trascendiendo esta vida, por lo menos se pueden acercar a un "lugar" donde el dolor, la humillación y el envilecimiento que los envuelven se pueden volver mera bruma, olvido, nada.

Pasé algunas noches pensando entre cómo vengarme de mi padre, un narcotraficante y paramilitar conocido, o cómo obtener el total desinterés por Gersón, aquel débil hombre que se esconde por la selva usando unos guantes de cuero para no ensuciarse con la realidad, que había tenido dos gatas carceleras de su espíritu cuando estaba rodeado de su mujer y sus hijas, y ahora, me repito constantemente, ¿ese hombre me es indiferente?

Luego de meses viviendo de un dinero que sabía que se iba a agotar, comencé a ir al taller donde Remei y otras personas hacían diversas figuras de trencadís o los "quebradizos" o "quebrados", como en algún momento traduje aquella palabra catalana. Trabajaba a destajo dependiendo de la temporada de turistas. Las figuras que más se vendían eran los lagartos, las tortugas y los gatos. Había un tamaño básico, uno grande y esculturas. Casi todas se vendían en las tiendas cerca de las obras de Gaudí, me imagino que los que compraban estos *souvenirs* comulgaban un acto de fe con el mercado, se llevaban a sus casas un testimonio de viaje, de conocimientos de su buen gusto que no necesariamente quedaba en sus espíritus, sino en la materia adquirida con euros. A veces Remei me contaba que cuando iba a las tiendas a dejar las cajas con los trencadís, oía a personas en la tienda que no sabían quién fue Gaudí, incluso algunos pensaban que era un diseñador como Lagerfeld o una marca como Gucci. Por lo que lamentaba Remei que ni siquiera las placas que están frente a las obras del arquitecto explicando la vida de Gaudí fueran leídas.

Esos primeros meses, luego de no hallar mi epifanía en la Sagrada Familia, comencé a vagar por la ciudad. Comencé a ir a museos, había tantos que una vez pensé que no se podían conocer todos. En algunos como el de Tàpies hay que caminar hasta llegar a un edificio que parece un colegio y que tiene en la parte superior restos de una alambrada que algunos de sus alumnos, en plan de chanza, habían roto. Igual me fue difícil ir al museo Miró, porque está en la cima del Montjuic y había decidido caminar por toda la ciudad, no usar ningún tipo de transporte. Cuando quise ir al museo de Arte Moderno, me encontré en su entrada a docenas de *skaters* entre sus ruidos y gritos, recibiéndote como si ellos formaran un *performance* particular del museo y así pudiera apreciar desde otra dimensión las obras que estuvieran expuestas allí. Intenté ir a otros como el de Picasso, pero siempre había muchas personas, colas de familias que querían enseñar a sus hijos cómo se forja un genio patriarcal con la esperanza de que ellos lo sean.

Caminando por Barcelona, pensaba que quizás podía hallar mi epifanía, entre calles escondidas con más de mil años de historia y paredes de piedras construidas con manos analfabetas. Algunos corredores se llenaban de cientos de grafitis de bandas urbanas, de protesta social, de caricaturas o una simple firma de un anónimo, como si aquel sector ya hubiera sido arrasado por bandas de bárbaros. Por aquellos laberintos se podían ver escaparates de tiendas donde se ofertaba lo más novedoso de un producto de marcas, o las comidas más exquisitas y extravagantes, o las tiendas de arte más bizarras, así como admirar las piezas más desconocidas de un pasado reciente como era un gramófono RCA, rodeados de perros de cerámicas, de Nipper, como luego descubrí que se llamaba aquel perrito que representó la marca, oyendo la voz de su amo grabada en un disco. En algún momento tuve la intención de comprarme el gramófono, pero pensaba constantemente para qué. Luego qué haría con él, dónde viviría, me quedaría en España o me iría a otro país, inclusive antes de perdonarlo, llegué a pensar en ir a buscar a mi padre allá en medio de la selva.

El no saber mi futuro, el no creer que llegaría a ser una feliz ama de casa, con niños y un marido satisfecho, me inhibió de comprar cosas que solo alimentan aquellos sueños; ya casi había pasado una década de aquel maravilloso siglo XXI y con mis veintisiete años aún no había tenido un novio, aunque no lo necesitaba y más curioso ni lo quería, no había terminado mis estudios de arte, no tenía una familia clásica, sino una madre que apareció al cumplir la mayoría de edad y un padre que se mueve entre los ríos y la economía de guerra, para finalizar con una hermana de la cual no sabía nada porque nunca nos escribíamos.

Cada vez divagaba más por las calles de Barcelona, especialmente por el barrio gótico, donde cada cierto tiempo caminaba sin cuidado, sin saber por dónde iba, un día llegué a una plaza donde una iglesia muestra los rastros de esquirlas de un bombardeo que ocurrió en la ciudad en 1938. Allí alguna vez oí en inglés a tres jóvenes turistas emocionados porque habían descubierto parte del decorado que se utilizó para un video musical del grupo Evanescence: *My immortal* (2003), por alguna extraña causa, quedaron aquellos huecos en los relieves de esa pared frente a la fuente donde yo sentada los escuchaba mientras leía y ellos reían.

El problema de encontrar una epifanía es buscarla, había leído que la epifanía debe ser como el amor, algo que se debe dar en el momento menos esperado. Yo no seguí ese consejo, decidí buscarla, porque sabía que hay miles de personas que buscan el amor y lo encuentran. Pero una epifanía se puede dar por pasos como el amor, como me ocurrió. Paseaba por el barrio gótico y encontré un pequeño café, frente al local había una escultura que me pareció la órbita elíptica de un planeta derretido por esa gravedad que siempre nos impide dejar la realidad. Ese día me compré un libro de oferta cuyo título es *Homenaje a Cataluña*, en una librería a la que iba porque estaba escondida, porque casi no iba nadie y nadie me preguntaba nada, no se oía catalán, ni español, ni inglés, todos allí tomaban los libros, los ojeaban y, si les interesaba, ponían el dinero que se indicaba junto con un papelito que estaba dentro del libro con el precio en un plato de metal en la recepción y se iban. Detrás del plato siempre había un hombre leyendo que nunca me miraba a los ojos. Tenía tiempo tratando de entender la idiosincrasia de los catalanes, de sus subidones de adrenalina cuando nadie lo espera, de sus pasiones que nadie comparte, de su mirada sobre ellos y sobre los demás que siempre te dejan preguntas sin contestar, de sus afirmaciones de una superioridad incomprobable y de sus cansancios por una economía cerrada en el turismo y por habitar en un cosmopolitismo que ellos presencian siempre desde la distancia, como si fueran árbitros, o quizás todas esas visiones eran mi particular percepción de lo catalán que yo veía en Remei, en sus amigos, en la gente de Tremp y Talarn. Quizás todo era más sencillo, Marilyn y yo no pertenecíamos al mundo catalán, éramos lo exótico, aquello que se puede apreciar o no, tomar o abandonarlo, usar o alquilar, las dos éramos personas que estábamos allí sin tener que justificar nuestras culpas, existencias o prejuicios; quizás por eso Marilyn nos dejó para irse a Oviedo, al norte, porque consiguió un novio de aquellas regiones montañosas, o por lo menos días antes así nos notificó, pero nunca nos lo presentó. Se marchó un lunes, sin despedirse de nosotras, debiendo dos meses de arriendo y dejando como herencia algunos CD quemados de música bailable.

Leía aquel libro y estaba al final del tercer capítulo en el cual el escritor menciona los problemas a los que debían enfrentarse los milicianos recién llegados al frente de Aragón, uno de ellos era aprender los "santo y seña", según el escritor, formados por "palabras rimbombantes", que muchos de ellos ni siquiera comprendían. Cuenta el narrador que entonces una noche la contraseña era "Cataluña, heroica" y un campesino de cara redonda, llamado Doménech, le preguntó qué significaba eso. Orwell contestó que "heroica" era lo mismo que "valiente". Al volver a la trinchera, cuando el centinela gritó: "¡Alto!, ¡Cataluña!", Doménech respondió: "¡Valiente!", lo que le mereció un disparo que por poco acaba con su vida. Y luego, casi sin querer, me fijé en una placa cerca de donde estaba sentada que decía "Plaça de George Orwell", quien era el autor del libro que leía. Me detuve un tiempo pensando si yo era como aquel miliciano que no había entendido el "santo y seña", por lo que siempre respondía equívocamente al llamado del Señor.

El barrio gótico era mi lugar favorito para estar y especialmente ese café donde creo que recibí aquella epifanía literaria o teológica, pensar cuál será el "santo y seña" que se creará para el día de mi salvación eterna, por lo que si mi Señor ese día decía: "¡Alto!, ¡Espíritu Santo". ¿Qué responder?: "¡Amén!", "¡Gloria!", "¡Salvación!", "¡Misericordia!", "¡Aleluya!", "¡¿Soy yo?!". Estaba confundida, a veces oraba al Señor pidiéndole fuerzas para aceptar su voluntad, a veces iba a las diversas iglesias como a la basílica de la Mercè, que pocos turistas atraía, o la Santa María del Mar, por las noches, cuando ya no había gente tratando de encontrar ángeles entre las paredes de piedra, con un libro cuyo título era similar al nombre de aquella vieja estructura de piedra, y moviendo sus cabezas cada vez que unían algo de lo leído en aquella novela con la historia de la iglesia, o se quedaban congestionando las cercanías de la iglesia viendo los repujados de bronces con los *bastaixos* en la puerta, sin mirar nunca al piso con decenas de lápidas que pisaban, muchas sin nombre y con una calavera sonriendo, o por lo menos así lo percibí; pero mi favorita era la basílica Santo Justo y Pastor, era la más rodeada por turistas, pero pocos entraban, quizás hasta que un día alguien escriba una novela policial sobre ella, o explique los sobornos sobre la construcción de su cementerio creado en la época de la peste negra, o conciba una historia épica para explicar por qué el último rey visigodo, Witiza, está enterrado allí, o sencillamente haga alguna ficción sobre aquella escultura de la Virgen María embarazada, que está en una esquina y a la cual nunca le he podido quitar los ojos cuando iba allí a rezar, no sé, desde que la vi por primera vez, siempre me ha representado la síntesis de la contradicción: la "virgen" María embarazada.

Iba a la iglesia no para orar un padrenuestro, sino para consolarme con el Señor, aceptar mi destino y pedir que este destino sea de paz. A diferencia de orar en el Cenáculo, aprendí a rezar en silencio entre turistas e imágenes y simbologías religiosas inauditas. A diferencia de Caracas, donde en cada esquina encuentras a una persona con creencias sincréticas, con fe absoluta, con mística religiosa, por las esquinas de Barcelona aquella religiosidad está grabada en las piedras de sus basílicas. Excepto algunas viejas católicas que merodean por esas piedras, a todas las personas que conocía les parecía extraño que supiera sobre la Biblia y más raro aún que entrara a la iglesia a rezar, aunque no fuera a la misa de los domingos. A Marilyn y Remei les hablé del Cenáculo de la Felicidad y luego del Gran Templo de la Felicidad... y me expresaron que lo mejor que pude haber hecho era retirarme de esa "secta" que con pensamientos positivos creen arreglar el mundo, según lo que ellas entendieron o lo que yo expliqué sin precisión. Cuando llegaban a esa conclusión, no podía seguir contándoles que no me había retirado de una "secta", sino que sentía que no tenía cabida en ella porque en algún momento me sentí usada, maltratada, humillada, desubicada, pero no había perdido mi fe, que no escapaba de ella sino de un padre biológico que me buscaba con paramilitares asociados y narcotraficantes amigos, de un padre de crianza que me comenzó a rechazar por estorbarle en su destino pastoral y de un padre Celestial que me pone a pruebas todos los días como el Señor le había puestos obstáculos a Job, para aceptar mi destino y fortalecer mi fe. Yo nunca uso una psicología positiva como ellas mencionan para que me guíe hacia una felicidad como me acusaban en la universidad, quizás porque asistí a la decepción de la felicidad de mi tía Martha en su carrera por obtenerla y terminar en una cama rodeada de cánulas y peluches supervivientes. No utilizo ninguna psicología o filosofía para atrapar la felicidad porque soy feliz, así de simple e ininteligible para los demás.

Una vez le comenté a Remei, entre volutas de humo y mirando su cuerpo medio desnudo, que yo era feliz. Remei me observó con la duda que tiene toda persona al descubrir que alguien dice que es feliz o cree en Dios, aunque casi el total de películas y confesiones en la vida giran en torno a estas dos ideas: felicidad y trascendencia. Para muchos pronunciar abiertamente que son felices es el inicio de la construcción de una estafa. Remei no era feliz, siempre hablaba de una economía de fracasos, de amores de fracasos, de sueños fracasados. Remei no era feliz porque se había acostumbrado a no ser feliz, le comenté.

—Además, las personas meten en una idea los objetivos de la vida y los placeres inmediatos con la felicidad, y eso es un error —le precisaba a Remei mientras abría otra lata de cerveza—, porque no siempre se logran los objetivos o estos cambian con el tiempo, por ejemplo de niña quería ser veterinaria y mírame ahora fumando en un balcón, viendo motos y más motos pasar por la *carrec* Marina haciendo ruido y más ruido mientras el placer es hormonal, momentáneo, efímero y subjetivo, pasa y a veces queda en la memoria como guía, por lo que cientos de personas tratan de seguir los mismos pasos para obtener ese momento, por eso se llenan de drogadictos las plazas, porque ellos están seguros de repetir una cantidad de pasos idénticos, de seguir una rutina que los llevará a la felicidad que conocen y que saben que puede lograr con el mismo mínimo esfuerzo. Hay personas que sienten placer en martirizar a alguien y hay otros que en sus padecimientos obtienen el mayor goce.

Remei me miraba incrédula, como alguien que sale de una "secta" y habla bien de ella, aunque la "secta" sea satánica. Medio desnuda, Remei caminaba por el apartamento entre cervezas y haciendo cigarrillos, una belleza comenzó a iluminar el apartamento, belleza que tenía tiempo intuyendo, pero sin precisar, así que le dije que quería tomarle fotos, ella bebió un sorbo de cerveza y casi se ahogó con el trago al oír mi propuesta, el calor del verano es insoportable, pero es más insoportable con un cuerpo húmedo a tu lado. Me dijo que no con la mano mientras abría su bata y me mostraba un seno haciendo unas poses entre infantiles y sexuales.

Le recalqué que, con el tiempo y viniendo de una "secta" que gira en torno a la felicidad, había reflexionado que la felicidad es una costumbre y no una meta, un deseo, un caudal económico o un orgasmo, ni siquiera el respeto social o las bendiciones que se obtengan del Señor como constantemente se pregonaban en el culto del Cenáculo. Ella se recostaba más cerca de mí, como si su cuerpo húmedo comenzara a pesar por la gravedad de un deseo que no domino, me dijo que casi no entendía lo que decía; entonces le hablé de Walid. Le conté que, cuando estudiaba arte, tuve un amigo druso, muy extraño, que casi nunca se enojaba o reía y siempre decía las cosas con claridad y que una tarde de cafetería universitaria me explicó qué era para él la felicidad. Remei se extrañó porque era la primera vez que le hablaba de un hombre, ya el alcohol hacía que su cabeza reposara en mis muslos. Le seguí comentando que aquel amigo llamado Walid, y que creía que era sirio o de algún país parecido, me dijo que era druso. Remei me preguntó cómo era esa religión y yo no pude responderle nada porque nunca supe cómo era.

Aquella tarde, tomando café, y no sé muy bien por qué, Walid, cual profesor de filosofía, me empezó a explicar que la felicidad no es una idea o un concepto, sino que más bien es como una práctica, o más precisamente, como una costumbre. Remei riendo me dijo que tiene la costumbre de ir al baño al levantarse de la cama, entonces preguntó si ir al baño era una especie de pasantía dentro de la felicidad. Reímos juntas sin precisar si aquel argumento era válido o no. Luego de reír puse énfasis en que Walid había aprendido esa particular forma de ser feliz porque en su religión, desde niños, les enseñaban a acostumbrarse a ser feliz. Remei me miró con los ojos entrecerrados preguntando:

—¿Acostumbrarse a ser feliz, como Mickey Mouse?

Volvimos a reír. Le dije que Walid valoraba las costumbres porque generan sentimientos de satisfacción, de calma, de plenitud, decía que la felicidad es una costumbre que te prepara para el viaje de la vida y que, al no estar preparados, fracasamos. Remei apuntó entonces que si hay personas que se acostumbran a fracasar… ¿serán felices? Trataba de buscar ejemplos, usé el mismo que me dio Walid, él me dijo que en una película como *Viridiana* (1964) todos, absolutamente todos, empezando por el tío, la sobrina, el hijo natural y la manga de pordioseros y cristianos falsos, todos ellos, se quedaron en una felicidad sostenida por ideas menesterosas que apuntan a una felicidad que no es tal, porque está más allá, está en lo indeterminado, en el futuro; así que vemos la película donde observamos que nadie tiene la costumbre de ser feliz, sino solo sus esperanzas, y esa situación, según Walid, siempre genera daño social y espiritual. Remei movió su cuerpo para quedar de costado sobre mis muslos viéndome mi vientre, como si una fuerza la atrajera a la vez que preguntaba:

—¿Viridiana?, ¿qué es eso?, ¿el título de una película?, que nombre tan raro.

—Es de Buñuel —le dije yo—, cómo no conoces películas del español amigo de Dalí.

Y con la precisión de un cirujano, cortó de hecho cualquier indagación con su sentencia:

—No me gusta el cine español y sus españoladas.

No quise hablar de cine y menos saber sus prejuicios por el cine de su país, porque no hacía falta explicar que aquellos que tienen la idea de una felicidad en el futuro, que usan la felicidad como sinónimo de esperanza, nunca la alcanzarán, como muestra esa película o cualquier otra realizada por Almodóvar, García Berlanga, Amenábar, Trueba, Coixet, Saura o Álex de la Iglesia, sino que la felicidad es saber que la tienes grabada como una ley en el espíritu, que no es un esperar, sino un actuar y eso es lo que genera las costumbres. Mientras Remei decía que yo hablaba raro, empecé a acariciar su melena morena cobriza, quizás una herencia de Gaudí.

Le dije que uno de los problemas de los infelices es que no saben decidirse, siempre están llenos de dudas, a todas las horas, y es esa duda la que te elimina la costumbre, así que, si tienes la costumbre de no robar, no dudarás en ningún momento qué hacer si te encuentras una cartera en la calle. Remei volvió a moverse sobre mis muslos y ahora miraba su cabeza mientras le hacía rulos falsos, a la vez que ella me decía:

—No sé, eso de acostumbrarnos a ser felices es raro, Nina, fíjate, los seres más felices son los niños y ellos apenas se están acostumbrándose a algo, es cuando se acostumbran a algo en la pubertad cuando comienza su infelicidad.

Remei se dormía y yo recordaba a Walid, que en algún momento me dijo que acostumbrarse también es un peligro porque, cuando una costumbre se cristaliza, nos ordena nuestros comportamientos, pero también nos mitiga los sufrimientos eximiéndonos del dolor, que es lo que nos permite crecer, sin dolor no hay conocimiento como aprendió Buda al salir de su jardín.

El problema, recordé ya viendo los ojos de Remei cerrados, es que podemos acostumbrarnos a viajar con miradas sesgadas por un mundo monocromático donde uno siempre es el bueno, el puro, el color blanco en la dualidad del *ying* y el *yang*, por lo que terminamos llorando únicamente nuestras desgracias, las demás son entretenimientos que nuestros diversos morbos exigen. Walid me precisó, ya yéndonos de la universidad esa tarde, que las personas se acostumbran al maltrato familiar, al cinismo social, a las pobrezas de ideas, a la desvergüenza de los políticos, a las privaciones de sentimientos y a promover herencias apocalípticas y otorgar feudos humanos a lo digital para acostumbrarse a no pensar más, para no sentir miedo a lo indeterminado, lo cual es la real función de las costumbres: no sentir miedo; pero ahí está la trampa de la costumbre, por lo que siempre se debe desacostumbrarse, reacostumbrarse, incluso transacostumbrarse para que el dolor exista en nuestra vida, un dolor que funciona como límite a nuestro ego, tonterías y desgracias, de aquí tal vez venga la sabiduría, según Walid: el saber es aprender a acostumbrarnos a la felicidad y aprender a desacostumbrarnos de aquellos elementos, valores o creencias que por no dominarlos, por no controlarlos, nos vuelven psicóticos, obsesivos, tiránicos, el buen saber es aprender a vivir con el miedo necesario y comprender el dolor en sus momentos, aprender a vivir entre paradojas sin que estas nos destruya o nos domine como le ocurre a muchos dictadores o detractores, en fin, la idea es aprender a vivir coexistiendo con el miedo y el dolor, y no dentro de burbujas de protección que todo el mundo te ofrece o te instala en la vida creyéndote alguien especial. Al terminar mi monólogo, Remei dormía sobre mi regazo, la moví para que se quedara cómoda en el sofá y al final le di un beso en los labios, medio abiertos, aspirando y expirando miedo y felicidad.

Remei se quedó dormida en la sala luego de aquella conversación, parece que solo mencionar la felicidad hoy en día cansa. Yo estaba agotada por caminar, por ver vitrinas, por leer en varias partes de la ciudad novelas de algunos escritores catalanes que me aburrían. Al arropar a Remei, vi parte de su braga blanca, inmaculada, así como parte de su seno que se aparecía sin vergüenza. Su posición y su ropa holgada liberaban cierta sexualidad. Fui a cepillarme los dientes con la imagen de Remei, me miré en el espejo mientras la espuma comenzaba a saborear de menta mi lengua. Vi a través de mi remera a rayas, como las que usaba Picasso, cómo mis pezones se hinchaban. Hacía calor, me quedé desnuda en el baño mientras me cepillaba los dientes, pensé tomar una ducha fría para que mi cuerpo se olvidara de que soy mujer. Me limpié la boca, limpié el cepillo y desnuda llevé el cepillo de cerdas suaves a jugar con mi pezón. Pensé que esa sería la sensación si un gato lamiera alguna tetilla irritada, seguí moviendo las cerdas sobre el pezón y amenazas de espasmos recorrieron mi cuerpo. El cepillo de dientes comenzó a moverse de un pezón a otro, como si de una mala partida de tenis se tratara. Me senté en el inodoro y el cepillo de dientes comenzó a explorar mi vulva, me preocupé de que en cualquier momento pudiera entrar Remei, que pudiera oírme, pero mientras pensaba eso mi imaginación colocó la lengua de Remei en mi vulva, rasgando mi intimidad y fantasía. Fue todo muy rápido, un grito ahogado, un cepillo de dientes que no podía usar más, pero que guardé con mucho cuidado en un borde de la cornisa en el baño. Tomando aquella ducha a las dos de la mañana de un verano cualquiera, obtuve respuestas al porqué no hablaba de hombres con las chicas, por qué cuando los chicos pasaban a mi lado los veía como niños alborotados que iban al colegio, por lo que no sentía ni sus miradas ni sus deseos. Por qué en los bares los chicos se acercaban rápida y velozmente para luego dejarme sola. Por qué nunca había tenido novio, y por qué, lentamente en mis masturbaciones, los rostros de las mujeres aparecían en orgasmos hundidos en el anonimato.

Era difícil entender por qué los hombres no me atraían, sino las mujeres, pero: ¿mi situación lésbica atenta la voluntad de Dios?, ¿o no? Durante unos meses me preocupé, en el Cenáculo nunca se habló sobre la sexualidad, parecía que todos sabían lo que era un hombre y una mujer y lo que tenían que hacer para serlo. En las clases bíblica y de traducción, en Génesis 38,9 recordaba la frase: *Ille sciens non sibi nasci filios, introiens ad uxorem fratris sui, semen fundebat in terram, ne liberi fratris nomine nascerentur*, luego tomé la Biblia en catalán aquella madrugada y leí: *Però Onan, sabent que el fill que naixeria no seria seu, cada cop que tenia relacions amb la seva cunyada deixava caure el semen a terra per no donar descendència al seu germà*. Lo cierto es que algunos predicadores usaban este versículo para alertar sobre el disgusto que tiene Dios sobre la masturbación masculina, obviamente, aquella que bota semen en la tierra, como si desperdiciaran agua en el desierto. La Biblia habla del agua que se convierte en vino y de los desiertos como jaulas de tentación, los hombres se presentan líquidos, acuosos, dudosos, mientras a las mujeres se las presenta sólidas, urdiendo demandas a los reyes como Betsabé o matando a bárbaros como Judith. Lo cierto es que en las palabras de nuestro Señor no hay acotaciones claras y sencillas sobre la masturbación y ninguna sobre la femenina, sobre la tierra que siempre simboliza a las mujeres bíblicas. Pareciera que la masturbación femenina le es indiferente a Dios, porque al ser mujeres, desiertos, tierra y sólidas, solo estamos para recibir: placer, agua, semen y para demandar injusticias. La masturbación femenina solo le importa a algunos padres obsesivos y a algunos esposos impotentes. Pero alguien en aquellas clases sobre los viejos testamentos comentó que este versículo no hablaba sobre la masturbación en sí, que el Señor no limitaba nuestras búsquedas del conocimiento de nuestros cuerpos, esa es una visión que le gusta usar a las iglesias castrantes para que su grey siga obedeciendo la institución y no la palabra del Señor. Aquel profesor del latín del Centro Simja que siempre daba clase con traje y corbata explicó, luego de ese comentario, que aquellos versículos del Génesis nos mostraban que a nuestro Señor no le preocupa lo que le pase a nuestros cuerpos, de ahí que existan las enfermedades, el hambre, o todo lo relacionado con el dolor o el placer de los cuerpos, para nuestro Señor la carne tiene la importancia de un grano de mostaza, lo importante de aquel versículo que presenta la muerte de Onán es que este no se debió a la masturbación, de tirar semen en la tierra, sino que Onán mostró rebeldía al no cumplir su deber de proveer herederos para Er, su hermano, a quien curiosamente también Dios mató por ser una mala persona. *Domini: et ab eo occisus est.* Terminó diciendo aquel profesor, luego explicó, como si colocara una cereza en un pastel, que la maldición a la masturbación masculina era vista por los teólogos medievales católicos como un crimen como sería el del homicidio, porque el semen eran fetos, homúnculos realmente, eso era lo que introducía el hombre a través de su aparato reproductivo ya todo hecho, diseñado, con forma humana, al vientre de la mujer, que era sencillamente un lugar donde se alimentaría, por lo que si el homúnculo no llegaba al comedor, el hombre había no solo pecado como asesino severo, sino también a la representación de Dios sobre la tierra. Yo me quedé pensando desde entonces cómo todas las descendencias bíblicas traían un gen atrofiado de rebeldía contra el Señor y las mujeres pasábamos de ser alacenas a mesas de comedor.

Desde que entendí la libertad que siempre había dado nuestro Señor a nuestros cuerpos, nunca me preocupé de masturbarme con la lavadora o con el cepillo de dientes, pero ahora sí, porque mi cuerpo buscaba los senos, la boca, las manos, la vulva de otra mujer. De consolarme y consolarla a otra que estuviera seca, de agua de placer, de estar aburridas en el desierto que tejemos, de recibir solamente semen lanzado a la tierra yerma que algunos hombres imaginan que es el amor. Quería tocar los senos de Remei, la piel blanca de sus nalgas que nunca tomaba sol, besar aquellos labios en los que, cuando se ponía seria, afloraba un corazón. Supe entonces que me estaba enamorando de ella, de mi compañera de apartamento que cada dos o tres meses traía a un amigo distinto a dormir con ella. Algunos duraban meses, otros días. Una noche me atreví a tocarla, a llevar un beso más allá de un simple beso y su reacción me anunció que mis días en ese apartamento habían terminado, no de inmediato, pero sí en el fin de algún mes, y ante esta perspectiva hice como Marilyn, una tarde me fui sin despedirme, aunque le dejé un sobre con dinero como agradecimiento por encontrar mi sexualidad y por compartir un techo en una ciudad ruidosa y especialmente por no perder mi costumbre de ser feliz.

El dinero que me envió mi tío se me agotaba y con Chachi apenas me comunicaba, además de que no quería volver al pueblo, a pasear por los mismos lugares donde me atacaban por tomar fotos, como si capturar el instante de la efímera hermosura de un rostro o de unas calles luego de una fuerte lluvia vespertina fueran actos de herejías, si uno no tenía un consentimiento papal o no mostraba a aquellas personas fotografiadas al azar, unos contratos de exclusividad para explotar aquella belleza, haciéndome pensar que lo bello que llevó a tantos filósofos a contemplar, ver y apreciar la vida para hallarla ahora se consigue a la vuelta de cualquier ciego deseo, eso sí, siempre y cuando tengan un *marketing* que lo soporte. Quise conseguir trabajo entre aquellas calles llenas de piedras y turistas, primero como guía, porque me conocía toda la ciudad, pero si bien podía hablar en inglés, al no desenvolverme bien en catalán, no le creaba confianza a las personas que controlaban esa mafia de enseñar lo que pronto se olvidará, además el examen para ser guía certificado de la ciudad estaba en catalán primero y en otro idioma después y ese segundo idioma no se presentaba en español. Busqué trabajo como fotógrafa, llevé mis portafolios a algunas revistas, periódicos, tiendas de fotografía. Pero había demasiadas personas que tenían cámaras y ya no necesitaban que alguien les tomara fotos, en menos de un lustro todos se volvieron fotógrafos porque hacía unos tres años había salido el iPhone con una cámara de 2 megapíxeles. Ahora las personas tenían el iPhone 4 con cámara frontal para autofotografiarse y no olvidarse como son, para así reconocerse en los espejos del olvido, y por aquellos meses de búsqueda de trabajo había salido un IPhone con 5 megapíxeles y con *flash* incorporado. Por toda Barcelona la gente tomaba fotos con sus móviles, yo seguía llevando el Nokia 6650, que se parecía a una caja de maquillaje porque se abría igual que una, y mi cámara Nikon FE de carrete con un lente gran angular. Fue una época en que los jóvenes turistas tenían cámaras que se conectaban a las computadoras, empujando a que la inmediatez de miles de imágenes comenzaran una carrera contra el aburrimiento de los aprendizajes lentos como el manejar adecuadamente un obturador y, en esa medida, desarrollar el ojo en composiciones y captar el momento dependiendo de la luz que hallabas, así como de esperar el momento justo y saber que solo tienes treinta y seis oportunidades para lograr la foto, todos esos aprendizajes se lanzaban a la basura; por lo que sentí, mientras buscaba trabajo como fotógrafa, que algo se perdía de esta profesión que amo, quizás la confianza de conocer algo que veo vulgarizándose entre las mercadotecnias e improvisados expertos.

Por aquella época donde los móviles inundaron los deseos de las personas, yo guardaba uno que otro teléfono en la memoria de mi móvil. En esos años los móviles comenzaron a llenar los aparadores de todas las tiendas, todos hablaban de los distintos modelos, incluso comenzaron a salir en películas donde los móviles daban a la trama otro carácter, otra óptica. Si bien había aparecido desde mediados de los noventa ver móviles en películas, hubo una en particular que nos adelantaba la capacidad de desarrollar nuestras habilidades mitómanas: *El empleo del tiempo* (2001), en esta película, el buen padre, esposo y consultor lograba ser omnisciente siempre desde su automóvil con la ayuda de su móvil. Fue esta película una de las primeras que me mostró cómo el móvil invadiría el mundo para poder convertirnos en fantasmas oblicuos entre la verticalidad del Ser y la horizontalidad de la Nada. También por aquella época las colas en los locutorios disminuyeron y los robos de los móviles aumentaron, porque se veía a muchos turistas hablando desde cualquier punto de Barcelona como si estuvieran en el baño de sus casas.

Revisando mi Nokia hallé un teléfono de alguien que conocí porque fue un amante de Remei; uno de ellos que duró casi un mes con ella, al saber que había estudiado cine, me preguntó si quería trabajar en una tienda de video, explicándome que, a veces, llegaban personas y pedía recomendaciones y cómo sabía de cine iba a ser todo muy *guay*. En ese momento él trabajaba allí, pero su plan era quedarse en paro e irse a la India para hallar su destino en un *áshram*. El local estaba en la *carrec* Verdi, en medio del barrio de Gracia, donde a veces iba a comer helados en la Plaça de la Revolució, porque parece que siempre en alguna ciudad interesante hay una plaza, calle o escultura conmemorativa a alguna revolución para enseñar que la hegemonía es un discurso que se desmiembra con saña. Era también el lugar donde me gustaba caminar por las librerías que casi se lanzan sobre ti, porque es una calle algo estrecha y, a veces, pisaba una librería especializada en cine mientras esperaba ingresar a algunas de las salas de *cinemes* Verdi, donde en oportunidades estrenaron películas interesantes. Siempre recuerdo que vi allí *El secreto de sus ojos* (2009), la cual me hizo preguntar hasta qué punto conocía el cine argentino.

Logré una cita con el dueño del videoclub y me ofreció el trabajo desde las cinco de la tarde hasta la diez de la mañana del día siguiente, él se encargaba desde esa hora hasta la cinco de la tarde. Al principio me ofrecía día trabajado, día pagado, por lo que si trabajaba todos los días, cobraba 800 euros al mes, así no necesitaba contratarme fija ni llenar planillas ni pagar impuestos. Era un trabajo de dieciséis horas al día, todos los días, pensé que era volverme una esclava a voluntad, pero había una condición que era inmejorable.

Me dijo que detrás de la tienda había un depósito reconvertido en un pequeño apartamento, muy pequeño, pero muy cómodo, como un miniapartamento con una especie de ventana que daba a un patio del otro edificio y por la que entraba luz y viento. Era de un solo ambiente con un baño y, si aceptaba sus condiciones, me podía quedar allí sin pagar, eso sí, sin visitas. Al ver que mi visa se acababa en algunos meses, me dijo que no me podía ayudar a renovarla, y si me atrapaba migración, él negaría que trabajaba en su tienda, por lo que no firmaba ningún papel y me pagaba en efectivo. Me dijo que tuvo a una cubana que había estudiado cine, allá en Cuba, duró tres años trabajando en la tienda y conoció a alguien, luego se casaron y ahora vive en Salamanca, seguramente feliz entre los edificios de la universidad, porque ella le había dicho que quería en algún momento de su vida hacer un doctorado, así que, a lo mejor, decía el dueño con una sonrisa incierta, te podrá pasar igual, enamorarte de un autóctono y quedarte a vivir feliz en Cataluña, "eso sí, debes tener paciencia".

Pensé en el agua, en el semen, en la tierra, pero no dije nada, pensé en esa mirada donde soy una cenicienta o una princesa Disney que siempre son huérfanas de madre y esperan a un príncipe como único sendero del ser alguien me irrita, pero no dije nada, no podía perder mi majestuosidad caribeña. Precisó después que desde las tres de la mañana hasta las doce del mediodía casi nadie viene, solo algunos a tirar las películas al buzón de retorno que estaba detrás de la puerta, había una rendija a la que a partir de esa hora podía controlar desde la recepción con un botón para abrir, por lo que podía echar una siesta, eso sí, sin cerrar la puerta principal, de todos modos, cuando la abren se oye una campana que te despierta y funciona, porque desde que aquel hombre gordo, medio calvo y con tres hijos comenzó el negocio, él atendió el videoclub solo, con la única fuerza de su amor y obsesión por el cine. Le iba a decir que no, yo no era una esclava, que sabía lo que era la plusvalía, que en algún momento leí a Marx, así como libros que explican las miserias del capitalismo salvaje, pero también supe que me quería conocer, que confió inmediatamente en mí porque me dejaba las llaves de la tienda, el apartamento, la oportunidad de legalizarme, de aprender por mí misma y lo que más me gustó: no me habló en catalán.

RAZA DE CAÍN, SUBE HASTA EL CIELO Y ARROJA A DIOS SOBRE LA TIERRA

Comencé a trabajar en la tienda a principios del otoño. Jaume, el dueño gordo, medio calvo y con tres hijos, me explicó el funcionamiento básico de la tienda. Estaba dividida por categorías. Las películas infantiles y familiares al lado derecho de la tienda, las de terror y *thrillers* en el mismo lado, pero separadas por un estante donde se vendían revistas de cine, porque mientras los hijos buscaban un dibujo animado con las madres, los padres buscaban una de suspenso para ver después con su mujer, luego de que se acostaran los hijos y subir la adrenalina, o los más cultos se llevaban una revista de cine para saber más de los errores o de los aciertos de una producción. Del lado izquierdo estaban las películas de aventuras y acción junto a las de romance y drama, porque siempre entran parejitas de enamorados que deben escoger qué ver esa noche, por lo que siempre escogen dos, una de acción o de aventuras seleccionada por él y otra, generalmente una comedia romántica o un drama psicológico, elegida por ella. En la pared de fondo están las de ciencia ficción, los clásicos del cine y las típicas películas para mayores de 18 años, "allí siempre verás a personas solitarias", me dijo sin sonreír Jaume.

Al principio el trabajo pareció trivial, monótono. Las personas entraban, miraban las estanterías con más o menos curiosidad y se iban, a veces se acercaban a la registradora con una caja o dos de películas VHS o estuches de DVD o Blu-Ray. Luego me daban la tarjeta del club que, con un lector óptico, brindaba una particular información que ellos proporcionaban sobre sus gustos audiovisuales porque me mostraba un registro de todas las películas alquiladas, de cuánto gastan mensualmente en el club, además sabía dónde vivían y si eran o no descuidados al entregar de vuelta las películas o tenían deudas. Y mientras yo sabía todo de ellos digitalmente, algunos siempre querían saber más de mí analógicamente preguntándome dónde había nacido. A veces opinaban que mi acento parecía canario o de algún lugar exótico del Caribe, incluso me interrogaban de manera creciente como lo hace un policía malo: cuánto tiempo tenía viviendo en España, si tenía pareja y si quería ir a tomar una caña con el interrogador. Me reía cuando un hombre mayor de unos cincuenta años me invitó con insistencia a que lo acompañara a un bar mientras alquilaba *Ponyo en el acantilado* (2008) e *Indiana Jones y el reino de la calavera de cristal* (2008), la cual era la segunda vez que la veía, según el registro. Comenzó a insistir de ir al bar y me preguntó si por Latinoamérica siempre hay que caminar por las calles espantando gallinas como aparece en la película cuando Jones llega a Nazca en México, y luego buscando mis ojos hizo su peor pregunta:

—¿Hablas quechua como Pancho Villa? —luego sonrió con una picaresca de los años sesenta, riendo y mirando el suelo mientras terminaba su invitación—: Yo siempre he pensado que la palabra "quechua" era de una marca de zapatos, fíjate lo que uno aprende en el cine, entonces, ¿salimos después?

Registré su alquiler, vi que continuamente se llevaba películas de Disney y comedias románticas. Finalmente, le dije que no sabía nada de Latinoamérica porque yo era canaria, de Santa Cruz de Tenerife, del barrio Salud, de la calle Princesa Guacimara, además ceno arepas y desayuno gofio escaldado. Esa respuesta de mis orígenes siempre me sacó a los idiotas nacionalistas catalanes de camino, esos que remarcaban sus "S" hechas con las puntas de la lengua sobre sus dientes, como para mostrarme que mis "S" eran silenciosas, como si guardaran secretos; también al declararme guanche hacía que varios tontos de cuadra pensasen dos veces antes de decirme sudaca al oírme hablar. Marilyn me había acusado de no sentir orgullo por mi gentilicio, pero le decía que, frente a idiotas, ignorantes y cabezas rapadas, lo mejor era darle la razón para que murieran asfixiados por algún ataque de inteligencia como en *American History X* (1998). Luego de darle un rotundo no a aquel alumno del profesor Henry Jones Jr., nunca volvió a invitarme a salir.

La tienda tiene seis televisores planos, dos en cada pared, todos conectados con diversos sistemas de reproducción, así que las veinticuatro horas del día uno se llenaba de imágenes, de trozos de escenas, de fragmentos de diálogos y porciones de actuación. Además, detrás del registro había tres pantallas de computadora de diversos tamaños, la más grande siempre reproducía películas y la más pequeña mostraba las imágenes de las cuatro cámaras de vigilancia que, en blanco y negro, le daban otra dimensión irreal a la tienda que todos los días veía, la pantalla mediana era de una computadora portátil conectada al Internet para hacer los pedidos, comprar o vender películas virtualmente, por lo que muchas veces Jaume se quedaba hasta las siete u ocho de la noche revisando las necesidades fílmicas de cientos de personas por la web, a la vez que veía su fantasmal tienda en las cuatro tomas en blanco y negro, y en la pantalla grande, una película que quizás él solo recordara.

Un día, cuando ya me sentía cómoda en mi nueva labor profesional de despachadora de videos, Jaume había visto seis películas mientras navegaba por internet y vigilaba que nadie robara nada de la tienda. Yo había empezado a las cinco de la tarde mi turno, pero él se quedó hasta la medianoche, le pregunté por qué no regresaba a su casa y me dijo que su esposa y sus tres hijos no estaban, se habían ido al pueblo a visitar a los abuelos, nunca supe a cuál pueblo iban los hijos de Jaume. Luego me habló de las seis películas que vio. Con entusiasmo resumió *Uzumaki* (2000), donde según él, se pueden ver singulares efectos especiales con espirales a la vez que exhibe algo de la mentalidad retorcida de los japoneses; luego me habló de *Límite 48 horas* (1982), donde lo interracial comienza a deslizarse en el cine, posteriormente me comentó largo y tendido sobre la película *Kartum* (1966), protagonizada por Charlton Heston y Laurence Olivier y candidata al Oscar, filme que muestra que, desde la antigüedad, Sudán siempre se entrecruza en cualquier guerra mundial. Luego me platicó, mientras bebía un café que siempre estaba a punto en una máquina discretamente escondida detrás de un mostrador, sobre la película *La serpiente y el arco iris* (1988), mostrándome la caja de VHS con su particular diseño, y de la que Jaume aseguraba que aparecieron los zombis que sí son zombis, dirigida por Wes Craven, que debe de vivir con pesadillas porque todas las películas de terror que ha producido solo pueden venir de una mente "maldita", en el sentido en que Paul Verlaine le daba a aquellos poetas que debido a sus genialidades fueron incomprendidos por sus lectores y marginados por sus sociedades, por lo que al final les habían supuesto una verdadera maldición. En el caso de Wes Craven aquella película no era una "simple" creación metafórica de una sociedad de consumo como lo concibió George Romero en su saga de zombis, o por lo menos eso dice la crítica, "la de Craven era sin vuelos metafóricos una película sobre zombis y punto, como nosotros aquí en Barcelona lo intentamos hacer con la película *REC* (2007), de mi tocayo Jaume Balagueró y su amigo Paco Plaza". Después aquel hombre que poco a poco me mostró su sutil adicción a la Coca-Cola terminó analizando *Esfera* (1988), mientras bebía sorbos de aquella bebida gaseosa y oscura, no me había dado cuenta de en qué momento cambió su taza de café tinto por una botella PET; entre sorbos me declaró que era una buena película norteamericana, escrita por un buen americano y dirigida por un premio Oscar, me dijo que aquella película era la versión "americana" de retratar el anhelo de realizar los pensamientos en la realidad encerrados en un aura de misterio, parecida a *Solaris* (1972), de Tarkovski, pero la del ruso tenía una insuperable carga estética; finalmente mencionó una película titulada *Engendro mecánico*

(1977), como una obra curiosa que insiste en la lucha entre las máquinas y los humanos por la inmortalidad y que se verá reflejada como novedad en filmes como *Matrix* (1999), eso sí, en esta película se muestra la primera violación de una máquina a una mujer y quizás única o por lo menos así lo cree, aseguró mientras terminaba su botella PET de Coca-Cola. A medianoche se fue a casa con unos Blu-Ray y otra botella de PET Coca-Cola que seguramente escondía de mí porque nunca supe de dónde las sacaba. Me quedé pensando en cómo las obsesiones personales pueden anular enciclopedias, artículos académicos, gustos y especialmente el tiempo.

Me acostumbraba a aquel trabajo anónimo que al principio parece aburrido, pero todos los días llegaban películas a la tienda, todos los días podía aprender algo de la historia del cine y, cuando Jaume me daba clases, no entendía cómo alguien como él no estuviera impartiendo historia del cine en una universidad, de hecho, Jaume ni siquiera había terminado la secundaria y tampoco se llamaba Jaume sino Jacinto. Me comentó que, de joven, vivió en una España franquista donde lo ideal era ser cristiano, falangista y temeroso de la ley y de Franco, que era casi lo mismo. Un año antes de la muerte del generalísimo, él acababa de cumplir dieciocho años. Había nacido en Olmedo cerca de Valladolid, pero cuando tuvo que hacer la mili, lo enviaron a Cataluña sin muchas explicaciones. Al terminarla se quedó por estos lares y se transformó del simple Jacinto, hijo de cultivadores de remolachas, en Jaume, un especialista en crear listas de películas que nadie ve porque permanecen escondidas, como si fueran sagradas.

—Solo se oculta lo sagrado porque no es fácil de entender —precisaba el motivo de su obsesión Jaume a la vez que explicaba en otra de sus tantas tardes de magisterio—: las películas profanas cualquiera las puede digerir, son tan evidentes sus porqués que cualquiera puede hacer listas y listas que se repitan hasta que se consoliden en un inconsciente colectivo, por eso todos repiten que *Ciudadano Kane* (1941), *El Padrino* (1972) o *Cadena perpetua* (1994) son las mejores películas o siempre están primeras en cientos de listas realizadas desde el inconsciente colectivo masculino, porque la mayoría de las mujeres no las consideran como grandes obras del séptimo arte.

De repente veía la botella PET frente a él, como si apareciera de la nada, y continuaba:

—Fíjate que hay películas como *El piano* (1993) a la cual la crítica la reconoce como una buena película, tanto que la directora y guionista como las dos actrices principales recibieron un Oscar, pero ni siquiera esta película aparece en la lista de las mejores cien o doscientas películas que elaboran los "expertos".

Esta explicación de Jaume me ha dejado pensando porque yo, como mujer, tampoco he apreciado mucho *Ciudadano Kane*, *El Padrino* o *Cadena perpetua*, sus temas son muy básicos: el poder, la familia y la amistad entre hombres, como si fueran los elementos necesarios que mantienen el ánimo de una tribu de cazadores, todo circunscrito a la violencia, y en esa tríada de obras que siempre están en las listas de favoritas de todo el mundo, la mujer es un adorno, algo a proteger, a esconder o a la que le acontece la fatalidad, así que quizás por ese comentario, Jaume me comenzó a enseñar películas en las que la mujer tiene más desarrollo con el poder como *La visita del rencor* (1964), *Atlantic City* (1980) o *Fuego en cuerpo* (1981), que muestran a las mujeres una posibilidad de ser libres, poderosas, auténticas; y no de anularse, desaparecer o suicidarse, como en *Thelma & Louise* (1991). Todas estas películas muestran a las mujeres guiando las narraciones, pero no aparecen generalmente en los primeros cincuenta puestos en las listas elaboradas desde un inconsciente masculino que se jacta de poseer la lista de las cien mejores películas, quizás *Thelma & Louise* sí aparece porque algunos cinéfilos hombres lloran sin saber bien por qué, quizás porque al final de la película las mujeres se despeñan hacia el vacío y quizás algún placer misógino se consolida en algunos inconscientes.

Al principio de su estancia en Barcelona, luego de terminar la mili, con la muerte de Franco como un hecho y no una imaginación y con los inicios de la ruta del Bakalao ante de que alguien le pusiera ese nombre, Jaume Blanc Cedón, antes Jacinto Blanco Cedón, se la pasaba en los cines viendo en aquella época películas que algunos calificaron del destape y donde se podían ver por primera vez desnudos íntegros en filmes como *La trastienda* (1976) o *Los energéticos* (1979). Yendo tanto al mismo cine, lo llegaron a conocer tan bien que le ofrecieron su primer trabajo que resultó ser el de acomodador, no ganaba muchas pesetas, pero veía todas las películas que quería. Luego enamoró a la chica que vendía las palomitas de maíz y chocolates, que resultó ser la sobrina del dueño del cine. Se casaron y fue aquel tío bien ubicado en el negocio del cine quien, al ver el auge de los VHS, le propuso a Jaume poner una tienda de vídeo. La primera fue cerca de

La Barceloneta, cerca de la iglesia de San Miguel del Puerto, pensando que las personas, luego de salir de playa o de la santa misa, irían a alquilar películas para terminar el fin de semana descansados, pero parece que a los lugareños no les interesaba terminar bien descansados el fin de semana. Luego consiguió un pequeño puesto en el Raval, pero la cantidad de personas que pasaban por allí eran mayoritariamente turistas que entraban por curiosidad o preguntando por un baño y cada vez había menos vecinos y más emigrantes que pedían películas de Bollywood sobre las cuales Jaume reconocía su ignorancia.

Desde los juegos olímpicos de Barcelona, aquellas casas y apartamentos del Raval, de la Rambla, del Barrio Góticos o La Barceloneta, llenas de familias con tres o cuatro hijos, desaparecieron y los inmuebles se transformaron en lugares de alquiler o de hospedajes para turistas inquietos en recorrer una ciudad que quería destacarse por ser cosmopolita, única, mundana y donde los límites no se vieran al anochecer, ciudad sobre la cual todos los que llegaban sabían que allí estaba el Barcelona Fútbol Club con sus estrellas, quizás con la oportunidad de toparse con alguna de ellas en las diversas fiestas que se realizaban en lugares secretos. Al final Jaume consiguió el local de la calle Verdi, en la que aún quedaban vecinos barceloneses que nunca iban a los lugares turísticos, ni preguntaban por películas de Bollywood donde al final todos bailan como poseídos por un dios con sueños baratos de coreografía, también venían al videoclub aquellos que con un coche económico vivían a pocos minutos de aquella calle e iban para recoger entretenimiento familiar que podían disfrutar todos juntos encerrados los fines de semanas en sus hogares.

Me dio curiosidad preguntarle a Jaume que pensaba sobre la felicidad, palabra que siempre había girado sobre mi pensar y sentir y creyendo que me iba a hablar de películas me respondió como un escritor que hubiera tenido una epifanía:

—¿Qué preguntas?... pues a veces pienso que la felicidad consiste en la pérdida de la conciencia. Los estados de éxtasis que producen el amor, la religión o el estar absorbidos en alguna trama fílmica, esto nos hacen desligar de nuestras propias conciencias reflexivas y nos aproximan a la felicidad absoluta. Así que a veces creo que la conciencia: horrible enfermedad que le ha sobrevenido al género humano pareciera evitar que seamos felices, pero en la autentica pérdida de la conciencia como lo son el dormir o la muerte, ¿somos felices? Conclusión ilógica. Nosotros necesitamos de la conciencia para darnos cuenta de que hemos carecido de ella, vale decir, para comprender que hemos sido feliz. Necesitamos tener conciencia de nuestra felicidad para que ésta tenga alguna significación. Pero apenas nos percatamos de nuestra felicidad esta desaparece, pues el solo pensar en ella es como un conjunto que desvanece su presencia. La contradicción es irresoluble, conciencia y felicidad se excluyen y sin embargo no pueden comprenderse la una sin la otra, como les ocurren a la mayoría de los personajes en las películas de Woody Allen, como a Issac Davis en *Manhattan* (1979), que es feliz cuando su conciencia no le sabotea su dicha, de aquí la típica temática que este director siempre explorará con sus variantes en sus otros filmes, como en *Balas sobre el Broadway*

(1994), donde la felicidad de la corista siempre es cercenada por la conciencia de Cheech, su guardaespaldas, así en cada filme de Allen siempre observamos los mismos resultados: lo irresoluble de cualquier fórmula que encierre la felicidad con la conciencia.

Jaume me contó muchas historias, pero, cuando no quería hablar, pasaba todo el día viendo películas. No es que solo que las viera, las analizaba, las comparaba, las criticaba y las grababa en una memoria infinita que solo él podía manejar. Fue Jaume quien me habló de Marc, un joven que siempre iba a la tienda cada semana. Me contó que era un estudiante que hacía una tesis sobre cine, sobre la presentación de los educadores en las películas, o algo parecido. La idea, según me explicaba Jaume, era tratar de evaluar los prototipos y clisés de los docentes y cómo se dan a conocer en la gran pantalla, porque a veces vemos a profesores como moldes de héroes mientras menospreciamos su labor pedagógica; luego me contó que juntos analizaron más de quinientas películas durante un año en las que el protagonista era un docente o había situaciones de aprendizaje escolar. ¡Más de quinientas! En ese instante traté de recordar alguna, pero mi mente se quedó en blanco... hasta que aparecieron sin explicación *La Noche de los Lápices* (1986) y *Machuca* (2004), ambas del Cono Sur, ambas mostrando pesadillas cuando dejamos de educarnos por decretos presidenciales.

Marc quería hablar conmigo por si conocía alguna película realizada en español donde el tema fuera la educación. Le hablé a Jaume de aquellas que aparecieron en mi mente, luego me acordé de la película de Cantinflas *El Profe* (1971), una venezolana llamada *El rebaño de los ángeles* (1979), y una española: *El lenguaje de las mariposas* (1999), pero no sé si eso ayudaría a Marc. Jaume me miró y dijo que ellos ya habían hablado de la argentina, de la chilena y de la española, de las otras dos no, sacó un cuaderno y las anotó. Me contó que clasificaron todo por fechas: así las películas que analizaron en 1971 cuyo tema era educativo fueron solo dos en ese año: *Morir de amor* y *Perros de paja*; tres en 1979: *Comenzar de nuevo, Rock'n roll High School,* y *Lost and Found*; y cinco en 1999, además de la dirigida por Cuerda, analizaron: *Generación perdida, Teaching Mrs. Tingle,* la francesa *Hoy empieza todo* y *Música del corazón,* en la que donde Meryl Streep muestra la bestialidad versátil en la actuación con la que nació. Me dijo también además que, año tras año, se ejecutaban más producciones al respecto.

Marc usaba lentes, caminaba despacio, más despacio que yo, por lo que cuando caminábamos juntos sentía que el mundo se detenía. Nunca me preguntó de dónde era o qué hacía en Barcelona, por lo que nunca pude saber nada de él, evitaba las preguntas íntimas. En la tarjeta del videoclub decía que vivía en Gracia, cerca de la calle Verdi, pero nunca me invitó a su hogar, siempre íbamos a un café muy escondido cerca del parque Güell al que curiosamente nunca entraban turistas, quizás porque buscaban emociones más fuertes que aquella que te puede ofrecer un café saturado de cafeína.

Su primera palabra fueron que ya había visto *El Profe*, no le pareció atractiva porque estaba llena de lugares comunes sobre una vocación docente, además de sobrevalorarla con un idealismo rancio que hace que Cantinflas culmine enseñando a sus alumnos bajo un árbol, sin infraestructuras, sin herramientas, mostrando que él es el saber, la verdad y que puede repartirla según su voluntad. "Repartir la verdad a los que la merecen", eso es lo que había dicho Marc sobre la película, como si en aquella frase sintetizara el filme. Me dejó pensando en cómo se reparte la verdad y quién decide cuál parte le corresponde a cada uno. Pensé en el Señor como distribuidor de verdades, pero me confunde esa historia. Luego me señaló que la película venezolana era casi imposible de conseguir y si yo tenía la forma de obtener una copia. Le sonreí y le dije que tal vez.

Quizás Marc no merecía que le repartiera parte de mi verdad, de mi familia o de mi país. Además, ¿cómo conseguir la película?, solo a través de la Cinemateca Nacional, la cual conocía a la perfección porque pasé muchas horas en su centro de investigación, leyendo o buscando películas, pero el problema era que a cada rato cambiaban el personal, por lo que en un año los jefes iban y venían sin orden; dependían sus puestos de qué tanto mostraban sus compromisos con una revolución que no se firmaba entre batallas, sino entre infamias y yendo a marchas y contramarchas. Cada jefe traía un anillo de poder en su imaginación a su llegada a la Cinemateca Nacional, por lo que a veces eran amables contigo cual sacerdotes, pero te dejaban esperando por meses para darte una copia de película si la conseguían, y en otras ocasiones ni te contestaban a la petición, cual Gollum fascinado por su cargo político.

Marc me contó que toda aquella curiosidad sobre la representación del docente en el cine nació cuando vio *Un poli de guardería* (1990), en la cual Schwarzenegger, un detective sádico y abusivo, de repente se transforma en el mejor pedagogo del colegio. Vio la película con su madre, quien estudió años para ser profesora de niños, tuvo que hacer tres oposiciones para conseguir una plaza y luego especializaciones para ganar un sueldo decente. Al salir del cine, oyeron a las personas hablar de lo emocionante y fácil que es ser profesor de niños. Entraron al coche y su madre lloró, le explicó que estaba harta de esas películas donde un "profesor", sin apoyo de nadie y con métodos de enseñanzas apenas conocidos, es capaz de superar todos los obstáculos y transformar la clase de niños indisciplinados y facinerosos en una de niños obedientes y angelicales. Estas películas muestran a los profesores sin vida propia, Schwarzenegger no tiene familia ni amigos y así es mucho más fácil transformarse en una figura de culto y, además, resuelve los problemas personales de los alumnos, inclusive sus vidas afectivas, como ocurre en esta película.

Contó Marc que al principio no entendió nada de la frustración de su madre, tenía doce años, luego fue descubriendo que gran parte de lo que las personas creen acerca de las funciones pedagógicas las obtienen en películas como la que hizo Schwarzenegger, haciendo de la labor del pedagogo una profesión fácil, intuitiva, para la que no se necesitan estudios, solo hay que ser es *guay*, irreverente, único y perspicaz, en otras palabras: ser carismático. Había visto cientos de películas y ninguna mostraba los esfuerzos académicos que se deben hacer para ser profesor, en cambio, para ser abogados, médicos, deportista o artistas, había cientos de filmes que mostraban los duros procesos, sacrificios y tragedias personales que debe pasar el candidato, el personaje principal del filme, para obtener la gloria en esas profesiones y los aplausos de los demás; pero sobre la docencia y sus esfuerzos:

nada, colocando así la profesión docente como una carrera tonta, sin complicaciones, a la que escogen los perdedores o almas espirituales en el mejor de los casos, porque casi siempre se muestra a los docentes de dos maneras: pervertidos sádicos como la directora Agatha Trunchbull, o una maestra amorosa y comprensiva como Jennifer Honey, una dinámica del *yin* y *yang* que envuelve en sus movimientos a los alumnos de la escuela primaria Crunchem Hall en la película *Matilda* (1996).

Marc me decía entre sorbos de café que no hay profesores reales en el cine, la gente quiere ver en las escuelas a espíritus con una fuerza benéfica que revelen a los estudiantes que es posible elegir un camino distinto al trazado por las necesidades de la sociedad y los deseos de los padres, cuya brújula es su propia y única felicidad, y en este proceso de "desviación del camino", los profesores se muestran como una bisagra divina de posibilidades, pero que a la larga es una gran mentira, o acaso si le dices a tus padres que quieres estudiar actuación en vez de economía, porque un profesor ha horadado tu alma y halló tu vocación, ¿tu familia, tus amigos o inclusive la sociedad te apoyarán? "No viste que uno de los alumnos que sacó las mejores evaluaciones para la selectividad este año comentó en la televisión que quería estudiar filología clásica, y de inmediato y por todas partes, hubo comentarios que lo acusaban de gilipollas, de malcriado, caprichoso y que no tendrá ningún futuro, que lo obvio es estudiar medicina, ingeniería o cuando menos ciencias de la comunicación. Constantemente vemos las paradojas, pero solo nos reímos de ellas cuando no nos afectan".

Me dijo Marc que su madre fue un faro que iluminó el negro océano de la educación, que solo se percibe por las tandas de olas de éxitos que vienen y se van. Comentaba que su madre le decía que estudiara, pero él a veces se preguntaba para qué. Ir a la universidad y obtener un título de docente y ver luego cómo un cocinero gana más dinero que una profesora de guardería, y que las opiniones del chef sobre los niños, mientras presenta un cursillo de cocina infantil, tienen más presencia mediática que las opiniones de una docente con más de un título universitario pueda dar. ¿Para qué sirven los estudios?, para al final decir que tiene un título de abogado que no usa porque un día descubriste que haces buenas paellas y ese es el verdadero sentido de la vida. "Pues fueron estas gotas de frustración que llevaron a mi madre a que un día terminara en el fondo del mar...". Esas últimas palabras me sacaron de la atmósfera del monólogo de Marc, un punto final que se logra a la precisión cuando un suicidio aparece en la conversación, pero no tuve ganas de profundizar, porque Marc solo miraba la taza de café y cómo el vapor huía de su destino.

Pasó una semana y nos volvimos a ver, pero para que yo le hablara sobre la película venezolana que le había comentado y que muestra algo de las crisis de la educación en mi país. Le comenté la película, la escena de jóvenes que creen que saben mucho porque comienzan a usar palabras como "dialéctica", como comodín lingüístico para resaltar un falso conocimiento; también aparece la profesora carismática y como es habitual, del área de la literatura, y que en el filme sustituye a la madre de algunos de los tantos alumnos que van a la institución educativa provenientes de familias desestructuradas.

Ella no solo les abre el corazón, sino, curiosamente, su casa y por ende sus problemas. La profesora va por preocupación al hogar de la joven estudiante protagonista que ha perdido a su madre recientemente, ve el mal que la rodea, la miseria que carcome las esperanzas, la joven que es la mayor de cuatro hermanos tiene que lidiar constantemente con un padrastro que la quiere violar; luego la alumna busca la protección de la profesora y entra a la casa de la docente…

—Esto es raro —comentó Marc—, porque en la mayoría de las películas de profesores por aquella época de los años setenta su intimidad permanece alejada de la institución, aunque recientemente algo ha cambiado.

Le dije que quizás mostraba el carácter metiche enmascarado de ayudar al "necesitado" y que, en Venezuela, algunos emplean esta excusa para roer la intimidad de las personas. Luego le hablé de los problemas de los jóvenes de clase humilde —pobres, precisaba Marc subiendo un poco el tono al decir esta palabra—. Le daba la razón, pobres, esa clase en la que sus padres hacen un esfuerzo para que estudien, pero estos jóvenes pobres ven la escuela como una pérdida de tiempo frente a la sexualidad que se les despierta mientras las miserias que los rodean les impiden responder a aquella tonta pregunta de si quieren ser doctores, porque cuando esos estudiantes pobres que además reciben una pobre educación lo piensan, solo pueden esbozar una sonrisa que se transforma en una mueca.

Hay abusos continuados y sistemáticos que hacen los familiares y amigos, el *bullying* está siempre presente en esta película y los profesores solo tienen el poder de expulsar a los estudiantes de la institución, como expatriarlos, como mostrarles que con sus conductas nunca serán ciudadanos, si estos alumnos no obedecen, no tendrán futuro, pero el sentido de la obediencia se pierde cuando lo que se exalta constantemente es la individualidad de la persona, como se aprecia en la película. Podemos sintetizar —estaba comenzando a cansarme de hablar sobre esta película— que el filme resalta a una protagonista que inicia comportamientos no acordes con lo que se espera de ella, como cantar una canción de cuna mientras todos los demás cantan el himno nacional, en otras palabras, comportamiento esquizofrénico. En la película hay embarazadas, violadas y abusadas, estudiantes sin futuro que deambulan por una población de profesores abúlicos, pero creo que lo interesante es la fragilidad de la psiquis de los estudiantes, de los cientos que tienen problemas mentales de los cuales los profesores ni se enteran. Hacia el final de la película, en aquella zona marginal donde está el colegio, hay una tormenta que destruye las viviendas endebles de los pobres, por lo que entran a la fuerza allí, a la institución educativa, buscando refugio entre las aulas, al día siguiente el colegio está lleno de refugiados, pero la directora decide continuar las clases que se darán entre mujeres colgando ropa, cuidando niños y clases magistrales de historia o matemáticas, como si viéramos los inicios de un falansterio.

Cuando le dije el final a Marc, este me miró con extrañeza, porque si comparaba el suicidio de Neil en *La sociedad de los poetas muertos* (1989) con el suicidio de Ingrid, la protagonista de la película venezolana, cuando se lanza desde el tercer piso al patio interno de la institución educativa, en la primera película la culpa es de Keating, el profesor, aunque todos quieren culpar al padre autoritario de Neil, pero la verdad es que Keating permite la sexualización del cuerpo masculino desde el romanticismo. Se ve además, a lo largo de la película, cómo Keating permite la producción de tensiones insoportables entre la visión del padre, de las autoridades y de sus amigos a un joven que no estaba preparado emocional ni psicológicamente para asumir una posición de divergencia, así las tensiones de Neil tienen rostros; pero en el segundo caso, el de Ingrid, el culpable de su suicidio no es claro, es una tensión, sí, pero ¿derivada de qué?, de una familia disfuncional en la que el abuso de su padrastro está presente, de una sociedad inestable con los servicios, con las protecciones de los derechos en bancarrota que permite el desarrollo de falansterios a la vez que anula el porvenir a sus ciudadanos, pero que contradictoriamente estimulan el individualismo donde cada quien debe de ser el jefe de sus vidas a tal ritmo que no conciben vivir en sociedad, o apuntar al engendro de una educación donde su personal docente solo parece servir como fuente para fomentar esperanzas de lo irrealizable.

Marc bebía su café tratando de hallar más diferencias entre el suicidio de un estudiante en uno de los colegios más elitistas de los EE. UU. y el de una joven venezolana en uno de los tantos colegios paupérrimos que se esparcen por las zonas "humildes" del país. Yo ya estaba cansada, pero Marc quería continuar hasta llegar al núcleo de la contradicción que guarda todo argumento comparativo.

Marc me vio fumar, se extrañó, me dijo que no tenía amigas que fumen, que pasó de moda, me callé mi irritación, luego trató de dar un fin, una conclusión sin que yo se la hubiese pedido, pero vi que él tenía la necesidad de decir las últimas palabras de la conversación.

—La educación latinoamericana desde las películas que estamos hablando es anodina —comenzó sentenciando Marc—, donde todas las tensiones son anónimas y si bien parece que el culpable es el padrastro, la insensibilidad de la sociedad, las miserias que los rodean, la ingenuidad de la profesora que trata de ayudar a la protagonista, aunque ve los cambios de comportamiento de su alumna, no actúan en profundidad, de hecho nadie actúa, todos piensan que la educación mejorará el comportamiento solo con aprender a leer y escribir, por eso es anodina pedagógicamente esta película. Lo que me has contado de la película me hace pensar en otras de adolescentes saturados de hostigamientos sociales y familiares donde nadie tiene el rostro o la responsabilidad de los suicidios de los estudiantes en las películas, situación que podemos apreciar en cualquier filme japonés actual, donde parece que nadie tiene rostro, pero como es Japón, al final siempre aparecerá una maldición, un fantasma, una apuesta como las causas de aquellos suicidios, nunca la familia o la sociedad.

Me quedé callada, que los filmes japoneses ingresen fantasmas para que los alumnos en las películas se suiciden en las escuelas me parece una jugarreta de aquella sociedad donde debe haber cientos de desórdenes mentales en sus adolescentes que no quieren tratar, como le pasó a Ingrid. Somos sociedades que no podemos ver que, año tras año, nuestros adolescentes presentan más psicosis que aquellas que pueden estar numeradas en un libraco sobre desórdenes mentales.

Más adelante comenzamos a ir a bares a tomar cañas, en especial en un lugar alejado del videoclub y que atendía un taiwanés cuya esposa no hablaba español, pero nos llenaba la mesa de tapas de *dumplings* mientras sonreía y decía: "ade(l) (r)ante", mostrándome que existe una sordera fonética que no logramos precisar ni atender.

En aquellas noches, en el bar taiwanés, Marc comenzó a hablar acerca de que las películas actuales tratan de apuntar más al mundo psicológico de los profesores que mostrar el abandono psíquico de los alumnos.

—¿Sabes? —así comenzaba siempre Marc a hablar cuando yo callaba para encender un cigarrillo—, ha habido cientos de películas donde la relación profesor-alumno ha sido manifiesta, aunque siempre evitando una relación erótica porque terminan en comedia como fueron *El profesor chiflado* (1963), *Election* (1999) o el filme que narra un constante escándalo como fueron *The Squid and the Whale* (2005) o *Note on a Scandal* (2006), pero no todo es una comedia o un drama cuando existe una relación entre un profesor y un alumno.

Luego me puso mala cara al ver salir humo de mi boca y continuó:

—Mi madre se casó con su profesor de filosofía, le llevaba quince años de diferencia, ahora mi padre vive solo en su apartamento de Barcelona leyendo clásicos de la filosofía griega, tratando de entender por qué él aún está vivo y su joven esposa muerta. Fuera del antagonismo comedia/drama que apuntan las relaciones románticas en el instituto, la mayoría de las tramas pedagógicas podrían agruparse inicialmente en algunas direcciones.

»La primera fue inaugurada con el filme *Goodbye, Mr. Chips* (1939), donde muestran la vida de un profesor y su dedicación a la docencia. Vemos la vida de Mr. Chips o como a veces lo catalogo: profesor *patata frita*, porque como una patata frita su vida se va diluyendo en una rumiación constante de su saber por cientos de jóvenes. Mr. Chips busca ampliar las perspectivas del mundo de sus estudiantes a partir de la literatura en un colegio de alta categoría, con estudiantes ordenados, de clase media acomodada, que les asegura ciertas comodidades y esperanzas en la vida. Mr. Chips solo les muestra un poco más para llegar a donde ellos intuyen que serán felices. La película centrada en la vida de la *patata frita* muestra algunos momentos de alegría y tragedias circunstanciales derivados de la primera guerra mundial, de la muerte de su esposa y de sentirse honrado y respetado, pero todas estas situaciones están embutidas dentro del mundo del colegio, en una burbuja, porque parece que la única manera de ser un profesor que hable bien sobre el futuro es estar en una burbuja, en un lugar alejado del tiempo, un tiempo inamovible, secular, por eso los profesores siempre llevan ese aire de secularidad en sus discursos que muchos laicos ignoran o no entienden, pero que estas películas presentan.

»Similares filmes son su propia copia con Peter O'Toole en *Adios, Mr. Chips* (1969) así como la famosa *La sociedad de los poetas muertos* (1989) o su versión femenina, *La sonrisa de la Mona Lisa* (2003), aunque esta última parece una adaptación *light* de *Los mejores años de miss Brodie* (1969), y también se aprecian estas burbujas en las películas *La versión Browning* (1994) o *El club de los emperadores* (2002), donde los profesores de estas películas van del punto álgido del reconocimiento al fracaso de su labor entre estudiantes de elite que los rodean. Todas se inician con la parafernalia del comienzo del curso, mostrando el orden y la tradición que estas instituciones exhiben, muestran sus burbujas. En estas películas se retrata al docente como un Virgilio que guiará a los estudiantes o a un particular discípulo a otra dimensión de la vida, a una dimensión buena a través de algún descubrimiento de orden espiritual, pero en el fondo será falso porque los estudiantes no cambian por una epifanía y el discípulo siempre parece dudar entre penetrar en el mundo que le muestra el docente y aquel en donde vive y donde se debe desarrollar con fuerzas de trabajo productivas y acopladas a las necesidades de la sociedad, todos los demás son marginados.

Cuando Marc dijo la palabra epifanía, le presté más atención a su discurso.

—Creo —continuó Marc mientras terminaba el último *dumpling*— que esas películas muestran una visión "religiosa" del docente, como si en lugar de ser pedagogos fueran gurúes, con necesidad de sacrificios y donde los otros se anteponen a sus necesidades.

»La segunda dirección de la construcción de un profesor apunta hacia un individuo, como aquel que no proviene de una burbuja, sino de una crudeza morbosa de la realidad. Hay profesores que no son *papas fritas*, sino *batatas crudas*, pero con algo dulzón en el fondo. Estos profesores *batatas crudas* se descubren como docentes y tratan de encarrilar a jóvenes inadaptados, toscos, rebeldes, no es un espíritu de bondad como marcan las anteriores películas de los profesores *papas fritas* como Keating y Mr. Chips, estos profesores han sido soldados o han tenido una vida dura o con frustraciones, lucharon contra enemigos infames y, al terminar la guerra o luego de acumular experiencias, buscan llevar la disciplina que los ha salvado a las escuelas. Uno de los primeros filmes de este tipo fue *Blackboard Jungle* (1955), donde el profesor Richard Dadier, interpretado por Glenn Ford, es un exsoldado de la guerra de Corea que busca reinstalarse en la sociedad como profesor y consigue un puesto de docente en una de las escuelas más problemáticas de la zona, llena de jóvenes violentos, llevados por la inmediatez del goce y la desesperanza de no tener un futuro sabiendo que continuarán los trastornos de sus familias, además están rodeados de docentes melindrosos y neuróticos que tienen conciencia de ser marginados sociales y solo una abulia segura les permite respirar. Esta película evita presentar al profesor como un "Virgilio", como un "gurú", para presentar al profesor "conductor", al líder que dirigirá a sus alumnos como tropa hacia un buen puerto social.

No sé por qué de repente me empezó, mientras aspiraba una bocanada de nicotina, seducirme aquella teoría donde hay tipos de profesores, unos que nacen *patatas fritas* antes de guerras y después de guerras son *batatas crudas* como creía percibir, del discurso de Marc.

Marc comenzó a explicar su opinión sobre aquellos "conductores", sobre aquellas *batatas crudas*:

—De la misma matriz del profesor Dadier se han realizado una gran cantidad de películas del género *batata cruda* como *To Sir, with Love* (1967), en la que actuó como profesor Sidney Poitier, un ingeniero de Guyana que, mientras espera un buen trabajo en las frías calles de Londres, se dedica a la docencia para subsistir, pero en el proceso descubre su vocación. Curiosamente en *Blackboard Jungle,* Poitier actuó haciendo el papel de un inadaptado con cualidades de líder, ¿destino? Podemos ver en otros filmes como *Escuela de rebeldes* (1989) a Morgan Freeman, que, en lugar de ser un director de escuela, parece un general dentro de un estado de sitio, pitando cualquier irregularidad o gritando con su megáfono cualquier desobediencia, como si la escuela fuera un campo de entrenamiento militar. En *Mentes criminales* (1995), la situación es similar a *Blackboard Jungle,* pero en versión femenina, así tenemos a Michelle Pfeiffer, una *ex-marine* que seguirá los pasos de Glenn Ford en lograr disciplinar a sus "criminales" alumnos mostrando sus habilidades en las artes marciales como gancho. El profesor "conductor" no nos muestra otros mundos a través de una espiritualidad a la que se accede por medio de la poesía, la historia o el arte, a la vez que sus alumnos comen *papas fritas*, sino presentando las oportunidades para sobrevivir y para ello deben poder comer una *batata cruda* y devorarla sin complejos, porque la crudeza es la manera en que les enseñan a esos estudiantes "inadaptados" cómo luchar en una sociedad violenta y capitalista y donde se destaca el profesor.

»Inclusive hay películas donde la disciplina es tan violenta que deja de ser militar para ser una batalla de bandas como *El rector* (1987), donde James Belushi anda por las aulas con un bate, e inclusive hay una batalla campal al final, pero no se compara con la batalla psicológica que hace Samuel L. Jackson en *187* (1997), cuyo final es la metáfora del azar sobre el poder que exige a sus alumnos un profesor por ser profesor mientras unos alumnos quieren que les respeten por lo que sus condiciones sociales les permiten ser, un final donde el juego de la ruleta rusa será lo que quiebre la realidad y la espiritualidad, aquel estallido muestra la sordidez de los procesos educativos. Claro, ahora comienzan a aparecer películas de profesores *batatas fritas*, no crudas como antes, sino ya procesadas y listas para digerir, porque centran la pedagogía en el ámbito psicológico, alejándose de las burbujas de familia acomodadas o de los chicos que aprenden de la crudeza social, para mostrar en este siglo a los alumnos que ellos son siempre espíritus de superación. Esto muestra la película *Freedom Writers* (2007), donde la profesora Erin Gruwell, interpretada por Hilary Swank, se va despojando de todas sus identidades de esposa, hija y asalariada para otorgar esa identidad de superación a sus alumnos, no para que sigan sus destinos como enseñan los profesores *papas fritas*, no para ingresar a la sociedad a través del sacrificio en batallas como muestran los profesores *batatas crudas*, sino para que ellos se acepten, para que la sociedad los acepte tal y como ellos son con sus fracasos, taras mentales y éxitos; también otro profesor *batata frita* es Jaime Escalante, interpretado por Edward James Olmos, el profesor de matemática de *Stand and Deliver* (1988), que sufre todo el colapso del trabajo como sufre la profesora Gruwell, pero además debe "repetir" sus enseñanzas en horas extras para que sus alumnos vuelvan a pasar los exámenes, porque la sociedad simplemente no acepta el milagro de que unos estudiantes fracasados logren buenas calificaciones, aunque, en muchas sociedades o casi todas, sus instituciones y estructuras de pensamiento son soportadas por otros "milagros" como la inmaculada concepción. Los profesores *batatas fritas* se desinflan con orgullo, pero con su apuesta no violenta: dedicar todo su tiempo, dinero y humanismo a sus alumnos, pareciera que las cosas cambian para bien. Gruwell pierde su estabilidad, su relación amorosa, que curiosamente no la acepta como es, se sacrifica con trabajo extra para mantener su ideal educativo, de manera similar a Escalante, ambos intentan disciplinar a sus alumnos, no con un megáfono, un bate, o en lo *gore* implícito en el juego de la ruleta rusa, sino con un compromiso psicológico, con terapias, con *gestalt*. Es decir, los profesores *batatas fritas* son epítome de sacrificio vocacional docente y lo curioso es que, a diferencia de los profesores *patata frita* y *batata cruda*, sus historias son extraídas de la vida real como advierten en las películas, como si la vida real fritara a algunas batatas, a algunos que hallan en aceite hirviente su vocación docente.

»Estas, pienso, son las tendencias principales de las miradas del cine sobre los problemas educativos donde se representaba a un profesor "gurú" o *papa frita* o un profesor "conductor" o *batata cruda*, con más o menos carisma, luego se realzaron películas donde todo es una ofensiva y defensiva psicológicas para el crecimiento personal de los profesores y de los alumnos, donde aparecerán los "gestaltistas" o *batatas fritas* como Gruwell o Escalante, siendo por supuesto estos últimos filmes los que más abundan en la recreación pedagógica en el cine de finales del siglo XX. Claro, hay muchas más películas y variantes, pero creo que una gran cantidad de retratos y de los intentos de visualizar los problemas educativos que ha querido hacer el cine coquetean con alguna de estas alternativas.

—Pienso —dijo Marc sin dejar de respirar— que hay una línea que ahora, a principios del siglo XXI, es la que más aparece y se reitera, y que se desarrolla lejos del retratos del docente, "religioso", "militar", "psicológico", mostrando a un profesor que odia sus circunstancias; quizás la primera sea *Mr. Holland's Opus* (1995), en la que la actuación de Richard Dreyfuss muestra la vida de un profesor, similar a la de Mr. Chips, pero acompañado con el peso de los problemas culturales, económicos, políticos y personales, ya que el profesor Holland enseña música y tiene un hijo sordo, y todo parece irle mal. Mr. Holland, a diferencia de Mr. Chips, no tuvo una vida centrada en un colegio de prestigio, tampoco disciplinaba a estudiantes salvajes o trataba acuerdos psicológicos con alumnos acobardados con su baja autoestima, sino que compartió su vida mediocre con una institución mediocre, con estudiantes mediocres, mostrando una familia mediocre que vivirá los reajustes económicos de las políticas de Reagan, políticas que buscan mediocridad en la sociedad, o en otras palabras, todos seremos mediocres o unos *ñames* y así no debemos sentirnos alguien especial. Por eso comenzó a haber profesores *ñames*, profesores mediocres que descubren la docencia como un trabajo mediocre, situación que no apreciamos en Mr. Chips, quien tiene la vocación y la mirada de que su labor es inapreciable y valiosa para la sociedad, mientras el profesor Dadier tiene una misión que cumplir como la tiene todo aquel que ha sido adiestrado dentro de una disciplina militar, ni tampoco la profesora Gruwell, que con psicología y desvaneciéndose en el proceso de transferencias emotivas, cree profundamente que hace lo mejor que puede hacer por sus alumnos. Mr. Holland va llevando su vocación por las deudas acumuladas, aunque el director nos regala un final donde pareciera que ha hallado la metáfora perfecta, su sinfonía, pero en el fondo no sé si es una vocación o un conformismo que le permita existir entre tantos absurdos para soñar su pieza musical.

»Ahora bien, mi querida Nina, estas películas educativas giran alrededor de los deseos y frustraciones de los profesores en donde todo es mediocre, ya no son *papas fritas*, ni *batatas crudas*, ni *batatas fritas*, los llamo *ñame* y han comenzado recientemente a exhibirse películas donde los *ñames* prosperan en el suelo fértil de las mediocridades. Los *ñames* muestran su gran volumen de equívocos derivados de sus frustraciones y mediocridades que apreciamos en películas como *Half Nelson* (2006), donde Ryan Gosling interpreta a un profesor con problemas de drogas que busca mantener la delgada línea entre sus adicciones y su papel de formador de conciencia. En este filme observamos los problemas éticos y morales del profesor como principal eje temático; podemos apreciar una variante de estos profesores *ñames* también en la película *La ola* (2008), en la que Frederick Lau actúa como un docente inteligente y con metodologías cínicas que busca comprobar los problemas de las ideologías sobre las actividades de la institución educativa e inclusive sobre sus alumnos. El profesor comienza a experimentar con sus habilidades de retórica y psicología social a los alumnos, hasta lograr transformar a la mayoría a una ideología mediocre de orden y control, demostrando que el poder de las ideas y la disciplina aúnan la mediocridad de la que él participa, pero como en *La soga* (1948) o *Alemania, año cero* (1948), el profesor se estremece y rehúye de las consecuencias de sus palabras, es decir, no está dispuesto a reconocer en ella su propia verdad porque sabe que es un mediocre en el fondo, como lo reconoció el profesor Rupert Candell en la película de Hitchcock. Pienso que la siguiente generación será la de los profesores *ñame sin gluten*, aquellos que se muestran "frágiles" en las películas y enseñan a sus alumnos todo para adquirir la fragilidad entre sentimentalismos, historias mal contadas y censuras, educando a una generación que no tendrá otras habilidades que bloquear lo que le pueda perturbar. Mientras Keating enseñaba a ser resilientes a sus alumnos, Lou Anne, la profesora *ex-marine,* les enseñaba robustez, Gruwell les fortalecía sus percepciones y psicologías, y Escalante les ayudaba a encontrar sus estimas perdidas; ahora todo se rompe, se desmorona y las fobias aparecen por todos lados.

»La aparición de los profesores "frágiles" será la superación de los profesores "mediocres" y "gestaltistas", llegará una nueva pedagogía donde los profesores *ñames sin gluten* enseñen la fragilidad como algo inherente al ser humano, propio, único.

Le pregunté a Marc un poco extrañada mientras terminada mi cerveza:

—¿En todas las películas los profesores son tubérculos?

Marc me miró y me dijo que a veces, cuando son producciones de otros países fuera de la órbita occidental, pareciera que representan ciertas características de los tubérculos de la zona, que no puede saborear concretamente, como la película persa *La pizarra* (2000), donde no es un profesor el personaje principal, sino varios, pareciéndose a un campo de rábanos que andan con pizarras a sus espaldas frente a grupos de niños sin ganas de aprender, o la china *Ni uno menos* (1999), donde la profesora es un jengibre medio picantoso para mantener su obstinación, o la japonesa *Madadayo* (1992), donde en definitiva el profesor es un *wasabi*, incomible como lo es parte de la cultura educativa japonesa.

Vi al taiwanés mirándonos sin entender nada y mi fragilidad apareció, me vi por años hablando de películas y rezándole a Dios en los intermedios y algo no me convencía. Necesitaba llegar a ser antifrágil, aunque ¿realmente no existe un antónimo de fragilidad como me contó una vez Walid?

Con el tiempo, Marc desapareció o sencillamente algún día dejé de reunirme con él y sus teorías sobre tubérculos pedagógicos, porque ya estaba saturada de películas cuyo propósito era mostrar de qué manera la educación se representaba en el cine; como los docentes van de una forma de ser a otra propia de la época, ya era imposible seguir sus ideas porque más de la mitad de las películas que citaba no las había visto y con sinceridad tampoco me interesaba. Nuestras salidas mermaron también porque él había terminado su investigación y finalizó sus listas de películas, desapareció durante toda la estación de verano y luego aparecía esporádicamente porque había conseguido un trabajo en Sitges como profesor de historia en un instituto. Me imaginaba cómo él actuaría en cada situación pedagógica que viviera: ¿cómo *papa frita, batata cruda, batata frita, ñame*...? A lo mejor enseñaría la fragilidad que él siempre me mostró transformándose en un buen profesor *ñame sin gluten* para saciar las necesidades argumentativas de los alumnos del primer tercio del siglo XXI que no ven el pasado ni el futuro, o quizás regresará a la raíz de todos los tubérculos, ser un profesor zanahoria y que sus lepóridos alumnos disfruten con armonía su extinción mientras todos ellos miden oprobios y humillaciones como hacen los estudiantes en la película sueca *Ondskan* (2003).

LA EPÍSTOLA DE CAÍN

Había pasado un año en aquel trabajo y Jaume seguía hablándome de películas que quizás él solo recordaba o también los nostálgicos de lo artesanal; a veces esperaba que me hablara de otras cosas sencillas como que el Barça le ganó al Osasuna, pero no, si decía la palabra fútbol, comenzaba a hablarme de películas, como aquella que hizo Pelé con Sylvester Stallone: *Escape a la victoria* (1981). Sabía de inmediato que se engancharía hablando de unas cuantas más, que seguiría una lista sin saber qué mantenía su unidad, como la vez que me habló de las películas del director japonés Yasujiro Ozu y del cineasta cubano Humberto Solás, explicándome que el hecho de vivir ambos en islas les daba a sus filmografías un límite marino que pocas personas podían apreciar.

Había una obsesión de Jaume por lo líquido, por lo que varias veces tuve que oír mientras acomodaba los estantes cómo la estética acuosa se podía apreciar en ciertas obras y así comenzaba a hablar de un director ruso del que apenas había visto una de sus películas y que me aburrió un poco, por lo que no me acordaba del final.

—En las películas de Tarkovski el agua está contenida en diversas formas: manantiales, pozos, ríos, océanos, pantanos, lluvia y nieve y no se limita al espacio exterior, también dentro de los espacios interiores, como observamos en su filme *Andrei Rublev* (1966), cuando caen motas de nieve dentro de la iglesia y apreciamos habitaciones inundadas, jarras y vasos llenos de agua o derramados. En la obra del cineasta ruso siempre hay cuerpos húmedos como el de la madre del protagonista de *El espejo* (1975), que siempre aparece mojada; lo húmedo para Tarkovski es símbolo y sinónimo de la memoria y quizás una de las escenas más famosas de *Stalke* (1979) sea la que muestra profundamente aquella visión, cuando la cámara nos lleva por un camino de recuerdos o sueños inundados del *stalke*.

Luego Jaume buscó en su computadora, me llamó para que me acercara al escritorio y viera aquella imagen secuencial en la cual en verdad parecía que las memorias se vuelven húmedas, líquidas y atrapan al protagonista. Luego siguió comentando que las lluvias en las películas de Tarkovski aparecen y desaparecen en formas repentinas, como si fueran puertas que permiten pasar de una escena a otra, incluso se puede intuir que las obras de Tarkovski tienen un "ciclo hídrico"; en sus primeras películas el agua tiene un significado de pureza, de bondad, se asocia con la infancia, con la madre, con la belleza; es una simbolización de claridad del agua con la vida, con la esperanza, con el porvenir, pero curiosamente en sus últimas películas como *Nostalgia* (1983) y *Sacrificio* (1986), el agua se estanca, se colorea, se compone de objetos, luego de esta explicación me comentó de pasada que hay directores que solo ven en el agua el horror como James Cameron y que lo muestra en sus películas como *The Abyss* (1989) o *Titanic* (1997) donde es el agua lo que aniquila las esperanzas de todo los pasajeros, quizás por eso gustó tanto, porque apreciamos lo fácil que es perder las esperanzas mientras nos ahogamos.

Cuando pensaba que ya había dicho todo sobre películas acuosas y me dirigía a seguir acomodando los estantes de repente me miró y dijo:

—Las obras de Hayao Miyazaki, ¿las has visto?, el que hizo *Mi vecino Totoro* (1988) o *El viaje de Chihiro* (2001).

A mí realmente no me gustan los animé, quizás porque cada uno de esos filmes lleva una parte de la infancia de alguien que ha perdido en su carrera por ser adulto. Luego de pensarlo, Jaume continuó:

—Miyazaki es sin duda un gran esteta de lo acuoso, si uno observa toda su filmografía, aparece lo líquido como un personaje secundario, quién no recuerda a Totoro bajo la lluvia, el mundo marino de Ponyo, el lago donde vive el dios de los bosques o aquellas imágenes con las que uno queda alucinado observando un tren circulando sobre el agua, llevando a Chihiro, que trabaja en unas termas; es simplemente hermoso.

Yo no recordaba ninguna de aquellas escenas o momentos que hacían emocionar a Jaume, la empatía disminuía y me entristecía que aquel hombre siempre tuviera más que decir de lo que quizás los otros estuvieran dispuestos a escuchar. Por eso una vez le pregunté si tenía algún proyecto de libro, me dijo que sí, que tenía años preparando un libro sobre las últimas películas de los grandes directores que por esos momentos había titulado *EXIT*, como la señal que se aprecia en algunos cines para que una vez finalizada la película escapemos hacia la realidad. Era una especie de libro de ensayo donde analizaba las últimas películas de autores como Chaplin con *La condesa de Hong Kong* (1967), Hitchcock: *La trama* (1976), Wilder: *Aquí, un amigo* (1981), Godard: *For Ever Mozart* (1996), Fellini: *La voz de la luna* (1990); y así unos cien directores para mostrar de manera más o menos "objetiva" qué los separó de sus obras más conocidas de aquellas últimas películas, y si aquellos filmes lograban sintetizar toda sus estéticas, pensamientos, visión del mundo o su *Weltanschauung* como me dijo en ese momento, porque aquella palabra alemana lograba recabar y transmitir lo que Jaume quería escribir en su libro. Por supuesto me habló de su particular fantasía donde la última película de Scorsese se pareciera a la primera de Wes Anderson y la última de este, con sus colores pasteles, simetrías y planos vacíos sea la que determine la última de Tarantino. Me explicó que quién mejor había logrado mostrar su *Weltanschauung* había sido Ingmar Bergman con *Fanny y Alexander* (1982), o John Ford, que, luego de introducir tanta testosterona en sus películas, llenó de estrógenos la última con su *7 mujeres* (1965); y que la película final para un director más extraña, más estrambótica con respecto a sus posibles estéticas y pensamientos fue *Eyes Wide Shut* (1999), de Kubrick; quizás mostrando en el fondo que el realizador nunca tuvo un pensamiento restringido, limitado o entubado y que su estética no era una presencia, sino una ausencia, como la que descubre el fisgón o el *voyeur* al ver a su alrededor y, ante ese sentimiento de carencia, comienzan a ver por todas partes sin saber en el fondo qué buscan. Me comentó que ya había analizado a unos setenta y cinco cineastas y había ochocientas páginas esperando ser corregidas. Tanta desmesura me provocó un extraño vértigo.

Así que, cuando veía que Jaume levantaba su vista y parecía que iba a dar alguna clase de cine o de estética, buscaba precipitadamente alguna excusa para desaparecer. Por eso con los meses, cuando se quedaba después de su hora de trabajo, no le extrañó que yo comenzara a usar audífonos para oír música en un iPod que compré en oferta.

En el transcurso de esos primeros años veía a mi Chachi de vez en cuando, cuando venía a Barcelona a pasear o hacer alguna diligencia. Siempre íbamos a algún restaurante y casi siempre terminábamos en la Plaça de la Revolución, comiendo helado, aunque fuera invierno. Hablábamos de aquella familia que nunca conocí, de cómo eran mis tíos maternos, todos profesionales, temerosos de Dios y trabajando en el centro de Colombia; de mis tías paternas, Jacinta, exguerrillera, que ahora aparecía como la mujer del diputado Bienvenido Atúnez, sonriendo y saludando cuando acompañaba a su esposo en sus giras electorales en departamentos que bordean la selva, y Camila, la otra, la que desapareció junto con mi abuela. Por más de veinte años no se ha podido saber nada de ellas, lo que probaba que Colombia tiene agujeros negros entre sus fronteras.

Chachi me mostraba en un iPad de tercera generación, recién comprado, las informaciones que recogía sobre mi tío Mauro, de quien me distanciaba cada vez más y que, durante el año 2012, salía a cada rato por la prensa, porque era uno de los principales pastores que rezaban al Señor para curar el cáncer del presidente de la república. Había muchas fotos y videos donde se le veía a mi tío colocar sus manos sobre la calva de aquel ser que pedía más tiempo para completar su misión en la tierra, diciendo a cada rato en sus eternos monólogos que "llevaría la cruz de Cristo si fuera necesario, pero que Dios le diera vida para seguir la revolución", mostrando, en aquella sentencia, no solo una herejía sino toda una síntesis de megalomanía o, enseñándonos que en el fondo no hay más miedo y terror que el de los poderosos percatándose de lo efímero de la vida y que perderá todo el poder para siempre al fallecer. Ese año en el que su cuerpo moría, le pedía a toda persona de fe que rezara por él para tener más vida y ganar las elecciones presidenciales que se realizarían al final de ese año.

Pensaba luego de leer esas notas de prensa y observando a Mauro y detrás de él a Xiomara con su melena platinada: ¿cómo millones de personas les entregarán sus votos a un moribundo que no acepta que lo era?, o en definitiva quizás era cierta aquella teoría que le oí una vez a Walid de que los venezolanos nos desvanecemos en gozos inconscientes dentro de una hibristofilia, por lo que, sin tener conciencia de esta parafilia, lo que hemos hecho durante todos estos años es darle poder a delincuentes y criminales para que nos gobiernen a la vez de enamorarnos de ellos, creándonos relaciones tóxicas que resalta parte de nuestra idiosincrasia.

Durante meses hubo muchas suspicacias por la web, por un lado, las personas pesimistas como yo, pesimistas porque criticábamos la situación del país, explicando después que si aceptamos esas críticas que se elaboraban se podía encaminar hacia un mejor porvenir a la nación, pero que me hacía ver optimista en mi intimidad, porque todas aquellas críticas, ideas y opiniones daban la posibilidad de los cambios, mostrándome que todos esos argumentos, en el fondo, enseñaban que las cosas no funcionaban bien, pero por más que argumentaba me censuraban, me bloqueaban y solo me acusaban de pesimista; mientras las personas optimistas que aparecían en los programas y emisiones de los partidarios del presidente y en la web rezando por el moribundo y la eternidad de la revolución y que se hacían llamar optimistas, para mí eran los verdaderas pesimistas, pues en sus opiniones y acciones mostraban aquel convencimiento insensato de que todo está bien, en el fondo lo que transmitían era que la situación no tiene arreglo, por lo que fingen que no pasa nada malo. Le decía a Chachi que no entendía realmente a los venezolanos en eso de nadar dentro de aquel mar sin contracorrientes, que era la fe optimista y que recaía en los hombros de aquel hombre moribundo, pareciendo la fe de estos creyentes más fuerte que la mía en el Señor. Chachi tampoco comprendía esa devoción y su fe era más añeja que la de muchos.

Esos años eran los años de la misericordia, de la piedad, del perdón, del milagro, pero no ocurrió. Mauro salía con otros ministros de diversas iglesias protestantes, junto al presidente Chávez, en oraciones multitudinarias para que el Espíritu Santo se fijara en aquella figura humana que inmortalizó su imagen entre guachafitas y evangelización por tratar de hacer un nuevo hombre, una nueva patria, una nueva sociedad solo desde el discurso y nunca de la educación que necesitaría a centenares de *papas fritas, batatas crudas, batatas fritas, ñames y ñames sin gluten.*

Cada vez que nos reuníamos Chachi y yo, veíamos el deterioro del presidente, más adelante vinieron las elecciones que ganó y luego murió fuera del país, sin autopsia pública, sin referencias al día o al mes de su último suspiro, murió escondido, de un cáncer que nadie supo jamás donde se originó: ¿próstata?, ¿colon?, ¿tumor vertebral? Fue la muerte más privada de la figura más pública del país, un principio de oxímoron que hizo al país dudar sobre sus procesos de argumentación, de realidad, de porvenir, al igual que la toma del poder por los jerarcas de turno y especialmente aquel que heredó una lotería de mezquindades y estulticias, y, llevando la figura de un Stalin caribeño, comenzó a gobernar a los venezolanos, por lo que, en un sentido estricto, el país es guiado por una oligarquía, por unos pocos que tomaron todos los poderes *per saecula saeculorum*.

Mi madre y yo nos preguntamos qué sería de la vida de Mauro y de su esposa Ximena luego de la muerte del presidente. Aquella mujer con el pelo teñido de plata siempre destacaba en las fotos de sociedad y estaba en la boca de diversos salseros de la farándula política porque era la más optimista de todas las optimistas del país. Pero el cáncer no es optimista, no es pesimista, sigue la ley de Murphy y su sentencia es divina, así lo supe, así lo conocieron aquel presidente y mi tía, luego de que el pastor Mauro no lograra el milagro de exorcizar el cáncer, de prolongar la sentencia derivada de aquella ley tan "pesimista". ¿Seguirán ellos teniendo la protección de los nuevos mandamases de la política nacional?

Mi madre y yo rezamos, no por el presidente muerto que de una u otra forma había dejado atrás la opción de un país para transformarlo en un reino saturado con sus sueños infantiles, sino por los que quedan en aquella tierra cuyos habitantes se perciben más esquizofrénicos, en especial cuando leemos las noticias que se generan allá, porque siempre son dobles las informaciones, optimistas y pesimistas a la vez, como las de un hacha con dos caras, como las dos opciones que siempre se presentan en el árbol de Porfirio. Rezamos por los vivos porque llevar nuestras voces al Señor y no por aquel muerto que ocultaron en cavas frigoríficas para transformarlo en algo sagrado que es el camino seguro para perder la fe. Aquella figura que despertaba pasión porque siempre quiso ser el centro de cualquier pensamiento ya debe de estar en algún tribunal divino desapareciendo en la nada mientras todos los demás debemos continuar con nuestra fe y nuestras esperanzas para hacer la voluntad del Señor.

Muy pocas veces hablábamos de mi padre, que seguía escondido por la selva. A veces leía noticias de sus acciones, de sus víctimas, de quienes lo veían como un héroe por enfrentarse a las guerrillas con sus "bolas" bien puestas. Un día mi Chachi me entregó una carta, una epístola, como aquellas escritas a mano y que ya pocos quieren hacer. La epístola finalizaba con la frase "Tu padre que te ama" y la firma de Gersón Jaramillo, aunque mi imaginación sobreponía a aquella firma la palabra "Caín", porque aquella epístola comenzaba citando a Génesis 4,15; y como con soberbia escrita en latín, como si mi padre recalcara que en una época estudió para ser sacerdote por lo que fue bueno y estuvo bendecido, una época que no me puedo imaginar cómo debió de ser para él, porque nunca los hijos entendemos por qué nuestros padres hicieron algunas cosas y abandonaron otras en su juventud.

La carta comenzaba: *Dixitque ei Dominus: Nequaquam ita fiet: sed omnis qui occiderit Caín, septuplum punietur.*

Posuitque Dominus Cain signum, ut non interficeret eum omnis qui invenisset eum.

Luego precisaba Gersón que realmente Caín no lleva ninguna marca, sino un signo como está explícito en la cita latina. *Signum*, aquel sustantivo neutro, según mi padre daba pistas sobre la misericordia de Dios porque, al estar Caín en la faz de la tierra por su destierro, nuestro Señor había prohibido que le hicieran daño y para identificarlo le dio un signo, por lo que el real destino de Caín es ser nómada, cazador, conquistador, y narrar aquella rebelión frustrada por tratar de lograr ser el favorito de Dios, con cereales, vegetales o simples cultivos. La epístola hacía varias referencias a una vida de privaciones, de errores, pero asegurando que el destino no se puede escoger, porque es una ilusión de la individualidad dentro de un mar de contradicciones. La epístola de pronto quería tomar un tono filosófico y me preguntaba por qué aquel padre no me podía escribir con sencillez como haría cualquier padre.

Leí aquella carta, una de las escasas que me llegaron de él, y a mitad de su lectura volvió a realizar una referencia a Caín, como si quisiera gritarme que yo no cargaba su signo, aunque nunca se lo había insinuado. "Caín no está en el infierno, Dante no lo colocó en el último círculo junto a Bruto, Casio y Judas Iscariotes, apenas su nombre indica el inicio del noveno círculo, de aquel lago Caina, donde Dante coloca a aquellos cuyos cuerpos están dentro del lago de hielo, transparente, donde se queman con el frío, apenas sus cabezas sobresalen, pero deben permanecer mirando abajo y expresando dolor, todos los que están allí lo están porque traicionaron a sus familias, amigos o patria; y sabes, hija mía, qué ocurrió, que me puse a buscar a Caín en el libro de Dante y ¿sabes dónde lo hallé? En el purgatorio, en el canto XIV, en la segunda grada, la de los envidiosos. Caín está en el purgatorio, no por matar a su hermano, sino por envidiar y, por lo tanto, aún se puede redimir".

Luego de ubicar a Caín en el purgatorio, la carta tenía algunas reflexiones "sociológicas" explicándome que Colombia, Venezuela y los demás países de la región son realmente purgatorios, aunque algunos piensan que están en un infierno o en un paraíso, sin aceptar que todos estamos en una larga espera inerme, encerrados con los límites de una gran desolación, envidiando a los que están en los extremos: en los infiernos o en los cielos reales, pensando que allí hay vida o por lo menos nos la pasamos conjeturando que la espera desaparecerá allí y nuestros abatimientos huirían con sus angustias, sintiendo que así de alguna manera justificaba su violencia en aquellos territorios, porque es una violencia que nace de la espera.

El último párrafo de la carta me explicaba que la hacienda Campo Rico valía mucho dinero ahora y que los papeles estaban arreglados para que, cuando yo quisiera, tomara la posesión junto con mi hermana. Y en las últimas líneas me pedía perdón por abandonarnos a Kesia y a mí, que me amaba como nada en el mundo y, por eso, para no perderme, dejó que me fuera con su hermana Marta. Que había decisiones de las que se arrepentía, pero que algunas las tuvo que tomar porque eran las mejores, no para él, sino para la zona, para la comunidad, y finalmente pedía a Dios que me llenara de bendiciones.

Le dije a mi Chachi que no quería nada de aquel hombre, de aquel paramilitar, de aquel asesino, que lo había perdonado, pero ¿cómo era posible que aún supiera de mí? ¿Cómo llegó esta carta cuando nunca había recibido una de él? ¿Por qué ahora? Chachi me comentó que había una persona en común que hacía de puente entre ambos, que vivía en Madrid y trabajaba en el aeropuerto de Barajas, aunque ella no sabía muy bien qué hacía, me dijo que se llamaba Emisael, nombre que oía por primera vez en mi vida, pero que seguro tenía algo que ver con mi familia, con el pasado, por lo que no quise profundizar, me dijo que la "descubrió" y se puso en contacto con ella, que esa carta la había tenido él desde hacía años, desde que se fue del país, y siempre la había guardado, pero que ya no quería esa responsabilidad. Luego buscamos alguna fecha en aquella carta, pero no conseguimos ningún dato.

Sentadas, veíamos Chachi y yo pasar a turistas porque siempre se pueden reconocer por las calles de Barcelona, son aquellos que sonríen y tienen la mirada perdida dando la sensación de que son los dueños del mundo porque tienen visas para ejercer sus intrigas.

Luego Chachi me abrazó y me dijo que lo más sano era mantener las distancias, escribirnos solo mensajes de texto y vernos a destiempo porque había sido "descubierta" y eso despertó una zozobra que había olvidado. El día que me dio la carta fue la última vez que nos reunimos en Barcelona, que paseamos por las ramblas viendo veraneantes para terminar cenando fideuá en un restaurante cerca de la estación de Provença que administra una amiga que también huyó de Curillo.

PASCAL AVAIT SON GOUFFRE, AVEC LUI SE MOUVANT

Baudelaire

Luego de esos años trabajando entre imágenes y sonido constante, aprendiendo sobre películas y caminando algunas tardes entre turistas frenéticos, ya casi no rezaba, me cansaba, había perdido esa potencia que antes me daba el hablar con el Señor, también durante esos años las cientos de listas de películas, fotógrafos, versículos, equipos de fútbol, actores, fueron desapareciendo o las quise eliminar y solo pensar en el día de hoy, en hablar de las cosas que me rodean, que me sorprenden o no entiendo. Me percibía como una protagonista de la película *Eternal Sunshine of the Spotless Mind* (2004), en la que olvidaba el pasado, pero este regresaba sin reconocerlo. Pensé que mi vida se llenaba de pedazos, como aquellos que nacen cuando colapsa una gran civilización y al final solo quedan fragmentos de su cultura que en el futuro un arqueólogo empaquetará. Veía a todo el mundo a mi alrededor viviendo como fragmentos porque citaban a Zizek, Byung Chul Han, Nietzsche u obras de Tirant lo Blanch, sin haber leído uno de sus libros, ni siquiera un aforismo o un relato completo, vivía en fragmentitos porque escuchaba a los más chicos en la plaza, mientras disfrutaba un helado, hablar y comentar sus Spotify que contenían cientos de listas de canciones sin haber oído un álbum completo de su cantante o banda favorita, observaba cómo las personas devoran resúmenes de películas en el Internet, las cuales no tienen intención de ver. Todo esto me mostraba que estaba envejeciendo, que el futuro llegaba y nunca nos preparan para encararlo.

Los individuos se han vuelto fracciones cuyo denominador es un "0", que absorbe todas sus listas, fragmentos, incompletitudes, todas sus particularidades que no llegan a ser un número mientras en el numerador colocan todas sus opiniones, sus exclusividades, originalidad, autenticidad, con el guarismo "1", dando como resultado la fracción , cuyos resultados complementan las ideas de muchos quienes escriben o son tendencias en las redes. Fue entonces cuando traté de crear otras memorias, sin orden, dejé que mi cuerpo comenzara a clasificar el día, mis miradas, permití que una intuición no sacra recorriera lo cotidiano, empecé a cambiar, pero lentamente. No quería dejar a mi Señor, por eso lo alababa cuando en lo más profundo de mi tristeza lloraba.

Una noche cualquiera de un sábado arreglando la estantería de ciencia ficción escuché una voz que me preguntaba qué película le recomendaría de las expuestas. Giré y vi a una mujer de estatura promedio, rostro promedio, cabellera corta promedio, cuerpo promedio. Tomé el estuche de *Minority Report* (2002) y *Gravity* (2013), esta última se había estrenado recientemente y tenía buenas críticas, aunque no me gustó mucho, algo forzada para que todo encajara en la película a la perfección. Ella tomó los dos estuches con su mano izquierda, en la otra mano tenía el estuche de Blu-Ray de la película *Amélie* (2001). Al ver sus registros, había alquilado la película *Amélie* tantas veces que le hubiera sido mejor comprarla, también había varios registros de películas de ciencia ficción clásicas, pensé que era una más de aquellas obsesionadas, como Marc, con un tema, con rituales de listas que les proporcionarán paz una vez recitadas, como cuando te enseñan a contar al entrar en un estado de pánico o aprendes a rezar y a moverte en un estado de agobio como se ve en los judíos ortodoxos. Me acordé de que una vez, en el Cenáculo, una de las hermanas de fe descubrió que yo estudiaba artes cinematográficas en la universidad, o por lo menos eso creo que le dijo mi tía, y me preguntó si había visto *La novicia rebelde* (1965). Yo le dije que no aparecía en ninguna de las listas que nos mandaban los profesores de historia del cine. Ella me miró compungida, no entendía cómo era posible que no vieran los estudiantes de cinematografía aquella maravillosa película, ella la había visto en más de cien ocasiones, en especial en las navidades cuando reunía a su familia a verla, creando así un ritual que se repetía año tras año junto con las hallacas y el ponche crema. Me hablaba de las canciones, de la fotografía, de la actuación, de las lágrimas que esparcía proyección tras proyección. Yo no podía entender cómo se podía ver una película cien veces, aunque hay personas que escuchan una canción centena de veces. Me preguntó si tenía algún musical favorito, le respondí que *The Blues Brothers* (1980), ella hizo el intento de repetir el nombre de la película, me dijo que la vería, pero nunca más hablamos sobre cine, sobre musicales, solo sobre la felicidad. ¿Qué pensar de una persona que oye tantas veces una canción o ve decenas de veces una película? ¿Será que en algún momento de su vida dudó sobre una verdad?

Sé que la primera vez que veo una película es para conocerla, para saber de qué va; a veces la miro una segunda o tercera vez para estudiarla, para hallar particularidades técnicas, estéticas, fotográficas y quizás una cuarta o quinta vez para aplacar la nostalgia, aquel sentimiento que nos muestra frágiles en esencia, pero ¿cien?, eso supera las crisis de nostalgia, las penitencias de los recuerdos, las violencias de las memorias e inclusive creo que muestra una patología, una necesidad de control, ya que, fotograma a fotograma, aquel obsesivo enfermo que la ve sabe lo que va a pasar, así que no se deja sorprender, ni se angustia, ni teme; esas personas que ven cien veces una película, comen siempre la misma comida en la misma tienda u oyen la misma canción hasta el cansancio tienen una sintomatología que expresa la necesidad de tener control, de estar seguros, en el caso de una película, por dos horas, que nada le sorprenderá, que tendrá dos horas de un futuro seguro.

Cuando vi a aquella mujer alquilar por vigésima vez *Amélie*, traté de no mirarle los ojos, pero ella se presentó y comenzó a indagar sobre mí.

—Hola, soy Oxana y te he visto antes en la tienda, varias veces, obviamente trabajas aquí, así que me gustaría encargarte una película que quiero volver a ver, se llama *Dark City* (1998), ¡ah!, y creo que quizás llegó otra que le pedí a Jaume…, no sé si llegó, es *Fata Morgana* (1965).

Revisé la caja de pedidos especiales y estaba *Fata Morgana*, me comentó que era una película de ciencia ficción rodada por las calles de Barcelona, que la había visto hacía tiempo, pero tenía el antojo de volverla a ver. Sonrió. Antes de dejar el registrador, me dejó una tarjeta: OXANA BERGER —*traductora*—, con su número telefónico, indicándome, luego de apuntar al número de la tarjeta, que la podía llamar en cualquier momento para avisarle sobre la llegada de *Dark City*, a la vez que también me dijo, acercándose un poco más para que oyera bien, que sería agradable compartir unas cañas, pero que debía ser algún sábado. Yo guardé su teléfono y le dije que le avisaría, ella volvió a sonreír y salió del videoclub, luego recordé que su dirección de su tarjeta del club estaba registrada en Girona, lo cual no era común pero tampoco raro entre nuestra clientela.

Entré en pánico, su sonrisa había desdibujado mi prestancia, me había inmovilizado. Al principio tuve miedo de que fuera una obsesiva de listas como Marc, pero luego comprendí que no era un miedo por algo que no sabía si era real o no, como una supuesta compulsión de saber todo sobre ciencia ficción, era que mi corazón palpitó extraño, raro, como si una mujer promedio pudiera despertar mis deseos más profundos.

Le di la película de *Dark City* en un pequeño bar donde se reunían hinchas del Espanyol cerca de Llobregat y toda la decoración era azul y blanca. Allí hizo su primera confesión, el Espanyol era su club favorito. Comenzó a preguntarme cuáles eran mis películas de ciencia ficción preferidas, iba a comenzar mi lista, la clasificación que uno siempre elabora para mostrar que tiene su pasión controlada; de repente intuí que ese no sería el mejor camino para conocerla, preguntarnos listas y más listas y comentarlas como hacía con Jaume, como hice con Marc, así que le dije que particularmente no me interesaba la ciencia ficción. Me preguntó qué me interesaba y no sé por qué le dije las religiones. Quiso saber si practicaba alguna en particular y le dije que no, que era cristiana, pero no participaba en ningún culto católico, creía en Cristo como el hijo del Señor, creía en el Espíritu Santo, en la voluntad del Creador que nos dirige por este mundo y en la eternidad del alma, porque si no crees en la eternidad del alma, todo lo anterior no tiene sentido. Ella me dijo que era budista y fue entonces que quise elaborar una lista de películas de ciencia ficción.

Ella habló de no comer carnes, evitar la violencia y no esperar grandes acontecimientos, milagros o suerte, por lo que a veces la llamaban "pesimista", porque no hay otra palabra que embargue aquella serenidad consecutiva a una liquidación general del deseo y que es la beatitud de la no posesión. Ella me miró, se dio cuenta de mi estupefacción y dijo:

—El budismo destruye todos los conceptos, todas las supersticiones, para que, una vez suspendidos, nos reafirmemos en el vacío como única realidad, pero no para aferrarnos a ella y obtener consuelo como los nihilistas, sino para obtener fuerzas para dominar nuestras pasiones, porque solo se logra la paz si hemos adivinado que son las pasiones las que producen nuestras sombras, por lo que, si le damos existencia, entramos en el drama.

Oxana no era una mujer de listas, era una conciencia que quería vivir una vida sin ser empujada por los deseos. Me contó que practicaba recitación de mantras frente a inciensos realizando *mudras* con las manos, a la vez que me habló de dos palabras que al ser conceptos abstractos necesitaban el artículo femenino "la", herencia de un latín olvidado: *la arhat*, que es el camino para vencer las pasiones y evitarlas y luego, se concentró en explicarme *la auidya* o lo nesciente, aunque no entendía partes de sus argumentos. Luego habló enumerando *la klesa* o venenos del alma: la estupidez, el deseo, la cólera, la ignorancia, la envidia, la aversión, el orgullo y el apego. Esa noche ella hizo al final largas listas de palabras budistas, yo solo pensaba cómo esas palabras, esa *klesa*, esa lista que contienen los venenos del alma y por lo tanto las desgracias se utilizaba en el Cenáculo de forma invertida, ilustrada para que los creyentes rezaran para que sus deseos, estupideces, envidias, cóleras, ignorancias, orgullos y tontos apegos se mantuvieran hasta el fin de los tiempos.

Seguimos yendo a bares de clubes, a los conocidos solo por oídas, por pasión o que se topan por casualidad, lejos de las calles llenas de turistas que a veces se acercan y con sonrisas y un inglés funcional te preguntan por una calle, por una tienda o un lugar que hace de Barcelona: Barcelona. Fuimos a bares escondidos como aquellos que están para los fanáticos del Esportiva Sant Andreu o del Futbol Club Martinenc; este último decorado con banderas rojas que creaban un ambiente infernal en pleno invierno. Allí dejamos de hablar de religión y Oxana me empezó a contar su vida y yo la mía, ambas mirándonos, ambas seguramente con un brillo en los ojos que la otra podía apreciar. Ella fue criada entre montañas, entre Girona y Perpignan, y yo entre ríos de los que a veces he olvidado sus nombres. Me habló de su padre, un profesor de economía que le tenía mucha simpatía a su hermano, que era contador, de su madre que enseñaba inglés y francés en una institución en Girona y siempre la consintió. Yo le comenté de mi padre perdido en la selva sin precisar el porqué, de vivir en un antiguo cine porno, de estudiar fotografía, una profesión que se perderá como los estudios teológicos desaparecieron de las universidades estatales, de justificar mi venida a Cataluña por venir a conocer a mi madre perdida en el Pallars Jussá. Ella estudió en la Université de Perpignan, donde obtuvo un grado que le permitía ejercer como profesora de francés y español, pero su madre, desde joven, la había exhortado a que estudiara chino, por lo que estuvo años yendo al instituto de sinología de Barcelona, recibiendo diez horas de clases semanales desde sus doce años, viendo a su madre manejar una hora de ida y otra de regreso por la AP-7, tres veces a la semana por más de un lustro y mientras ella recibía sus clases, nunca supo qué hacía su madre en ese tiempo en Barcelona, luego siguió estudiando chino en Perpignan y un día acompañó a una amiga para tratar de obtener una beca completa por tres años para perfeccionar el mandarín en una universidad en Dalian. Su amiga no logró pasar el examen, sin embargo, ella fue una de las dos afortunadas para disfrutar la beca integral una vez terminados sus estudios en la universidad. Fue a China, donde vivió por cuatro años, fue allá, a ese lugar del mundo que nos parece otro planeta, otra galaxia, donde se adaptó a otra comida, a otras maneras de pasear en bicicleta, a otras relaciones humanas móviles y al budismo. Nunca pensó ser vegetariana, nunca pensó ser budista, ambas razones fueron fortuitas, la primera porque no pudo soportar más ver a los animales esperando ser sacrificados en el mercado municipal que quedaba cerca de donde vivía, "no solo eran gallinas como te podrías imaginar, había cualquier animal que pudieras comprar y comer y por supuesto chillar", dijo con algo de pavor mientras recordaba a los cientos de animales que esperaban ser ingeridos en una celebración o en un simple momento de placer; también frente al conjunto de apartamentos donde se alojó, había un gran templo budista por lo que todos los días pasaba por allí, hasta que una tarde entró, cuando ya tenía la confianza de creer hablar un chino fluido. Con el tiempo se percató de lo beneficioso que es vivir sin un deseo que guíe el futuro como si fuera la única alternativa y de no apegarse a las cosas o a las personas que pronto pasarán y, lo mejor, caminar por el mercado y sus puestos de comida evitando los pasillos donde vendían trozos de animales fritos, asados u horneados y descubriendo la variedad de sabores que pueden tener unas judías por la forma de cocción y las especias que se les añadían.

Yo le comenté que había estudiado latín en unos seminarios especiales a los que acudí en mi adolescencia, pero que había olvidado aquel latín de casos, precisando que siempre me costó entender el neutro, aquello que no es lo uno ni lo otro, me costó aprenderlo en un mundo donde todo tiene su antagonista y donde solo podemos pensar divisiones duales clasificadas en masculino y femenino o limitarnos a pensar en no aceptar ni lo uno ni lo otro, sino todo lo contrario, que es su totalidad.

Ella continuó hablándome de sus años en China, de aprender un idioma para el cual se necesita memoria para poder leer más que la intuición con la que aprendemos las lenguas latinas, donde colocando una "S" ya volvemos cualquier palabra plural, me explicaba cómo llenó decenas de cuadernos de caligrafía con ideogramas que tuvo que hacer en tinta con unos pinceles especiales de bambú, porque aquella lengua de mandarines no confiaba solo en lo que podían retener sus cabezas, sino que hacía énfasis en lo que pudieran recordar las manos y en un papel de servilleta me escribió mi nombre, dos ideogramas que al leerlos sonaban como Ni-Na.

Le comenté sobre mis estudios inconclusos, de mi voluntad frustrada porque la mayoría de las personas guiadas por el puro deseo no consiguen tener éxito en el mundo comercial de la fotografía, de ahí mis frustraciones con el arte, con las personas, con los temas, y le conté cómo me hicieron un aquelarre para sacrificarme por tomar unas fotos a niños jugando en Tremp. También le conté cómo me imagino las inexistencias de exposiciones de fotógrafos como Ruth Orkin o Tony Frisell, en un futuro saturado de modelos y poses, o lo que más me inquietaba: de *selfies*, como veía cada vez más en la web, cual pandemia cercana, perdiendo definitivamente aquella "aura" que siempre citan en los museos para agarrar a los incautos, o algunos intelectuales que perfeccionan sus ideas explayándose a lo largo de sus observaciones con citas de Walter Benjamin.

Una tarde sabatina, mientras comíamos helados viendo a los niños jugar, le hablé de la película que me ayudó a ver mi vida dentro del Cenáculo de la Felicidad como un error: *Los dioses deben estar locos* (1980). La había visto antes de venir a España, antes de conocer a mi madre, antes de pensar en mis cansancios, antes de ver la manipulación de Xiomara y de todos los demás que llenaban el templo y que no buscaban seguir la obra del Señor, sino vivir en un futuro de dispendios. Lo cierto es que un joven al que le gustaba el cine me llevó un CD un día después de una tarde de oraciones al

Espíritu Santo, diciéndome que me veía decaída, pero que aquella película me haría reír y hacerme feliz, me dijo aquel nuevo explorador de la felicidad que el filme estaba lleno de escenas que lo habían hecho carcajear sin parar, pero sola esa noche frente al televisor, en mi cuarto dentro del recinto del templo, aquella película no hizo más que hacerme llorar. Creer que una botella de Coca-Cola haría feliz a una comunidad de bosquimanos me hizo reflexionar: primero en que no entendemos a los demás, cómo viven los otros, su cultura, sus pensamientos, su imaginación, me puse a filosofar que la imaginación del bosquimano era superior a la de todos nosotros porque él ya se había imaginado todas las desgracias que trae la felicidad, él se había imaginado que a mayor individualidad, exclusividad, servicio, más rabia y odio se acumulan, cómo los otros nunca te entenderán que vas al fin del mundo a regresar el regalo que nuestro Señor nos ha dado, porque en fin, quizás todo lo que pensamos que nos ha regalado nuestro Señor son repeticiones de errores que aceptamos sin discurrir; y en segundo lugar, que el bosquimano siempre tenía aquella sonrisa que nunca se acababa, incluso cuando se molestaba, como si en esencia nuestros rostros originalmente contuvieran una sonrisa desplegada todo el día, que, generación tras generación de *Homo sapiens*, hemos perdido porque en cierto momento de nuestra prehistoria, algunos comenzaron a buscar significados a lo que era propio y sin intenciones reuniéndose como *Homo spiritualis*.

Oxana meditó y se lamentó de no haber visto esa película, le dije que no se preocupara, porque para la mayoría de las personas que la veía, era una película de humor "blanco" porque este humorismo lleva consigo la confusión como se puede apreciar en cualquier producción de Mr. Bean, y las mayores comedias se hallan en los encuentros entre dos culturas. Oxana entonces me comenzó a hablar de su amor a la ciencia ficción cuando con catorce años leyó en una noche *Rebelión en la granja,* de Orwell, yo de inmediato le expliqué con detalles mi epifanía en la plaza que lleva el nombre de ese escritor, de temer el no saber el "santo y seña" cuando estuviera frente al Creador. Ella reía y reía y yo también. Me dijo que se había especializado en traducir libros de ciencia ficción chinos al español que nadie conocía, ella primero los buscaba en francés, no sabía muy bien por qué siempre las traducciones del francés se adelantaban a cualquier traducción al español de obras de ficción chinas, luego se sentaba con el texto original chino que mandaba a traer de una librería de un sinólogo de París y el traducido al francés, pasaba días buscando particularidades semánticas y morfológicas para que, en el español en que vertía su traducción en su computadora, fuera amable con el lector y sintiera que leía una obra redactada en su lengua natal por cualquier manchego. Dijo que comenzó a traducir primero por entretenimiento, como práctica personal mientras daba clases de francés y español en Dalian, ahora daba clases de español y francés en un colegio en Girona, trabajaba como traductora para una editorial en Barcelona y los sábados enseñaba chino básico en el instituto de Cultura Oriental donde ella estudió, por eso sólo venía los fines de semanas a la ciudad condal.

No sé por qué antes de acabar aquella conversación le pregunté qué pensaba que era la felicidad. Me miró como si fuera una pregunta que no se hace en las primeras citas, como si la felicidad fuera una palabra tabú. Había pagado la cuenta de aquel almuerzo, y antes de levantarse me explicó que el problema es lo que nos aleja de la felicidad. Yo la miré intrigada porque antes había oído aquel argumento, había oído sobre las cosas que nos vuelven desdichados y el esfuerzo que hay que hacer para salir de la situación de infelicidad. Pero Oxana dio un giro, me dijo que hay un "mercado del dolor". Mirándome me explicó que las personas siempre se pueden dividir entre los que sufren, lo que han tenido que vivir horrores, traumas, abusos, humillaciones, violaciones; y personas que se entretienen viendo, oyendo e inclusive opinando sobre aquellas vivencias.

—¿Quién puede ser feliz en ese intercambio de miserias? —dijo con seguridad para terminar su idea—: Todos hemos sufrido de alguna manera, hemos tenido pérdidas, rabias, frustraciones e injusticias, a todos nos ha ido mal en algún momento, todos hemos tenido hambre de alimento, de amor, de salud o de inmortalidad, todos, absolutamente todos, conocemos el dolor de alguna manera, aunque sea de modos perversos o infantiles; así algunos se quedan hablando de sus sufrimientos, lloran frente a los otros, lloran en soledad frente a cámaras, lloran hasta por los codos sus nostalgias y sus traiciones, muestran sus cicatrices, las exponen y si están llenas de pústulas mejor; del otro lado siempre se sienta alguien a ver, a oír, a leer lo que sufren, para conmoverse, para aceptar su suerte, para crear empatías, simpatía, conmiseración... para sentirse solidarios o bendecidos, y en esa dinámica mercantil del dolor, de vender y comprar miserias, pasan toda su vida, por lo que la felicidad no tiene cabida, es peligrosa, porque te haría inútil a la adicción por el dolor que han conseguido tanto el ofertante como el demandante, y que te libera endorfinas que simulan la felicidad.

Un domingo nos reunimos en un bar cerca del ayuntamiento de Badalona, que ya exhibía un pino de navidad artificial, y aunque era la una de la tarde comenzamos a beber cerveza negra, descubrimos que nos gustaba a las dos. De su mochila sacó un libro traducido por ella. Lo tomé y leí: *El maestro rural,* de Liu Cixin, mientras lo abría, ella mencionó que una tarde vio un anuncio en una editorial llamada Wells & Verne que decía que daban conferencias sobre ciencia ficción en Barcelona. Se acercó a las conferencias, habló con el editor que le explicó que solo publicaban libros de ciencia ficción. Luego mandó la traducción del libro que tenía en mis manos y que cuenta la historia de un profesor que enseña ciencias en lo más profundo de unas montañas y cuyos discípulos se enfrentarán con los cuestionamientos de una especie predominante y ganadora de una larga guerra entre alienígenas, estos extraterrestres vendrán a nuestro planeta para saber si somos una especie superior o no, o más o menos así va la novela, me contó, mientras tomábamos largos tragos de cerveza negra. Luego precisó que Liu es el apellido porque yo insistía que era Cixin, y además me parecía un buen nombre para un gato. La sorpresa —siguió explicando ella— es que se vendió bien y el editor quiso más obras de Liu Cixin, que pocos conocían por aquí. Así que Oxana me explicó que entró en un vórtice de traducciones de sus obras. La primera en terminar fue *El problema de los tres cuerpos,* aunque me aseguró que el título original solo tiene dos ideogramas: el 3 y el de cuerpo, por lo que su traducción exacta es *Tres cuerpos,* pero la editorial pensó que un título así no llamaba la atención, por lo que decidió colocar la palabra "problema", porque siempre que aparece en un título esa palabra, algún lector querrá resolver aquel "problema" que la obra invoca antes de llegar al final de la lectura del libro.

En algún momento luego de tres cervezas, Oxana me miró más cerca y me contó que ahora acababa de terminar un segundo tomo de las obras de Liu Cixin: *El bosque oscuro*, que —y ella se acercó más a mí— es la historia del encuentro entre los humanos y los trisolarianos, es interesante no solo por el argumento, sino las implicaciones políticas que se esconden en la novela, pero en esta segunda parte aparece un tal Rey Díaz, un ingeniero nuclear y expresidente de Venezuela que con otras tres eminencias del mundo se preparan para defender al planeta; luego me preguntó seriamente:

—¿Sabes si hay algún venezolano llamado Rey Díaz o algún expresidente ingeniero nuclear?

La pregunta me dejó perpleja, no me podía imaginar que un escritor de ciencia ficción chino seleccionara a algún personaje venezolano y para más matices ingeniero nuclear para elaborar una obra. Que colocara a un expresidente venezolano para encargarse de salvar el mundo a lo mejor era una sublimación de que este escritor se hubiera encontrado con algún venezolano caminando por Beijing que le habló de algún superhéroe criollo para él desconocido. Por aquel entonces leía una novela que describe la corrupción de algunos cubanos que habían ido a Venezuela con cargos administrativos del gobierno castrista, una novela que ya desde el título me garantiza tranquilidad: *Herejes*. Lentamente Venezuela se envolvía en ficciones populares, fantásticas, de superhéroes y villanos, dejando de ser un simple punto en algunos mapamundis petroleros.

Ya eran las cinco de la tarde, llamé a Jaume diciéndole que llegaría tarde. Oxana me dijo que esa noche me quedara más tiempo con ella, volví a llamar a Jaume y le dije que esa noche no podría ir al videoclub, él solo dijo: "okey". Sabía que vería unas diez películas que le esperaban esa noche. Oxana continuó diciendo que traducía el tercer tomo de la obra de Liu Cixin. Me preguntó si leía ciencia ficción y luego afloró una sonrisa, esta vez tomó mi mano mientras se me acercaba diciendo que la filosofía y la ciencia ficción tienen mucho en común porque ambas son modos de pensar especulativos.

Le comenté que quizás mi desdén por la ciencia ficción nació cuando una vez conseguí en un banco del Cenáculo, concluida una reunión para orar al Espíritu Santo, un libro que, si no me acuerdo mal, se llamaba *Recuerdos del futuro*, escrito por un tal ¿Doniken o Daniken? Alguien lo había dejado sobre una silla y, al comenzar a leerlo, no entendía cómo alguien puede alabar al Señor y seguir las ideas de ese libro.

Luego pedimos otras cañas de cerveza negra y nos llegó con una tapa de papas bravas y no nos separamos las manos. Mientras hacíamos gestos de dolor por el picante excesivo de las papas bravas, Oxana me preguntó sobre mi película de ciencia ficción favorita, le contesté que las típicas, las que le gustan a alguien que no es especialista, pero que dicen algo sobre lo que podemos concebir en el futuro como: *La Jetèe* (1962), *El planeta de los simios* (1968), *La fuga de Logan* (1976), *Total Recall* (1990), *Gattaca* (1997), *Minority Report*

(2002) y *Melancolía* (2011). Las elegía porque me acordaba algo curioso de cada una de aquellas películas; de la francesa porque ha sido el único film que he podido apreciar como un libro de historietas, como una sucesión de fotos que son hiladas por un narrador para que el álbum de imágenes tenga sentido; del *Planeta...* porque es una de las primeras que presenta eso que llaman ahora mundos virtuales y que están todos tratando de entender o explicar, como lo intentó Leibniz con su apuesta de vivir en el mejor de los mundos posibles porque Dios en su infinita sabiduría y bondad no podría haber hecho otro, por eso Charlton Heston al final ve la cabeza de la Estatua de la Libertad porque era el fin para el mejor de los mundos posibles; de *La fuga...* recordaba cuando la vi que uno puede ser feliz hasta los treinta años, pero aun así siempre se aspira a la inmortalidad para que la vida tenga sentido; de la que protagonizó Schwarzenegger me impactó la posibilidad de que el deseo más profundo se pueda realizar, pero que en fondo siempre hay algo que lo evitará y el deseo no se pierde, sino que comienza de nuevo, así hasta nuestras muertes; de *Gattaca* porque es sencillamente perfecta y muestra todos los sentidos que se pueden imaginar en un futuro donde las personas cada vez estaremos más separadas, clasificadas y contrahechas; y *Minority...* porque me gustó su final mientra que *Melancolía* tiene el mejor principio que se pueda imaginar para una película de ciencia ficción. Le comenté que esas eran las que mejor recordaba porque en realidad eran las que más sentido había hallado al verlas.

Al final nos pusimos a hablar de *Blade Runner* (1982), como si cantáramos en un coro. Recreamos el monólogo, con muchas licencias poéticas, de la escena donde muere Batty: "Nosotras hemos visto cosas que nadie creería, atardeceres en el medio de ríos sin límites donde el arcoíris impera, visitar las ciudades prohibidas de Bután donde no hay mascotas, fotografiar muertos en el centro de una ciudad y verlos desaparecer en la noche de luna llena o traducir canciones de niños olvidados de las tribus al este de China y que el gobierno niega su existencia". Al final Oxana sentenció: "*tous ces moments se perdront dans le temps... comme les larmes dans la pluie... Il est temps de mourir*". Luego nos besamos.

Al final esa fue mi muerte con los recuerdos que nunca pude organizar de mi infancia entre ríos, de mi fidelidad al Señor y al Cenáculo de la Felicidad, fue el fin de que mis fotos fueran despreciadas por la crítica, por la historia, por los envidiosos, fue el fin de crear listas para tener de qué hablar con otras personas, fue el fin de la lavadora, del cepillo de dientes en mi pezón, fue el fin de trabajar para obsesivos compulsivos y fue el principio del amor, de un amor que no había visto en ninguna película, sino reflejos en espejos impulsados por el deseo. Fueron meses de resurrección, de visitar el museo Dalí en Figueres, de tratar de hablar francés con la madre de Oxana, que corregía a cada rato mi acento entre sonrisas y chanzas que no entendía, de ir a vivir a Girona, a caminar por sus calles de piedras para trabajar en una tienda de un fotógrafo que hacía portafolios y fotografiaba eventos de bodas en cualquier lugar que hubiera desde Girona hasta Tarragona y que era muy amigo del padre de Oxana, de quedarme cruzando sus puentes sobre el Onyar, especialmente el diseñado por Eiffel: si caminaba rápido sobre él, podía sentir que entraba en una máquina del tiempo, aunque Oxana siempre me aconsejaba que corriera para así llegar a la velocidad de la luz y ver el cambio. Los padres de Oxana aceptaron su decisión y la mía de vivir entre cerveza negra y besos, de consentirnos y amarnos sin que el deseo se pusiera como vanguardia de nuestra felicidad, en cambio mi madre nunca quiso conocer a Oxana porque nunca tenía tiempo para ir a Girona y mi hermana era una ausencia delicada que a veces me hacía recordar que hubo un tiempo en mi vida en el que no estuve absolutamente sola.

Luego de dos años apareció un tímido proyecto para que Oxana y yo viviéramos nuestra película, era simple: arreglar una casa en Borce. Al principio no sabía dónde quedaba, pero Oxana me dijo que, si se nombraba algo, alguien o un lugar, seguramente habrá una forma de ir, o por lo menos así lo cree. Ella comenzó a afirmar que por eso siempre buscamos "metodologías" y me dibujó dos ideogramas que significaban lo mismo en chino y pronunció *fāngfǎ*, explicándome que el primero significa sentido o dirección y el otro derecho, legal, correcto, así que todos en el fondo venimos a este mundo a buscar el o los caminos acertados hacia la libertad, la felicidad y el amor, porque para Oxana esas ideas al nombrarlas adquieren vida y por lo tanto una vía para llegar, yo luego recordé la canción de Serrat y musité: *caminante no hay camino, se hace camino al andar...*

Un día, sin importar cómo, llegamos a Borce, un pequeño pueblo francés limítrofe donde había una casa de piedra perteneciente a la familia de su madre. Su tía abuela, que cuidaba y vivía en aquella casa, murió y era una lástima abandonar una vivienda así, toda de piedra y de recuerdos. Casa de dos pisos con estacionamiento y un jardín, y de frente una pesadísima puerta de madera maciza con poco relieve y tres ventanas en el piso superior. El estacionamiento lo podríamos convertir en un café, sugirió Oxana en algún momento, precisando que así podría atender a todos aquellos que pasan por el pueblo, buscando el Camino de Santiago o simplemente iniciando un paseo por los Pirineos. La casa estaba cerca del único hotel del pueblo y por necesidad había que pasar por allí para acceder al sendero que lleva a los Pirineos y desde el cual se puede llegar a Canfranc, o con un poco de esfuerzo más a Jaca sin problema. Oxana me repetía que yo me podía encargar de la cafetería y de hacer dulces a base de zanahoria, calabazas y remolacha mientras ella me ayudaría los fines de semanas a la vez que podía seguir haciendo traducciones en Borce, por lo que lo único que necesitaba era un cuarto acondicionado para tal fin y por supuesto Internet.

Nos fuimos a vivir allá a principios de primavera, mientras arreglábamos la casa, comencé a tomar toda la belleza que se esconde en las montañas con rollos Ilford HP5, instalados en la cámara Nikon FE que aún usaba y conservaba con especial cariño. Oxana me consintió en hacer en el cuarto más pequeño una especie de laboratorio de fotografía con una ampliadora que me regaló aquel jefe de Girona que me trataba como una hija, y cuya existencia del aparato conocí un día en que fui a su depósito y vi cinco ampliadoras amontonadas, acumulando polvo y olvido, por lo que me dijo que si me gustaba alguna me la llevara porque sabía cómo usarlas, porque yo le hablé de aquella magia que se percibe cuando uno revela, cuando uno introduce un papel blanco y aparecen formas y figuras allí, en aquella hoja que contenía una simple nada al inicio y luego todo un mundo por interpretar. Instalé el laboratorio en un cuarto cerrado de piedra y allí comencé a revelar la grandeza del Señor.

La cafetería la llamamos AMÉLIE & XI, en honor a la película favorita de Oxana y al protagonista de *Los dioses deben estar locos*, se abrió en un verano y eran pocos lo que entraban a tomar un buen café o disfrutar un dulce de zanahoria con remolacha, pero fuimos bien tratadas por una comunidad que necesitaba presencia y economía, y especialmente de jóvenes, ya que los caminantes de sendas o los peregrinos mostraban lo viejo que no solo eran las casas sino sus habitantes.

A Oxana le encargaron muchas traducciones, su cuarto de trabajo está lleno de libros, computadoras y mapas con caracteres chinos y un poste enmarcado de la película *Amélie*, que tanto le gustaba porque decía que es la película que más la ha hecho reír en su vida, especialmente las fotos del duende que Amélie, en complicidad con una aeromoza, enviaba a su padre para incitarlo a conocer el mundo, desde entonces cada vez que Oxana hacía un viaje, llegaban fotos a mi móvil de un pequeño duende que estaba anillado en su llavero, mostrándome parte de la ciudad donde estaba. Luego apareció Rachael, la gata que comenzó a tomar su lugar en nuestra historia, nombre homenaje de la replicante que tiene los recuerdos de la sobrina de Tyrell en *Blade Runner*. A veces cuando Rachael toma sol frente a la puerta de la cafetería, me muestra sus instintos básicos de capitalista, siento que a su manera me indica que la casa es suya y yo debo traerle ofrendas en latas de comida para felinos, especialmente con sabor a gambas; cuando veo a Rachael en esa posición, no sé por qué, a veces me hace recordar a mi padre.

Todo funcionaba sin creer ni pensar que mañana algo nos faltará, todo era perfecto y mi proceso de felicidad lidiaba con lo cotidiano, con lo inesperado que a veces hacían los paseantes, con cierta nostalgia que no tenía un sitio preciso. A veces Oxana tenía que ir a las editoriales a Barcelona, a veces a Madrid y raramente a París, siempre tenía que salir para ir a ferias de libros, y también comenzó a trabajar para una editorial francesa que se especializaba en obras de ciencia ficción. Yo me quedo siempre en casa, con Rachael en mi regazo mientras trato de leer las novelas de ciencia ficción que me recomienda Oxana, por lo que hace unos días terminé el libro con ilustraciones *Quienes se marchan de Omelas,* escrito por Úrsula K. LeGuin, cuya trama y subtramas son precisamente acerca de la felicidad y cómo obtenerla implica aceptar que su antagonista siempre existe, eso que se opone a la felicidad y que escondemos, que negamos o no procesamos. Termina el libro así: *El lugar al que ellos se dirigen es un lugar incluso menos imaginable para nosotros que la ciudad de la felicidad. No puedo describirlo del todo. Pero ellos parecen saber a dónde se dirigen, los que se alejan de Omelas.* Siento que me alejé de Omelas, de todos aquellos lugares donde la felicidad es un comodín, como lo usó mi tía hasta que el cáncer le abrió los ojos, de los argumentos de los dichosos, jactanciosos e iluminados que inundan el día a día con sus promesas e insulsez, de los poderosos por dominar voluntades con dinero o miedos que justifican su posición a través de una felicidad que se mitifica. Repasaba el tiempo que necesité para saber que la palabra felicidad no se conjuga bien con el verbo ser, sino con otros que evitamos utilizar tales como procesar.

Oxana tuvo que hacer un largo viaje a China, para conocer y entrevistar a escritores, buscar material preferiblemente inédito, a la vez que tratar de terminar una novela para que estuviera lista para finales de abril, solo le faltaba una segunda lectura, para que, una vez hecha, entrara en las diversas ferias del libro que se abren en junio a fin de que en el verano todos tengan excusas para disfrutar de unas vacaciones con algún nivel intelectual. Es un viaje de seis semanas. La noche antes de irse vimos una película de Max Ophüls que logré descargar de Internet, *Carta de una desconocida* (1948), al terminarla estábamos llorando como si hubiéramos descubierto que la única forma de no reencarnar es hallando el verdadero amor.

Al despedirnos a la siguiente mañana, en la casa ella me dejó una hoja impresa con una idea para una novela de ciencia ficción que quería escribir, la hoja estaba doblada y yo debía leerla una vez que se fuera, fui al cuarto, saqué la epístola de mi padre y se la di. Era un intercambio de nuestras historias para mostrar la debilidad que nos sostiene, la fragilidad, aquella palabra que, decía Walid, no tiene antónimo, porque ni resistencia, ni dureza, ni resiliencia se oponen a la fragilidad en esencia. Oxana tomó nuestro coche para manejar hasta el aeropuerto de El Prat. El viaje es largo. Unas horas después me escribió en un mensaje de texto para avisarme que estaba ya dentro del avión. *"Lioncelle, ya estoy en el avión, es el vuelo 9525 de Germanwings, y llegaré a tiempo para almorzar en Düsseldorf, de allí te llamaré. Besos para ti y muchos miaous para Rachael"*.

Ahora leo aquella página que me dio doblada, al lado de un riachuelo que conozco en la profundidad de la montaña, a unas dos horas caminando por la senda hasta llegar a esta cascada en la cual aquella lista que me obligaron a memorizar en la escuela de Caicara del Orinoco sobre que el agua es inodora, incolora e insípida no tiene sentido ahora para mí. Bebía el agua más sabrosa, con un dulzor sutil, con iridiscencia al ver sus gotas en mis manos y un leve destello a petricor que me hacía mover las fosas nasales como niña que descubre un dulce perdido en la casa. Sabía que en ese momento Oxana leería la carta sentada en el avión o almorzando en Düsseldorf, quizás tomando una foto de la ciudad con el duende que unía sus llaves en primer plano, esperaba su llamada y mientras tanto liaba un cigarrillo. Me imaginé su avión cruzando los Pirineos, volando sobre mí, miré a través de los árboles el cielo y solo vi aquel azul que nos identifica en el universo si nos ven desde otras galaxias, según los recuerdos de ciencia ficción que Oxana me contaba. Comencé a leer su boceto de novela, de cuento, que, según ella me dijo cuando nos despedimos, aún no estaba terminado, era apenas la mitad de una hoja con un título sospechoso.

Purgatorio 2666

Luego de siglos de ediciones y correcciones, en el 2666, una obra titulada La Divina Comedia solo consistía en un único capítulo encriptado llamado Purgatorio. Comentan algunos estudiosos que había dos capítulos más, pero

con el transcurrir de los siglos, la desaparición
del papel, las normas de la tecnología para
acortar las metáforas y personajes históricos
innecesarios, junto con la ley para evitar el uso
de las perífrasis con las que emprendieron las
inteligencias artificiales para dar un criterio
onanista a la vida, ya nadie podía visualizar
un Infierno o un Paraíso. Algunas inteligencias
artificiales que fueron programadas antes de
la total homogeneización del conocimiento
teorizaron que conceptos como esperanza
o Dios, o maldad o Lucifer, habían perdido
vigencia desde la anulación de las religiones
por el Consejo Internacional para la Igualdad
y el Desarrollo de la Raza Humana, por
lo que no se podían concebir lugares de
fantasía o de poder absoluto, ni elaborar
ninguna metafísica que seguramente algún
algoritmo borraría al demostrar sufrimientos
innecesarios al menos que se le introdujeran
las claves para decodificar aquella narración.
Los elaboradores de la Real Historia Humana
comentaban otra hipótesis, más simple,
argumentaban que algo tuvo que ver la
industria del entretenimiento que igualó la
realidad con todos los conceptos que había
en el original de la obra La Divina Comedia,
pero que ahora había límites, por lo que lo
único que se podía concebir era que todo era
un Purgatorio. Al final una generación en el

*2666 pensó que no todo podía ser Purgatorio,
de estar en un lugar donde se dan todas
las síntesis de lo opuesto, que habrá otros
lugares originarios, sin residuos dialécticos,
y empezaron reuniones donde se trataba
de visualizar el Infierno y el Paraíso, por lo
que algunos buscaron el "santo y seña" a
través de complejos algoritmos para ingresar
a esos lugares censurados por el bien de la
humanidad.*

9 788410 059504